全透视简明中国通史1

史上首部为历史卸妆的中国通史

全透视简明中国通史 1

约公元前3700年~公元前481年

图书在版编目（CIP）数据

全透视简明中国通史. 1 / 雾满拦江著. — 南京：江苏文艺出版社，2014

ISBN 978-7-5399-7303-6

Ⅰ. ①全… Ⅱ. ①雾… Ⅲ. ①中国历史－通俗读物
Ⅳ. ①K209

中国版本图书馆CIP数据核字(2014)第054713号

书　　名	全透视简明中国通史. 1
著　　者	雾满拦江
责任编辑	孙金荣
特约策划	陈立凤
特约编辑	秦　蕊　曹红凯
文字校对	文艳丽　陈晓丹
装帧设计	熊猫布克
出版发行	凤凰出版传媒股份有限公司 江苏文艺出版社
出版社地址	南京市中央路165号，邮编：210009
出版社网址	http://www.jswenyi.com
经　　销	凤凰出版传媒股份有限公司
印　　刷	三河市金元印装有限公司
开　　本	700毫米×1000毫米　1/16
印　　张	20
字　　数	256千字
版　　次	2014年5月第1版　2014年5月第1次印刷
标准书号	ISBN 978-7-5399-7303-6
定　　价	38.00元

没有人味的历史，不是真正的历史。为重重观念涂抹的历史，同样也不是历史。只有真正与人心中的灵性相契合，体现出人类在现实中不断摸索试错过程的记载，才是真正的历史。

——题记

—— 全透视简明中国通史1 ——

目 录
CONTENTS

第二章 | 从幻觉到现实（传说时代）

第三章 | 必须面对的现实（五帝时代）

第四章 | 中国历史上的第一个王朝（夏王朝）

第五章 | 天命玄鸟，降而生商（商王朝）

第六章 | 换汤不换药（周王朝）

第七章 | 西周在延续，历史更精确（信史开端）

第八章 | 真正的封建时代（春秋开端）

自序
PREFACE

正面全裸、激情透视的纯真历史

坦白说，你很难找到如中国历史这般有趣的人文积蕴。更难找到的，是传统史学对此作出的有趣的记载。

传统史学家具有一种魔鬼般的天赋，会把最好玩的故事，解说到超级乏味的程度。

学界流传着最经典的观点：历史是个任人打扮的小姑娘。还有人把这句话，强行扣到了胡适头上。但胡适真没说过这句话，而历史，的确是个小姑娘。

这个小姑娘，天真烂漫，智趣性灵，但不幸落入变态史学家之手，硬是把自己主观臆造的观念，强行涂抹在小姑娘的脸上。一年复一年，百年复百年，涂抹几千年，这可爱的小姑娘，已经被那些生硬的涂抹物，牢牢地封存起来。不复那快乐天真的灵性，只有一张阴郁骇人的嘴脸。

这僵硬的嘴脸，不知吓退了多少人。

而这种“历史涂抹观”仍呈加剧的趋势，你时常会听到有人说“历史是神圣的”,又或是“历史是严肃的”。有时候他们会换种说法：要有正确的史学观……

但实际上，历史就是history，就是“他的故事”！就是此前我们先祖的生存记录，他们有血有肉，他们有说有笑，他们或喜或悲，他们爱吵爱闹。他们可从来没想到把自己的人生，弄到严肃神圣的地步。严肃神圣从来不是人的历史，而是那些患有“涂抹历史强迫症”的人士，把自己的主观臆断强加上来的。

“涂抹历史强迫症”患者跟历史有仇，跟快乐的人生有仇，不把那活色生香的先祖历史，涂抹到面目全非令人生厌，他们是不会罢休的。

不信，你打开手边任何一本史学书，上面都煞有介事地告诉你：商纣王，他残暴无道，大兴土木，失掉天下。周文王，他以德服人，勤政爱民，得到天下……在这传统叙述中，你看到的都是极端卡通式的平面人物。他们从来不会告诉你，周文王娶了商纣王的姑姑，他们是一家人；也不会告诉你，姜子牙是擅使迷魂药拍花的老祖宗；更不会告诉你，英明神武的周武王，一旦脑壳进水，也会智力飙降，让人真心替他捏了一把汗。

历史是人的记录，而人生是无法重置的试错体验，人性的不确定性，决定了历史的不确定性。而传统史学家，无不是强行将确定性涂抹到历史上。对这些史学家来说，他们的观念是不会错的，如果与历史不符，那就是历史错了。

结果，我们有趣的历史为了与传统史家的僵化观念相适应，被迫神圣化、严肃化，从而彻底失去人味了。

没有人味的历史，不是真正的历史。

为重重观念涂抹的历史，同样也不是历史。

只有真正与人心中的灵性相契合，体现出人类在现实中不断摸索试错过程的记载，才是真正的历史。

现在我们这本书，就是要把此前被人强行涂抹在历史身上的层层污物，统统撕碎扯下。把套在历史身上一层又一层的老旧套装，全部扒下来，露出那真正的、充满了激情动感与欢乐的、人性的历史。

正面全裸，激情透视，鲜活灵透，有血有肉，你现在看到的是真正的历史。

是为序。

雾满拦江

2014 年 2 月 14 日

第一章

中华民族潜意识

（神话时代）

挖出来的开端

应该有个开端。

但没人能够说清楚中国历史的开端，这个课题庞大而神秘，或许它会成为一个永久性的追问，让一代又一代的考古学家们，通过新挖掘出的骨骼及文物，不断地将我们的历史回溯、再回溯。但也许永远也无法探触到最神秘的起源。

据中国先秦史学会副会长孟世凯先生回忆，目前中国的历史也是几经波折，才得以为世所认。早期，曾有国内外学者怀疑，中国的历史其实很短很短，所谓夏商时代，是司马迁编造出来的。这种诘难让中国人很羞恼，却又无从辩驳。

到了清朝光绪年间，在河南安阳小屯村一带的殷墟，出土了商朝后半期的甲骨文，证明了夏商并非是编造，而是已经埋没于厚重大地之下的历史。自尊心过强的中国人，这才感觉到出了一口气。

于是怀疑论者后退一步，指摘夏商之前的历史是杜撰。悲愤的中国人继续在地面挖掘，最终在江淮南北挖掘出相当于传说时代的三皇五帝的遗存、遗物，证明了中国历史的漫长久远，远超过人们想象。

怀疑论者再退一步，指摘中国挖掘出来的文物链条不完整，还无法完成从人类起源到现今的全部物证链条。爱钻牛角尖的中国人就较起了真，从此就有了夏商周断代工程，满心期望着通过考古学的进程，堵住怀疑论者的嘴。

但怀疑论者的嘴，是堵不住的。哪怕中国人将人类历史的所有链条凑足，他们还会指责你没有宇宙起源的初始证据，没有宇宙蛋大爆炸的证据，让你想挖掘都不知从何挖起。

没法挖，也得挖，不挖是不可以的。

关于宇宙起源、人类起源和中华人类起源的问题，许多科目已经纳入到自然科学领域，而历史学家更专注于从中国人口耳相传的原始记载中寻找答案，并推创出不少于几十种的伟大学说。但所有的学说始终是围绕着古老的记述。倘不加选择地把我们的历史合并一下，就会发现，中国人的历史是由以下四个部分组成：

一、神话时代；

二、传说时代；

三、半信史时代；

四、信史时代。

这其中，神话时代与传说时代，是老一辈口口相传的神异故事，所涉及的是原始社会时期，初民对自己来由的探寻思考。主要内容从盘古开天、三皇五氏的文明创建，再到五帝的古老传说。这两段记述，可推溯到公元前 2200 年以前，或是更早。

而半信史时代，已经有了文字记载，但文字表达的逻辑性极为可疑，还需要更多的考古学物证加以慢慢矫正。这段历史始自公元前 2200 年，终止于公元前 842 年前后。

从公元前841年始，我们开始有了翔实可靠的历史，与这段历史相对应的是，希腊诗人荷马出生、希腊伊里斯国王议办奥林匹克运动会，以及腓尼基人创建迦太基王朝。

历史，就这样开始了。

在无数的责难与怀疑之中，于一片空蒙混沌之中，我们的思维如一条鱼，潜入中华人的民族潜意识，去触摸那古老而脆弱的心灵。

盘古氏开辟中国梦

自从盘古开天地，三皇五帝到如今——这段话，中国人或是很熟稔了。故老相传，中国人上古的世袭传承祖谱，是由盘古始，经三皇而五氏，完成了一个从神到人的过程，结束神话史而进入传说时代。

在遥不可及的时光尽头，在时空汇集的起点，那时候没有宇宙，没有天也没有地，只有一枚状如鸡卵的混沌。就在这团混沌之中，盘古氏诞生了。盘古氏的身体缓慢成长，经过一万八千年，混沌渐而撑开形成初始的天与地。

但是混沌之中没有光，没有亮，只有一片黑暗及寒冷。独自生活在混沌中的盘古氏，忧伤而寂寞。

于是他在天地之间，一日九变，上下跳动，试图突破天地的桎梏。他双手撑天，双足踏地，不断地将天地撑开。如此力撑了一万八千年，天，变得极高；地，变得极厚。而盘古氏，也变得极长。直到天与地相距九万里，终于达到了极限，盘古氏的身体再也无力支撑，终于倒地而死。

盘古的死亡，开辟了新生命时代，他的左眼变成了太阳，右眼变成了月亮，他身体上隆起的部位化作高山，血液变成了江河。他的肌肉变成了土地，头发和胡须化作了天上的星辰和地下的草木。他的牙齿和骨头化作了钢铁和巨石，他身上的精髓化作了珍珠、翡翠和美玉。

盘古的呼吸变成了风，声音化作轰天的惊雷。他欢喜时的笑容是晴天，悲伤时的悒郁是阴天。他的头部就是东岳泰山，腹部是中岳嵩山，左臂是南岳衡山，右臂是北岳恒山，双足则是西岳华山。

盘古用他的生命与牺牲，开创了美丽的世界，从此他成为中国人心目中永远的英雄。

据柏杨先生的《中国人史纲》中记载，神话学家用奇异的法术，计算出盘古开天地的确切日期是在公元前 2760480 年。

于是从公元前 2760480 年起，到公元前 480 年，总计 2760000 年，在中国古史上被分为十纪，每一纪 276000 年：[1]

第一纪：九龙纪

第二纪：五龙纪

第三纪：摄提纪

第四纪：合洛纪

第五纪：连通纪

第六纪：序命纪

第七纪：循飞纪

第八纪：因提纪

第九纪：禅通纪

第十纪：流讫纪

传说在九龙纪和五龙纪，大地上异常热闹，但怎么个热闹法，是谁在热闹，这事没人说得清楚。但是到了第三纪摄提纪，正菜终于上桌，三皇时代来临了。

---

[1] 参见：柏杨著，《中国人史纲》，山西出版社，2009年2月第3版第43页。

拓展阅读

犹太人的创世之说

太古时候，没有天，没有地，没有光明。黑暗与寒冷之中，只有上帝耶和华寂寞地行走。于是耶和华就考虑，创建一个世界，找点乐子来瞧。

第一天，上帝创造了白昼与黑夜。第二天，上帝创造了空气和天空。第三天，上帝创造了大地和海洋，以及形形色色的植物。第四天，发现植物没有阳光无法生长，上帝替自己的创造物打了个补丁，创建了日月和星辰。第五天，上帝创造了鱼类和飞鸟。第六天，上帝创造了陆地上的动物昆虫，然后发现还缺少点什么。少了点什么呢？上帝想了又想，最后创造出一个和自己模样差不多的男人，并给这名男子起名叫亚当。第七天，上帝累了，于是躺下来休息。可是亚当找来，说自己太孤独、太寂寞，上帝顺手从亚当身上抽出根肋骨，创造了一个女人，替她起名叫夏娃，让她陪伴亚当。

亚当和夏娃，就是犹太人的祖先。此后基督教义风行天下，亚当夏娃的故事尽人皆知。我们还知道，女人天性最好奇，好奇的夏娃，因为抵御不住诱惑，偷食了伊甸园中的善恶果，因此被上帝驱逐出来，开始了人类漫长的传说与历史。

犹太人的创世说，太规范，太理性，远不像中国神话中的盘古开天，充溢着一股无所畏惧的激情，更接近于原始初民大胆的突破与尝试。

天皇地皇和人皇

神话史载，盘古开辟天地55万年后，出现了三位较有名气的神。但这三位神在能力上远逊于盘古，他们的事业或成就也远不如盘古那么惊天动地。实际上，三皇在中国神话传说中，已经被边缘化了。

但无论如何，他们是盘古的子孙，是连接此后五氏必不可少的链条，所以我们必须要提到他们——

三皇之天皇：他是盘古子孙中第一个有出息的，活了一万八千岁，有十二个儿子。他的主要业绩就是把子孙们分成一个个小部落，由每个部落自行推选或指定酋长。天皇大概是中国人祖先中第一个制度创建者，一个湮没于历史尘烟之中的管理学大师。

三皇之地皇：传说他在仙山龙耳山上出世，寿命也是一万八千岁。但他只有十一个儿子，比天皇少生了一个，这暗示他在神格上比天皇略低了那么一点点。地皇时代，日月星辰的运转出现了故障，太阳出来后就不肯落山，落山后又不肯出来，导致了白天与黑夜忽长忽短，全无规律可言。这让日出而作、日落而息的神灵们不知所措。此外，天界有些地方年久失修，渐渐垂落，盘古的子孙在走路时不留神就撞到星星，而撞个鼻青脸肿、头破血流都是经常的事儿。

于是地皇果断出手，以他残余的神力重新修葺了宇宙。他把太阳和月亮放置在固定的轨道上，让其按照固有规律旋转。再规定三十天为一个月，十二个月为一年，从这时候起，年龄就成为了计量生命的单位。

另有资料称，地皇修葺天地，命星辰上升到遥远的星空，不得太过于靠近地球。星星对此提出强烈抗议，因为遥远地带，偏僻寒冷，星星们备感孤独寂寞，它们更希望凑到一起热闹些。于是地皇听取了星星的意见，允许它们黑夜出来，白天必须要躲在家里睡觉。这就是我们只能在黑夜才能够看到星星的原因。

这样看起来，地皇更多的是一位历法大师，他创建了历法和纪年，从此留名于史——可是很抱歉，我们最终还是忘了他。

地皇而后又不知多少年，人皇出世。

三皇之人皇：人皇诞生于传说中的刑马山，寿命一万五千六百岁，有九个弟弟，个个神通广大，法力无边。照这么说起来，人皇较之于地皇又差了一截，正所谓一皇不如一皇。但人皇也是有功业的，他把中国分为九个州，每个弟弟各霸一州，他自己驾一辆怪车，拉车的人长六个翅膀，拉着飞车横贯长空。

现在来看看这久远的三皇，天皇建立了酋长制，地皇制定了历法，而人皇则勘立了九州的概念。这表明了初民时代，人类对自然环境认知的渐然成形，说是对初始世界观的形成也不夸张。

正如我们所知，三皇时代不过人们对世界的初步探索，但这些探索还不足以改变人类生存之艰难，于是自三皇而下，又有五氏。

氏，是比神低一格的存在。无论是神还是氏，都是指对人类文明有突破性推动的存在。只不过，神的开创是于一片空蒙、一无所有中的创建，属于无中生有、石破天惊的奇异智慧。而氏虽然也有撼动古今的大智慧，但相比于神的无中创有，毕竟是差了一个等级。

相比于因年代久远而变得生疏的三皇，五氏更广为人知。他们就是有巢氏、燧人氏、伏羲氏、女娲氏、神农氏。

巢穴还须接地气

相比三皇时代的辉煌，有巢氏的存在，尽显其悲哀。

三皇之中，最差劲的是人皇。纵然是差劲，却也是乘坐由肋生六翅的异人拉着的飞车，横贯长天，招摇过市。但是到了有巢氏时代，诸神却好似被什么东西猛然一击，从天界掉落凡尘——而且是脸先着地。

黄金时代结束，痛苦降临了——这实际上是智慧的觉醒。此前的生命没有智慧，也就没有痛苦或快乐的感觉。但现在，这一切真真实实的体历，让生命备感凄冷——这时代的生命活得尤为卑微。早期的人类是肉食猛兽最喜爱的猎物，毛皮不多，吃起来清脆可口；同时也是蚊虫的最爱，叮咬时不需费太大的力气。最凄惨的是，人类没有家，没有居所，只能是裸身赤足，于荒野烈日下奔逃，为狮子、剑齿虎、豺狼、豹子等猛兽所追猎。入夜，无论人类蜷缩在什么地方，赤裸的身体上，总是爬满了蝎子、蜈蚣及蚂蟥。

初始，人类也曾躲藏入石穴之中，但石穴黑暗阴冷，蜷缩于其中的人类，多半会患上严重的风湿病。最可怕的是，一旦被猛兽堵住穴口，连逃命的可能都没有。

就在这无尽的悲哀之中，有巢氏横空出世。

没人知道有巢氏是谁，也不知道他的来历，只知道他是一个绝顶聪明的人。他发现树上的鸟巢悬于树干，当鸟儿外出捕食的时候，幼鸟悠闲地居于其中，非常安全。于是有巢氏就想，为什么人类不能像鸟儿这样，也在树干上搭建一个巢穴呢？他想到就做，立即找来树枝插在树干上，再用泥浆将树枝加固，于是一个庞大的巢穴就建成了。有巢氏爬进去，嗯，真的好舒服，温暖又安全。

有巢氏的创新很快被同伴们发现并效仿。伟大的巢居时代到来了，大地那参天的古树上，出现了不计其数的巢穴。人类白天外出捕猎，夜晚居于巢中，从此再也不怕猛兽的侵扰。

巢穴文明持续了一段时间，人类又发现了许多不方便之处：巢穴居于高高的树干之上，爬上爬下极不方便。稍不留神跌下来，摔个半死在所难免。尤其是对于老人和孩子来说，这种居住条件更是充满了危险。于是人类对巢穴的建筑提出了更高的要求——巢穴必须要接地气。

把巢穴修筑在地上，方式方法与树干上的巢穴没太大区别，只是坚固的程度需要提高。但这时候人类已经有了丰富的筑巢经验，能够搭建出足够坚固的地巢。这种地巢于我们而言，丝毫也不陌生，无非是人类最早的房屋而已。

有巢氏的出现，告诉我们一个颠扑不破的文明法则：文明的行进，是曲折而非直线式的。人类最初走出森林，但为了安全又重返树上，在新的树居时代，获得了建筑技术，而后再重返大地。

有巢氏，这位人类伟大的发明者，就这样以其推进文明的伟大智慧，永远地留在了我们的记忆之中。

拓展阅读

与此时代相对应的历史事件

公元前 3700 年，在印度河下游的摩罕达约，印度人创建了一个空前伟大的帝国，他们创造了文字，并使用酒器。

公元前 3600 年，在美索不达米亚，苏美尔人建立了苏美尔王朝，这个王朝不仅有文字，甚至还有刻在泥板上的合同与契约。这个王朝延续到公元前 2872 年而终结。

盗火者传奇

继有巢氏后，燧人氏出世，他将一个惊天的秘密泄露给了人类，从此让人类走上了一条文明之路。

火的发现，是人类历史上无可超越的突破。在此之前，人类的饮食是茹毛饮血，摘树叶，吃野果，这些还勉强凑合。但当人类捕食虾、蟹、鱼或是野兔、山羊、山鸡等猎物时，这样的进餐，对人类的牙齿就是一个重大考验。

此外，还有肠胃。很难想象原始人类，只能吃生冷的食物，尤其是肉食也要生吃，人类的肠胃又如何承受得了？想来上吐下泻、消化不良这些疾病，少不了折磨原始人类。

直到有一天，燧人氏的出现，成功地改进了人类的食谱，把人类文明向前推进了决定性的一步。

虽然难以确定燧人氏是如何发现火的秘密，但他的名字告诉我们，这是一个伟大的坚持者。最早的时候，他发现被雷火击死的野兽，皮肉已经熟透，吃起来口味大不相同，更主要的是吃这种熟肉易于消化，不会引发肠胃疾病。这样，被雷火击过的食物，就成为原始人类梦寐以求的最好食物。但这种美食的获得，带有极大的不确定性。除非，谁能够把天上的雷火引下来。

或许是山顶巨石的滚落在撞击过程中有火星迸现，这个发现引起了燧人氏的注意。于是他捡起两块石头，不停地相互敲击，敲啊敲，敲啊敲，不断有火星迸现，但火星却是一闪而逝。

这时候他想，如果在火星下面，放些易燃的木屑干草，或许会有效果吧？他这样想了，也这样做了，终于，燧石击发的火星引燃了干草。燧人氏终于为人类带来了更优质的食物，也带来了温暖和光明。

燧人氏的功业从此长留在人们的心中。而人类的文明，也是踏着火的足迹，一步步行进至今。

拓展阅读

希腊神话中的盗火英雄

希腊神话之中，火的发现同样是天界与人间的重大事件。希腊诸神多是些沉溺于肉欲的粗俗之徒，只有普罗米修斯与其他神祇不同，他显然不太满意天界，就用黄泥巴捏成人形，创造了人类。

但相比于天界诸神，人类是脆弱的，也因为生存环境的险恶，充满了痛苦。于是普罗米修斯就用一根芦苇盗取了天火，赠送给了人类。与中国的燧人氏受到世人景仰不同，普罗米修斯的行为引发了众神之神宙斯的愤怒，他命火神和两个大力神将普罗米修斯捕获，囚禁在高加索山的山脉之上，再派一只秃鹫来啄食普罗米修斯的肝脏。白天啄食过后，夜晚他的肝脏又完好如初。宙斯就是要用这种永无休止的酷刑，残酷地折磨盗取天火的普罗米修斯。

直到有一天，大力士赫拉克利特为完成他的功业，来到了高加索山下，用箭射死了秃鹫，将普罗米修斯从酷刑中解救了出来。但是为了尊重宙斯的权威，赫拉克利特与天庭诸神达成了和解，让普罗米修斯手腕上戴一只手环，手环上嵌着一块取自高加索山的石块，表示普罗米修斯仍然被禁锢在高加索山，而宙斯的命令仍然得到有效的执行。

东西方的神话系统，同时注重于对盗火的解释，正是因为火的作用，对于推进人类文明是决定性的。要知道，原始人类在本性上与原始物种并无太大的区别，但除人类之外，其他动物始终不会用火，而人类却高举文明的火炬，远远地将其他物种抛在后面。火是文明与原始物种的分野，所以才会成为古文化中的主要素材。

伏羲是个异类

燧人氏后，有伏羲氏出。他大概算是中国神话中的智慧之神，更恰当地说，他实际上是文明之神。

伏羲氏与正常生物是有严格区别的。有的书上称其人头蛇身，另有资料称其是龙身或麟身。总之，伏羲氏近乎于一个异类。

当然也不排除另一种可能，伏羲氏是一个骑在鹿身上或是骑在什么动物身上的人。在近代史中，欧洲殖民者进入美洲，美洲的原始土著从未见过马，当他们看到殖民者骑在马上，以为来者是一种生长了六条腿的诡异生物，骇得魂飞魄散。这种无法将人与坐骑分开来的混沌认知，正是原始思维的最主要特点。所以伏羲氏最大的可能，就是骑坐在动物背上的人。

按照神话记载，这个推测的可能性极大。伏羲氏始出，即教导人类以绳结网，绳网在陆地上可以捕捉野兽，在水中可以捕捉游鱼。当人类捕捉的野兽数量较多时，伏羲氏又教导人类把野兽豢养起来，从此家畜就出现了。从这个记述上，我们可以判定，伏羲氏或许正是最早掌握了驯服家畜的人，他有可能是骑在一只鹿背上，引发了原始人类的无限惊恐。

接下来，伏羲氏又指导人们造书契。此前，人类是结绳记事，有什么事情需要记下来，就打一个绳结。绳结打多了，每个结都差不多，每一个绳结都说了些什么事儿就只能靠记忆。而伏羲氏指导人们在木头或石头上刻画记号，这就拓宽了人类的思维。

伏羲氏对人类最大的贡献，是礼仪文明的进步。在伏羲氏之前，原始人类的男欢女爱全无半点规矩可言。有考据学者称，古之婚配之“婚”字，是一个“女”字和一个“昏”字组成，意思是当原始男人到了求偶时期，就手持石棒出门，遇到心仪的女生一棍子打昏，再把昏女拖回洞里，这就等于洞房花烛夜了。但婚姻程序如此粗暴简单，必然会引起女性的不满和抗议。

于是伏羲氏制定了礼仪规范，但凡男子喜欢上哪个姑娘，不可以上前一棍打昏，这太没品位了。男子必须要备两张漂亮的鹿皮，送给心仪的女孩求婚。这个仪式取代了棍棒式求爱,受到了女性的广泛欢迎,并流传至今。

伏羲同时还是中国神话中的音乐之神。古人类生活单调乏味，没什么像样的娱乐活动，伏羲氏教人们制作琴瑟。他以桐树的树干为琴身，以丝线为琴弦，传说他制作的琴身长七尺二寸，上有二十七根弦，从此人类的生活变得丰富多彩起来。

伏羲还是位美食家，同时也是手艺高超的厨师。原始人类是不懂得何谓烹饪的，煮熟的食物总是有股子腥臊之味。可是经伏羲氏妙手打理，食物的味道变得精美可口，所以伏羲氏还有个名字，叫庖牺，意思是说他能够在庖厨里，把牺牲烹制得美味可口。

不过伏羲氏最大的成就还是演八卦。古人记载称，伏羲氏仰观天文，俯察地理，远取天下万物鸟兽花纹，近取诸身，创造了人类历史上最早的二进制。他以一条长线代表阳，两条短线代表阴，阴阳组合，演绎出八种不同的图案，分别代表着天、地、风、雷、水、火、山、泽。这就是举世皆知的周易之先天八卦图。目前，八卦已经成为孤悬于世的最古老的科学体系，而该体系的实用价值则成为学界一代又一代研究的起点。

拓展阅读

希腊神话中的发明之神

在希腊神话中，和伏羲氏一样具有无限发明创造潜力的，是智慧女神雅典娜。

雅典娜是智慧女神，同时又是和平与艺术的保护女神，尤其侧重保护妇女们的手艺。她教导妇女们纺纱、缝制和织布，让女性通过劳动，获得了与男性相抗衡的社会地位。同时，她还发明了战船。

此外，雅典娜又发明了喇叭和笛子，但是，当她在平滑的水面上看到自己吹奏的倒影时，马上抛弃了这些发明。因为她看到自己吹奏时两腮鼓起，丑化了她美丽的容颜，所以才会将乐器抛弃。

女娲竟然是媒婆

女娲氏，她是中华民族最神圣的始祖，也是中华民族生命的保护神。

女娲是人类生命的开创者。鸿蒙开辟之初，大地上只有为数稀少的人类，他们是盘古氏的后裔。女娲看到这情形就捏黄土造人，每次捏出一个人形，吹一口气，泥人就变成了活生生的人，欢跳着跑开。女娲捏啊捏，终于感到疲累了，她就把粗绳和在黄泥中，随手一甩，就甩出一个人来。只不过，绳甩出来的人，由于在制作程序上偷工减料，智商就差了许多。古人类用这个故事，比喻人类智商不对等的现实。

另一个说法是，女娲是伏羲氏的妹妹，由于人类稀少，两兄妹于昆仑山结为夫妻。但女娲害羞，就向天空大喊：苍天在上，于今我兄妹结为夫妻，若是苍天同意，就请让这云烟聚合。如果苍天不同意，就请让云烟散开吧。结果，山岚起处，云烟聚合，遮住了女娲和伏羲氏，于是两兄妹成婚，开始了人类的神圣繁衍。

在马王堆出土的帛画中，绘有女娲和伏羲氏的结合图，画面上，女娲和伏羲氏皆人身蛇尾，并且蛇尾交缠，比喻夫妻欢好；同时头悬日，尾垂月，周边星辰遍布，比喻生命与宇宙的浑然一体。正如我们所知道的那样，女娲氏同伏羲氏一样，也是人首蛇身，有记载称她一天之内就可以有七十种变化。

在创造人类后，天地之间遭遇到空前的大劫难。当时有两个神祇，水神共工和火神祝融，不知因为什么发生了冲突，结果共工失败。失败后的共工恼羞成怒，一头撞向支撑天与地的不周山。只听一声可怕的巨响，不周山被共工撞断，天庭裂开一道大缝，大地失去了平衡，天倾西北，地陷东南，冰火炎流，从天而降。狂风暴雨，日月无光。汩汩滔滔的大水淹没了整个世界，猛兽出没，捕食百姓，鹫鸟盘旋，生噬婴孩。人类遭遇空前的灭顶之灾。

女娲不忍看人世间遭受如此劫难，就搭建起一只小火炉，取山上的五色石头烧炼，镶嵌在开裂的天空之上。从此天上布满了灿烂的云霞，那就是女娲炼就的五彩之石。

接下来，女娲杀掉了一只倒霉的大乌龟，用它的四只脚重新把大地支撑起来。又杀掉了水精黑龙，止住了滔滔洪流。而地面上的积水，女娲则用芦草烧成灰，铺陈在大地上，将积水吸干。

传说，这片大地就是华北大平原，因为它是由芦草的灰铺成，所以平坦而肥沃。

此后的女娲，背倚大地，怀抱星辰日月，躺在方形的枕头上，缓慢地入睡了。春风拂过她的身体，夏天繁花在她身上盛开，秋天万物肃杀，冬季白雪皑皑。阴阳窒塞之地，经由她的身心化解疏开。天地乖戾之气，遇到她顿时消散。即使是那些凶恶的禽兽虫蛇，也藏匿起爪牙毒汁，没有了攫取与吞噬之心。

在我们的传统文化中，女娲又被称为媒神，也就是男女相爱的保护神。古时候，男女为求配偶，或是夫妻盼望生子，都要向高媒之神女娲祈求。

女娲氏，是中国传统文化中最重要的神祇，她炼石补天、捏土造人，兄妹成婚，救世禳灾，这些神异的传说贯穿了传统文化的始终。她的故事，既反映了初民时代婚姻状况的现实，又充满了人类与险恶的大自然相抗争的激情，并因此构成了传统文化的主体而长传于世。

拓展阅读

希腊神话中的爱神

女娲与哥哥伏羲氏兄妹通婚，又是中国传统文化中的媒神，这样她多少可以算作中国文化中的爱神。

希腊神话中的爱神，是阿佛洛狄忒，拉丁语称维纳斯。

维纳斯是由海中的泡沫而来，同时也是春天女神、花园女神和花卉女神。她的丈夫是火神、艺术神赫淮斯托斯，一个跛腿但心灵手巧的男子。维纳斯很爱自己的丈夫，但她是爱神，注定要卷入更多的浪漫爱情之中。

维纳斯爱上了美貌少年阿杜尼斯王子，但王子在打猎时被野猪挑死。维纳斯悲伤地去找宙斯说理，宙斯拿她没办法，就特批阿杜尼斯王子每年只需要部分时间待在阴间，其余的时间回到阳世与维纳斯相爱。

此后，维纳斯又爱上了天界上臭名昭著的暴力男，战神阿瑞斯。阿瑞斯同时又是破坏之神，天界每个神都厌恶他，美丽的维纳斯被这个男神的野性所吸引，陷入了如醉如痴的爱恋之中。

但是，维纳斯劈腿被跛腿丈夫火神发现了，火神很生气，就打造了一张金网，趁妻子与战神欢好之际，将此二神网住，然后推到奥林匹斯山上，对众神进行了公开巡示展览。众神乐不可支，大饱眼福。

西方的爱神维纳斯与中国的媒神女娲，勾勒出不同民族对爱情的不同解读。这种解读也构成了民族文化的本身。中国人更多地讲究含蓄，讲究爱情的忠诚度，而西方人更多地追求个性的解放与个人的自由，这是不同民族文化的区别。

吃饭带来新烦恼

有巢氏为人类带来居所，燧人氏将文明引入用火的时代，伏羲氏和女娲氏为人类的生殖繁衍创立了基本规范，然而人类又产生了新的烦恼。

这个烦恼就是，人类不知道什么东西可以吃，什么东西不可以吃，更无法摆脱疾病的困扰。经常会出现这样的事儿，人类采摘地上美丽的蘑菇放在石釜里煮到香喷喷，吃了之后就一命呜呼。

这个问题很严重，必须要加以解决。

于是神农氏出现，来解决这个大麻烦。

神农氏是农耕之神，他寻找适宜耕作的土地，带领人们种植瓜果蔬菜。但因为没有农具，人们疲累不堪，于是神农氏找来尖硬的树枝，把一端削成叉形，用以翻土。这个工具就称之为耜。神农氏再接再厉，又推出了耜的升级版，名字叫耒，就是在耜上安装一根弯曲的长柄，从而有效提高了翻土的效率。

种植业的发展，将人类的生产力向前推进了一大步。此后人类可以自行掌握命运了，可以通过农耕生产出足够的食物。再也不像以前那样，依靠运气来获得充足的食物，而且在猎杀野兽时，往往还要付出生命的代价。这就是神农氏的主要功绩，但人类端起石釜来吃饭，放下筷子更加念念不忘的，却是神农尝百草的功德。

如前所述，进入农耕时代的人类，面临的最大问题就是无法辨识植物的类别，不知道什么可以吃，什么不可以吃。再就是疾病的困扰渐渐成为人生的主要痛苦，于是神农立即着手解决这个问题。

但在当时，神农没有生化实验室，没有任何检测手段，对于植物是否有毒，鉴别的技术手段只有一种：亲口尝一下。

这就是神农尝百草的传说。他奔走于各地，亲口嚼食每一株植物，研究其性能，经常吃到毒草，严重伤害了神农的身体。据古书记载，神农尝百草，一日而遇七十毒。之所以以身试毒，神农只是为了要寻找到能够治疗疾病的药草。

最终，神农尝遍了天下的植物，终于明白了哪些植物可以食用，哪些植物可以用来治病，哪些植物却只能毒伤人。就这样，从古中国的农耕文化中，衍生出古老的中医智慧。所以神农氏又是中医学的鼻祖。

除了开创农耕时代，亲身尝百草，神农氏同样也是一个伟大的音乐家。他制作的琴，体长三尺六寸六分，上有五根弦，其弦的名称依次是宫、商、角、徵、羽。这就是中华古乐理的由来。

到了神农氏时代，中华文明已经步入了农耕时代，这标志着物质文明开始丰富，男耕女织，衣食无忧。多余的食物与物品，就会拿出来进行以物易物的交易，各部落之间的往来日渐增多。就在这理想化的和平之中，同样也孕育着狂暴的种子。迟早有一天，人类会走出这美丽的神话时代，走入同样久远的传说，进入全新的民族整合。而这，往往意味着可怕的战争。

拓展阅读

希腊神话中的农业之神

希腊神话中，狄俄尼索斯是植物神。他是宙斯的私生子，宙斯看到凡人塞墨勒非常美丽，就化身为凡人，去引诱她。塞墨勒求宙斯现出原形，宙斯答应了，不料他的原形竟然是一道闪电，闪电的灼热竟将塞墨勒烧死了。

塞墨勒死后，她的儿子狄俄尼索斯就由仙女们抚养长大。

植物神在印度长大成神，此后他离开了养育自己的众女神，去周游世界，向世人传授葡萄的种植技术。他是一个心理极度脆弱的神，要求人类无条件地信仰他，对于信仰他的人宽厚有加，而对于不信仰他的人，惩罚起来丝毫不留情面。

底比斯的国王不相信狄俄尼索斯，认为他是一个骗子，并残酷地迫害信奉狄俄尼索斯的信徒。这激起了狄俄尼索斯的愤怒，他让国王神智错乱，双目失明，穿上女人的衣服，任由人们对他发动攻击。愤怒攻击国王的人，都知道他是个不敬者，却看不出他的本来面目。国王的母亲——她也是狄俄尼索斯的信徒——第一个冲上来，尽管国王苦苦哀求母亲，不要伤害自己，可是缺大德的狄俄尼索斯，却让母亲听不到儿子的恳求，结果国王的手臂被母亲折断，而他的身体又被其他愤怒的信徒们扯得稀烂。

比较一下神农氏与狄俄尼索斯，可以看到，东西方两神的性格是完全不同的。希腊神话中的植物神，性格粗暴而心胸狭窄；而中华神的特点，却是具有伟大的自我牺牲精神。这表明了东西方对奉献者要求的不同。

我们远古人类有话说

人类文明史上，过往的民族数不胜数，犹如恒河沙数。每个古老的民族，各有其久远的神话体系。

在亚洲，有中国神话、日本神话、印度神话及古巴比伦神话等。在欧洲，有希腊神话、古罗马神话、北欧神话、立陶宛神话等。非洲有埃及神话，美洲有印第安神话、玛雅神话等。

同时，每个民族的神话各有其鲜明的特点。如印度神话多见单性繁殖，由梵天造众神。日本神话中也有这个特色。而希腊神话中，天界的权力斗争极为激烈，巨人族打败天神，宙斯率众神又击败巨人族。这更多地反映了当时氏族之间的权力现状。古巴比伦神话以英雄为主，但同样与权力的更替息息相关。相比之下，中国神话的特点就是权力固化，从三皇到五氏，没有哪个神祇遭遇到哪怕是象征性的挑战，这是很让人惊讶的。

近代西方学者，专注于从古老的神话之中提炼传统的文化精神，这又被称为文化的精神分析。具体的方法是通过语义学，破开神话中的非逻辑关系，切入到古老而原始的内核之中，探寻神话最初的原始形态。

诸如，当我们采用文化的精神分析手法，对《山海经》中最古老的记述《夸父逐日》进行剖析时，先是从语义学上破解出夸父的字面意思：夸，大，巨大；父，酋长。于是我们知道所谓夸父，就是古代一个权力欲望极大的酋长。酋长追日，就是将自己的功业与太阳相比，而最后夸父追日未果身死，则象征着权力狂的身死名灭，为后人嘲笑。

相反的解释也有，那就是单纯地从字面上理解故事的意义。在这个层面上，夸父追日表征着中国人宏大的野心与不计结果的徒劳努力。这种解释在正面意义上，将神话中的要素纳入到了传统文化之中。

简言之，神话体系构成我们民族文化的初始内核，这其中多积极向上的因素，但负面因素依旧潜伏于积极因素之中，是一个极难界定的范畴。

相反，希腊神话中的诸神，多是些呈现出人性负面因素的庸碌之徒，除了盗火的普罗米修斯之外，咸少有寻常意义上的正能量。但西方人正是从这种污浊之中不断地思考，拷问人性的负面，并对此持高度的警觉。最终，西方文化从混沌的原始思维走出，经由人性的暗河抵达理性的彼岸，这却是拥有富足文化的东方文明所始料未及的。

概述之，东方的神话体系是以弘扬人性之善、倡导博大的牺牲精神为主体。而西方神话体系，则以警觉人性之恶为主体，二者殊途而同归，终将在现代文明的羊肠小路之上，狭路相逢。

第二章

从幻觉到现实

（传说时代）

移民是个导火索

在这里，我们可以将神话时代画上一个完美的休止符——神话时代结束，传说时代开始。

初听起来，传说时代也同神话时代一样，都是些四六不靠、虚无缥缈的记载与传说。但，神话时代是完全彻底的虚构，比如说盘古氏开天，这不需要任何证据，也不需要任何检测，单凭肉眼就知道是杜撰，是人类的梦想。而传说时代，虽然也同样是荒诞无稽，却有掺杂了史实的部分——尽管，这些历史真实的含量并不高，甚至发生了严重的扭曲，但初始的形态仍然能够让人感受到强烈的真实感，确信这是有其事实原型的。

而这就是神话时代与传说时代的区别。

中国的神话史时代，终止于神农氏。传说史时代，则起于炎帝。

我们马上就会意识到，这位姗姗来迟的炎帝，有可能就是以身尝百草的神农氏的最后传人。他应该是承袭神农氏之号，以天下共主的身份，统率着各个部落。

古史记载，也正是这样：

> 炎帝，以火为官，始教农稼，故号神农氏。
>
> ——《史记·三皇本纪》
>
> 炎帝即神农氏。炎帝，身号，神农，代号。
>
> ——《世本·帝系篇》
>
> 炎帝，教民农耕，故天下号为神农氏。
>
> ——《汉书·律历志下》
>
> 炎帝氏以火纪，故为火师而火名。
>
> ——《左传·昭公十七年》
>
> 炎帝作，钻燧取火，以熟腥臊，民食之，无兹胃之病，而天下化之。
>
> ——《管子·轻重》
>
> 炎帝为火灾，故黄帝擒之。
>
> ——《淮南子·兵略训》

当看到最后一条，“炎帝为火灾，故黄帝擒之”。于是我们知道，神农氏时代的农耕技术仍然不过是初民时代的刀耕火种，也就是于荒野的树丛中，放起一把火，把草木全部烧成灰烬，然后就在这片肥沃的土地上种植。这种原始粗放式的农耕作业，为富有博大牺牲精神的神农氏，带来了麻烦和敌人。

神农氏的敌人，就是大名鼎鼎的黄帝。

现在我们自称炎黄子孙，就是说我们就是炎帝与黄帝的后人，尽管他们在当时是死对头。但老祖宗们打架，后世子孙理不清谁是谁非，总之都是自己的祖宗。

实际上，当时对峙的是三方军事武装，而发生的战事，至少有两起。

现在我们来看一下出战的三方人马及相关助手。

战争的甲方：黄帝方。

主战官：黄帝。据史学大师吕思勉先生考据，黄帝和炎帝实际上同父异母，都是西羌部族的首领，具有同样的神异背景，但神格越来越低。据《帝王世纪》所载，黄帝的父亲是少典氏，母亲是有蟜[1]氏，闺名附宝。说是有一天夜晚，附宝姑娘突见黑漆漆的高天之上，有一道亮丽的闪电，围绕着北斗七星疾速飞行，这大概是比较早期的UFO目击记载。观察了一番UFO之后，附宝姑娘就发现自己怀孕了，此后她怀孕两年，生下了个大胖小子，这就是黄帝。

黄帝生于轩辕之丘，以此为号，又以此为名。他的父亲是有熊国的首领，黄帝长大后以官二代的身份接班，从此成为了有熊国的国主。有熊国既然名曰有熊，又或是熊出没注意，那么轩辕氏打出来的战旗，必定是以熊为标志的。

战争的乙方：炎帝的部落。

炎帝的母亲叫女登，有一天，女登到常羊山玩耍，忽然间天空上烟霞缭绕，金光灿烂，明丽的光线中，就见一条巨龙飞腾而下，直扑过来将女登按倒在地。然后，该发生的事情就发生了，不久女登就生下了一个孩子。

这个孩子，生下来三天会说话，五天会走路，第七天嘴里就长满了牙齿。到了三岁，他已经能胜任成年人的工作，部落中的百姓见他天资聪明，智力超群，就拥戴他为首领，称为炎帝。又因为他常年上山采药，替部落中的百姓医病，因此承袭了神农氏的称号。

除了黄帝和炎帝，还有另一股可怕的势力卷入进来，我们可以称其为

---

[1] 音：jiǎo。

战争的丙方。

战争的丙方：蚩尤方。

蚩尤是一个可怕的敌人，传说他长着八只脚，肋生双翅，三头六臂，刀枪不入，杀之不死。他还有八十一个兄弟，皆铜头铁额，食砂啖石。而且蚩尤还能够吞云吐雾，飞沙走石。蚩尤不但能够制造精良的戈、矛、戟等铜兵器，还能骑坐在动物的背上作战。另外他还能够控制天气，制造变幻莫测的气象，使对手迷失方向。所以他被奉为天下之兵主，也是中国历史传说中的战神。

随着生产力的发展，各部落的人口越来越多，盘踞在山东一带的蚩尤开始向西扩张。而生活在陕西一带的炎、黄两大部落，苦于生存资源的匮乏，也正在向山东方向移民。三大部落拥挤于狭小之地，战争的爆发，已经无可避免。

拓展阅读

有关炎帝的另一个传说

南宋罗泌综合前人有关炎帝的传说，再加以系统化，著《路史·后记》，演绎出有关炎帝的另一个传说：

曾有一位少女安登，赶着羊群、提着篮子上到天台山，在一个石洞前，她感觉到困乏，就睡着了。在梦中，她依稀感觉到一个美貌的少年来到身边，自称七龙子，与她欢好。此后少女安登就有了身孕，次年生下一个可怕的大肉球。安登的丈夫少典气坏了，举起石刀想把肉球劈开。不料肉球自动滚开，砰的一声裂开，从里边跳出来一个小男孩，迎风长高三尺。

安登给这个孩子起名叫石年，石年就是后来的炎帝。

无论是黄帝本人的身世，还是炎帝的身世，都有一个共同的特点，就是只知其母，不知其父，这正是母系氏族时代的生活在历史上的折光和投影。

诸神之战

公元前2698年至公元前2598年之间，黄帝的部落在姬水（现陕西中北部）附近，而炎帝的部落则在姜水（现陕西宝鸡）附近，两条河挨得非常之近。两大部落的关系也非常融洽，彼此婚嫁，相互往来。但随着部落人口的增长，原有的土地已经满足不了部落的需求。于是黄帝和炎帝不约而同地展开了大移民。

黄帝走的路线，偏北，渡过黄河到达山西南部，最后进入河北的北部。而炎帝部落的路线偏南，顺着渭水东下，进入了现在的河南。

理论上来说，炎、黄两家没有理由发生冲突。但由于人口持续增长，两支部落在移民时，沿途不断有人停下来定居，最终双方的部落犬牙交错，彼此之间越来越贴近，相互之间的矛盾也越来越多。

这时候，炎帝虽然是天下的共主，是所有部落都尊奉的大酋长，但随着地域的广阔，他的管理技术已经严重落后，无法控制各地区的冲突与骚乱。而此时，活动在山东的蚩尤部落崛起，将黄帝的有熊部落夹在中间，这进一步强化了黄帝心中的危机意识。

黄帝要想在两面强敌夹攻之下获得生存机会，那么他就必须——先发制人。

阪泉大战，就在这种背景下爆发了。

黄帝统率着以熊、罴、豹、虎等为图腾的部落，挥舞着雕鹰战旗，向炎帝的部落发动了突然袭击。炎帝的士兵仓促之间迎战，双方于涿鹿之野展开了三次激烈的决战，最终炎帝部落难以抵挡有熊部的凶猛进击，兵溃如山。

有记载表明，炎帝在这场战斗中死亡，如《淮南子·兵略训》中称：炎帝为火灾，故黄帝擒之。

炎帝之死，宣布“刑政不用而治、甲兵不起而王”的美好时代彻底终结。此前，各部落之间的关系，虽然不断有这样那样的矛盾，但处理的方式始终是温和的、相互退让式的。但黄帝开辟了新的法则，这是铁与血的法则。此后各部落之间，不再讲究什么温良谦恭让。天下共主的推举，也不再是通过个人的影响力自然形成，而是武力称雄，刀悬天下。

阪泉三战，炎帝或许是战死了，或许是被俘后杀掉。但其部众仍然在溃逃之中，奔逃的方向是向东——东面，就是蚩尤的地盘。

出乎黄帝本人预料的是，炎帝部众的奔逃，为战争带来了不确定的变数。

拓展阅读

远古的图腾

据《史记·五帝本纪》中记载，黄帝教熊、罴、貔、貅、貙、虎，以与炎帝战于阪泉之野。

古时的人们把这段记载理解为，黄帝统率着由熊、罴、貔、貅、貙、虎等猛兽组成的大军，向炎帝发起进攻。但实际上，这是黄帝率领着以熊、貔、貅、貙、虎为图腾的氏族或部落，与炎帝交战。

图腾，是印第安语 totem 的音译，原意为亲属和标记。所谓图腾崇拜，就是原始社会时期的人们，认为自然界的动物或植物的某一种，与本氏族或部落的人们有一种血缘上的关系，即以之为始祖而加以崇拜，并时时祭祀。

美国著名进化生物学家摩尔根说：中国古代流行着一种图腾制度，其后世之姓，多由原始社会的图腾信仰演化而来，如牛、羊、马等即是。

摩尔根的说法得到了我国学界的普遍认可。大量的历史资料证明，我国远古时代，是普遍盛行过图腾崇拜的。

熊旗还能再打多久

阪泉三战，炎帝部众溃败。很明显，蚩尤将逃奔而来的炎帝溃众，视为对他公然地挑衅与冒犯，于是他出动大军，向炎帝溃众碾压过来。炎帝部众的逃生之路受阻，被迫掉头，又逃了回去。

黄帝正在西边等着，正要杀个痛快，不留神蚩尤的兵力来势凶猛，一下子冲乱了黄帝军队的阵脚。

《汉书》中记载称：蚩尤叛反，黄帝涉江。马王堆出土的帛书《十六经·五正》记载得更为详细：上于博望之山，谈卧三年。

这段故事说，当时的黄帝好不悲惨，只想到乘胜追击，全歼炎帝溃众，却没料到蚩尤突然杀至，而且势不可挡。黄帝的有熊部落一下子被蚩尤冲散，于荒野之间各自亡命，被铜头铁臂的蚩尤兄弟们快意地追杀。而黄帝本人则仓皇如漏网之鱼，趁机逃入了博望山中。

此后蚩尤兵围博望山，展开了地毯式大搜捕，想把黄帝捕获杀掉。刚刚品尝到胜利的喜悦的黄帝，眨眼工夫就陷入了绝境，不得不转入最艰苦的游击战。他身边的人越来越少，悲观情绪蔓延开来，许多人议论纷纷：熊旗还能再打多久？

虽然是天将午，饥肠响如鼓，但黄帝仍然乐观地鼓励手下士兵：我们的战士，在困境时要看到希望，看到光明……咦，你们怎么全都跑掉了？不要跑，快回来听我说……

从黄帝身边逃离的士兵们，多半被蚩尤所擒杀，最终黄帝这边的力量越来越弱小，已经丧失了与蚩尤一战而争天下的资本。

最终，蚩尤却没有搜到黄帝本人，不得不退兵了。或许是在黄帝困于山中之时，又或是蚩尤离开之后，黄帝遇到了他生命中最重要的一个女人——九天玄女。

九天玄女这位女神，在历史上低调得很。她只是在《水浒传》中现身，指引宋江宋公明逃过官方捕杀，上了梁山。但实际上，这位低调的女神，其资历在诸神之间，或许是最老的。当黄帝遭遇到困厄时，就是她从天而降，为黄帝带来了希望和光明。

九天玄女授予了黄帝一块兵信神符，黄帝从中获得了战胜蚩尤的办法。

但这个办法，实际上是黄帝唯一的选择。

黄帝的有熊部落与炎帝部落，在这场名义上大胜的阪泉之战中，都遭受到了毁灭性的创伤。如果要想避免蚩尤一家独大，为所欲为称王称霸的话，那就只能是——整合炎、黄残余武装，两家合兵，才有实力再争天下。

拓展阅读

神话人物玄女

玄女，人头鸟身。道教中的说法是，黄帝与蚩尤战于涿鹿，黄帝不能胜,就在太山之阿长吁短叹。西王母听到了黄帝的感叹，就命令九天玄女下凡，授予黄帝以遁甲、兵、符、图、策、印、剑等物，并为其制夔牛鼓八十面，遂大破蚩尤而定天下。

而葛洪的《抱朴子内篇·极言》云：黄帝“论道养则资玄、素二女”。这实际上是在暗示，玄女与黄帝的关系，更有可能是一种非常甜蜜的情人关系。

明董斯张著《广博物志》，其卷九曾引《玄女兵法》文，称：蚩尤变化多端，征召风伯雨师，兴大风雨，吹烟喷雾，黄帝的军队陷入困境，无法取胜。绝望的黄帝就在太山之阿叹息，叹息过后就睡觉了。

黄帝的叹息被西王母听到了，就派了个身披狐狸皮的使者送给黄帝一道兵符。兵符宽三寸，长一尺，青莹如玉，丹血为文。黄帝接受了兵符之后，西王母又派来一个女人，人首鸟身，对黄帝说：我是九天玄女，特来传授你兵法。授黄帝以三宫五意阴阳之略，太乙遁甲六壬之术，阴符之机，灵宝五符五胜之文。黄帝得到了这些传授，所以才能够打败强大的蚩尤。

葛洪称九天玄女和黄帝是情人关系，但看起来，好像西王母和黄帝之间才真正有点暧昧。据记载，在派了人首鸟身的玄女授兵符之后，黄帝打败蚩尤，西王母又派了个白虎神，骑白鹿来找黄帝，授予了黄帝九州之图。

太古时代的复仇者联盟

炎、黄合兵，完全是不得已的选择。事实上，这个时候，炎、黄两家血仇已经不可化解。有两件事，导致了黄帝只收编了炎帝的部分残余武装，而其余的则向其他地方迁移了。

这两件事，一件是炎帝的女儿精卫之死，一件是刑天断首而犹自拒绝臣服。

炎帝至少有五个女儿，帝女桑、精卫、女伪、瑶姬，此外还有一位学道成仙的炎帝少女。这其中，尤以精卫最广为人知。

有关炎帝的女儿精卫之死，《山海经》中是这样记载的：

> 发鸠之山，其山多柘木，有鸟焉，其状如乌，文首、白喙、赤足，名曰精卫，其名自詨。是炎帝之女，名曰女娃。女娃游于东海，溺而不返，故为精卫，常衔西山之木石以堙于东海。

精卫填海，是中国历史上最美丽的传说，但这个传说的历史依据，或许比我们想象的更要激动人心。

如果我们仔细考查精卫填海的故事寓意就会发现，精卫是炎帝之女，却游于东海，这本身就是个矛盾之处。矛盾就在于，东海之水，是炎帝的敌人，这实际上隐寓着精卫孤身与强敌作战的历史原貌。

很清楚的是，黄帝与炎帝三战阪泉，最终将炎帝擒杀。而后蚩尤大兵涌至，黄帝遁入博望山，三年后，蚩尤退兵，黄帝才从山中出来。此时他承袭了黄帝的称号，大力宣传阪泉战事，并着手整合炎、黄两家的部落，这个行动，势必遭受到仍然忠于炎帝的人的强烈反抗。

所谓精卫填海，其历史原型不过是由炎帝的女儿女娃所领导的一场地下抵抗运动。但是这场运动最终失败了，女娃很可能遇害。部族人怀念她，叹息她那徒劳的抗拒，但在黄帝时代，又不敢把她的事迹明明白白地讲述出来。最终，这段历史不甘于隐没，终于被扭曲，被异化，变形为精卫填海的美丽传说，一直流传到如今。故事中的精卫，以其微弱之力，对抗着那无可抵御的强横势力，引发了后世人心中的无限景仰。

如果说，精卫填海的故事解读或许还存在着歧义的话，那么刑天断头的故事，则毫无掩饰地拉开了抵抗时代的大幕。

刑天是炎帝部落中一个有名望的官员，主司农耕生产，同时他又很有音乐天赋。炎帝曾命刑天作《扶犁》之乐，又作《丰年》之歌，这些音乐和歌舞成为了炎帝部落农耕时的主要娱乐方式。而当炎帝部落战败，炎帝被擒杀之后，刑天悲伤不已，对黄帝的暴行充满了愤怒。

有一天，黄帝出巡，视察各地的农耕作业，并察看是否有地下抵抗活动的迹象。当他经过刑天部落时，遭到了刑天的强力阻击。刑天有可能是直接向黄帝发动了攻击，又或只是言语上的抗议，总之，他的反抗激怒了黄帝，黄帝当即下令将刑天斩杀。

刑天被杀后，尸体埋在了常羊山。但这座山是座灵山，是炎帝部族的精魂之山。还记得炎帝是在什么情况下出生的吗？他的母亲女登，就是在常羊山目睹大星天坠，从而诞下了炎帝。刑天的精魂从常羊山中获得了灵气，于是他再度复活了。

但复活后的刑天，却因为被割掉了头，只好以两乳为目，以肚脐为眼，手持干戚，挺立于常羊山上，向这世界表白他决不臣服的决心与勇气。

刑天的故事，不过是在黄帝占领了炎帝的家乡之后，炎帝族人进行的最后抵抗，一任抵抗领袖被杀害，新的抵抗领袖又出现。由于斗争环境的险恶，新任抵抗运动领袖隐没了其名姓，遮住了他的面目——这在原始思维之中，就被曲解为刑天断首而后复生。

晋代大诗人陶渊明，读懂了精卫和刑天所蕴含的寓意，所以作诗曰：精卫衔微木，将以填沧海。刑天舞干戚，猛志固常在。同物既无虑，化去不复悔。徒设在昔心，良辰讵可待。

后人解读陶渊明的诗句，认为最后两句“徒设在昔心，良辰讵可待”表达的是诗人对现实无可奈何的叹息。但实际上，这两句诗并非是单纯地借古咏志，而是陶渊明对他读懂的古史的感慨。

陶渊明的叹息是说，虽然有女娃、刑天等人的顽强抵抗，但最终大势所趋，黄帝仍以他铁的手腕，完成了对两个部落的整合工作，将炎帝部族的最后反抗，彻底扼杀。

于是，黄帝从新整合的炎黄部落中，又获得了新的武装力量。而女娃、刑天的地下抵抗运动，却只能是化为美丽的传说，从此隐入神话领域，在正史上再也无迹可考。

是到了和蚩尤展开决战的时候了，这一次，黄帝成竹在胸。

拓展阅读

炎帝的女儿帝女桑的故事

据《广异记》记载，炎帝有个女儿，学道成仙，居于南阳愕山桑树之上，正月初一，衔柴做巢，至十五日成。由于她已经成仙，化形不定，有时是一个漂亮的女人，有时候却是只白鹊。炎帝思念女儿，想劝说她回家，但女儿置之不理。气恼的炎帝干脆一把火将桑树点燃，想烧掉女儿的巢穴，逼迫女儿归家。不料想大火起处，帝女桑随即升天，从此去了天界，再也没有回来过。

民俗学家称，帝女桑的传说多少反映了我国原始母系氏族社会晚期的一些社会和经济状况。

蚩尤的小伙伴们

炎黄合兵，涿鹿之野。在公元前 2698 年至公元前 2598 年之间的某一年，一场新的战斗拉开了序幕。

这是一场人神混杂的战斗，从一开始，蚩尤就使出了他的拿手绝活。他踏罡步斗，披发而行，仰天长啸之际，滚滚的云雾从他的口中喷吐而出，霎时间遮没了天地。大雾三日三夜不散，为黄帝的有熊部落带来了极大的麻烦。

黄帝手下的战士，多在大雾中迷失。黄帝只好暂停战斗，转入发明创造领域，与蚩尤一争高下。历史证明黄帝是个伟大的发明家，他临时发明了指南车。这是一种造型奇异的小车子，车上有一个铜人，无论车子如何转动，铜人的手指却始终指着南方。指南车的发明，使得黄帝的部队，即使是在遮天的云雾之中，也不会迷失方向。

黄帝蚩尤交手第一回合，是典型的科魔大战，黄帝以科学技术，战胜了蚩尤的魔法。

第二个回合，轮到了黄帝出手。他呼叫水神应龙的支援，应龙赶来，掀起滔天的巨浪，将蚩尤的军队困于孤岛之上。

蚩尤不甘示弱，也呼叫外援。赶来支援蚩尤的是风伯和雨师。这两个神祇对黄帝没有好印象，他们冲着黄帝的军队刮暴风，下骤雨，导致了黄帝的军队陷入到泥泞之中，无法前行半步。

战事陷入了胶着状态，蚩尤的军队无法冲破应龙的水困，黄帝的军队也无法突出风伯和雨师的阻挠。在这种情况下，黄帝忽然间想起了九天玄女赠送给他的兵符，就打开兵符来看。兵符指点黄帝，要想赢，就得请另一位女生出场。

这就是女魃。她是一个非常可怕的女生，传说她本来是具僵尸，后来化形成人。她的眼睛生在头顶上，走路时能看到天，却看不到前方。但也没人敢出现在她的前方，因为她的秀发全都是一条一条的小蛇，张牙舞爪，择人欲噬。此外，女魃的身体上还长满了白毛，看到她的人，多半会吓个半死。

女魃又称旱魃，她所到之处，赤地千里，一滴雨也不会下，往往一旱就是三年。她所居之地，所有的生物都会因为干渴而死。人们哪怕只是听到她的名字，也会吓得瑟瑟颤抖。

不清楚黄帝是从什么地方，把女魃找到的；也不清楚双方之间，是否有什么合作的协议签署。但从后面发生的事情上来看，女魃明显上了黄帝的当。她赶到两军阵地之前，风伯和雨师见到她，大为惊恐，立即逃之夭夭。霎时间风停雨住，大水迅速蒸发殆尽，泥泞的地面也很快变得干燥。

黄帝不失时机地发起总攻令，潮水一样的军队向蚩尤部落涌了过去。虽然蚩尤兄弟有八十一人，且个个铜头铁额，但仍然无法阻止黄帝军队的狂猛攻势。最终蚩尤的部众被击溃，八十一个铜头铁额的武士，悉数被擒杀。就连蚩尤本人，虽然他长了八只脚，肋生双翅，也未能逃脱，被黄帝下令斩首。

蚩尤所统，是谓九黎部落，这支部落的残余向南逃窜，一口气逃到了现在的贵州万山地带，才喘息未定地止住了脚。此后这支部落就在贵州繁衍生息，据说他们就是苗族的先祖。

蚩尤虽死，精魂不灭。他的血化为枫林，斩首之地更常见美丽的极光，状如战旗，被称为蚩尤旗。

黄帝虽然取得了空前的胜利，但各部落仍然拒绝臣服。在他们心目中，只有蚩尤才是天生的领袖。黄帝嘛，虽然他用诡计杀掉了蚩尤，但这仍然构不成大家向他臣服的理由。

黄帝无可奈何，于是心生一计，他尊奉蚩尤为战神，并画了蚩尤的图像，送往各个部落。见到画像，各部落纷纷传说蚩尤未死，倘不臣服，只恐战神发怒，大祸临头，人们这才认可黄帝为新的天下共主。

这场战事之中，最悲惨的莫过于女魃。她为黄帝立下了汗马功劳，战后却被黄帝所遗弃。或许是法力用尽，无法重返天界，女魃从此滞留人间。但由于她所到之处，千里干旱，所以遭受到人们的驱逐。女魃无处藏身，只能蜷缩于地下的坟茔之中，一旦被人发现，就会把她掘出来烧掉。

古书上记载：魃不得上。倘若我们致力于将故事中的神异因素人性化，就会得出一个很沮丧的结论：这位被牺牲的女魃，实际上就是九天玄女。她率领的部族显然是以养蛇见长。在黄帝军队陷入困境之时，女魃部族主动请战，吸引了蚩尤的主力军队，这才为黄帝一方创造了直捣蚩尤指挥中心的战机。但是策应女魃的军队没有及时到位，导致了女魃部族陷入蚩尤部的包围而最终被全歼。

但是在战后，黄帝禁止民间私下议论战事，所有的战况都以黄帝本人发布的战报为准。不过战报上丝毫未提及女魃部族的牺牲。这就导致事件的原型在民间流传之中，为避开政治迫害，而呈现出一种扭曲状态。

拓展阅读

希腊神话中的蛇发女妖

人类历史上，显然曾有一个不可理喻的长发禁忌时代。飘柔的长发被视为危险的征兆，所以在中国有蛇发女魑的恐怖传说。而在希腊神话中，蛇发女妖同样也是一个鲜明的角色。

希腊神话传说中有一位漂亮的女孩，名叫美杜莎。她以自己的美貌而自豪，甚至大胆地向智慧女神雅典娜提出挑战，这激怒了雅典娜，于是她决定夺走美杜莎的美貌，让她化形为一个可怕的怪物。

和美杜莎同时遭到智慧女神惩罚的，还有她的两个姐妹。她们的头上和脖子上布满了鳞甲，美丽的秀发成了一条条蠕动的毒蛇，唇边长出了野猪的獠牙，还长出一双铁手和黄金的翅膀。任何看到她们的人，都会立即变成石头。所以她们只能避世索居，居住在遥远的西方。

但是雅典娜的报复只是刚刚开始，她指点宙斯的儿子珀尔修斯，趁美杜莎睡觉的时候背过脸，以光亮的盾牌做镜子，从三姐妹中找出美杜莎，割下了她的头。但在珀尔修斯逃离的路上，遭遇到了美杜莎两个姐妹的追杀，他在空中被狂风所袭击，吹得左右摇晃。从美杜莎头颅上滴落的鲜血，落到了利比亚沙漠之中，化为毒蛇。

珀尔修斯以美杜莎的头颅为武器，在打败一系列对手之后，将头颅送给了雅典娜。雅典娜将美杜莎的头颅固定在自己的盾甲与胸甲中央。由于任何人看到美杜莎的头像就会化为石头，所以美杜莎又成为希腊文化中的主要装饰，被工匠绘制在盾牌上。

黄帝的N种发明专利

涿鹿之战中，黄帝能够及时迅速地发明指南车，最终战胜蚩尤，这并非是一个孤立的事件。从资料上看，黄帝拥有一个具有超常发明天赋的团队，除了指南车，他还有更多的发明与创造。

黄帝发明第一项：改进房屋建造工程。黄帝之前的人类住所，仍然是有巢氏时代的树枝泥土版，不结实不说，也不能遮风避寒。黄帝发明了用石块建筑的方法，加固了房屋，从此人类开始定居，并形成村落、集镇乃至规模化的城市。

黄帝发明第二项：发明衣服。直到黄帝出世，我们才知道，从盘古、三皇、有巢氏、燧人氏、伏羲氏乃至炎帝，忙来忙去却忘了件最重要的事儿——人类始终没得衣裳穿，就这样赤身裸体，到处乱跑，弄得地球好像个偌大的天体营。没有衣裳，不雅观倒在其次，关键是容易受到伤害和感染疾病。幸亏黄帝以兽皮为裳，这才让人类有点人样。

黄帝发明第三项：车船。黄帝之前，既没有车子，也没有船，人在陆上走靠腿，在水里走靠游。黄帝首先发明了轮子，然后将轮子实用化，发明了车子，继而发明了船。从此人类的活动领域大大拓展。

黄帝发明第四项：弓箭。此前的人类，打架时近距离是手撕牙咬，远距离是投掷石块。黄帝发明了弓箭，瞬间置对手于必死之地。从此弓箭成为中国古人最常规的武器，直到近代列强入寇，弓箭仍然是军中必备。

黄帝发明第五项：阵法。黄帝显然是个嗜好战争的男人，他发现打仗时古人类有的站东，有的站西，乱七八糟不成体统。于是黄帝果断地发明了阵列，从此打仗就组成了队形，足够让他的对手吃瘪。

黄帝发明第六项：音乐。此前，伏羲氏与神农氏在音乐上的创建都是巨大的古琴，直到黄帝时代，才有笛子、箫这种带孔洞的管形乐器。此外黄帝进一步改良了琴与瑟——又或许没有改良，但黄帝把人类声音分成五个主音阶，以及十二个副音阶，丰富了乐理。

黄帝发明第七项：器具。这里所谓的器具，指的是古陶盆古陶罐之类的用品。这些东西此前并不存在，可想人类的生活是多么令人捉急。吃剩的食物无处放，煮食物时也只能用厚重的石釜，黄帝的发明，为古人类带来了极大的便利。

黄帝发明第八项：井田。井田不是一样东西，而是一个制度，一种经济体制的布局。传说黄帝把土地重新划分，划成井字状，中间的部分属于酋长，周边的八块，属于百姓个人。百姓不仅要种好自己家的地，还要替酋长把地种好，最后的粮食由酋长独食。这种经济制度的创立，对中国人的经济思想产生了久远的影响。

当我们看到井田这项发明的时候，就知道情况不对头。既然黄帝发明了井田制，那么就必然会需要足够的良田，以满足这个制度的需求。但是在黄帝的发明名单上，我们没有看到有关农耕的部分，这表明，黄帝如果想要推行他的井田制，就只能去找炎帝神农氏了。

如此之多的发明创造，让我们既惊且诧，这好像不是正常人能够做到的。对了，黄帝原本就是个半人半神，发明出如此之多的东西，也在情理之中。而且有记载表明，黄帝的时代，似乎是一个发明狂的天下，黄帝手下的大小官员，乃至家人，似乎都有着发明创造的天赋……

拓展阅读

轮子的发明

从发明史上来看，轮子是人类仅次于火的发明，是第二伟大发明。至今人类的整个文明，可以说就是建立在火和轮子的基础之上的。

大约在公元前350年，轮子发明于美索不达米亚（现属伊拉克），即底格里斯河与幼发拉底河之间的陆地。轮子第一次用在双轮运货马车上来运输笨重货物。轮子还用在双轮马拉战车上，成为古代人所偏爱的军用运输工具。

起先，制作一个轮子的通常方法是用些横板把几段木料连接起来，再将这样做成的方形物切割为圆形。在一些缺乏好木料的地方，人们甚至试图用石料制造轮子。这些早期的木轮或石轮虽然牢固，但是相当笨重。它们需要很强的拉力，所以轴承很快就磨坏了。

为此人们曾做种种尝试，比如通过在木板上开洞来制造较轻的轮子。但最有效的还是装上辐条的轮子，它是北欧、中国和西亚各自的独立发明，并在公元前2000年以后广为流传。

老婆个个是车间主任

黄帝的家庭生活比正常人要热闹些，因为他有四个妻子。

老大叫嫘祖，也是一个伟大的女性发明家，她发明了养蚕抽丝，用蚕丝制成轻柔的绸缎。可以说，中国纺织品至今仍然在世界享有盛名，就是得益于嫘祖的创造。嫘祖除了养蚕，还喜欢休闲旅游，她南游时，死于衡山的道路上，因此又被后人奉为道神。

老二叫女节，她虽然没有什么伟大的发明，但也在历史上据有一席之地。曾有一次，大概是黄帝不在家，女节怀孕了……据研究，她怀有身孕之时，夜空中忽有大星如虹，跌落到江水中央的一座小岛之上，女节眼见如此怪事，忽然之间就怀孕了。黄帝本人对女节的解释信之不疑，别忘了，黄帝本人的母亲附宝，也是以这种方式怀上身孕的，黄帝家人显然更中意这种先进的怀孕文化。

老三叫彤鱼氏，四个妻子中属她最低调，既没有什么伟大的发明创造，也未曾亲睹不明飞行物。

黄帝的第四个妻子却是大名鼎鼎，她叫嫫母，是中国历史上四大丑女排名第一的。传说她的容貌，额头像锤子，鼻子坍塌下陷，肤色黝黑。虽然容貌不漂亮，但黄帝最爱的就是她，因为她道德高尚，为人端庄。黄帝经常拿嫫母为例子，劝说那些容貌不佳的女子，说：长得丑点又有什么关系？没有关系，女人丑点不可怕的，可怕的是内心缺少贤良。

据记载，黄帝之所以喜欢嫫母，是因为她还担负着保护黄帝人身安全的重责。每当黄帝出巡，就让嫫母在前面开道，她的模样吓得路人惊恐逃窜，所以嫫母又被奉为险道神。后来黄帝的正妻嫘祖死于衡山之道，黄帝命嫫母在衡山监护，如果老百姓敢不供奉嫘祖，就由嫫母出面镇吓。

黄帝的前三个妻子分别来自三个势力庞大的部族。正妻嫘祖是西陵氏的女儿，第二个妻子女节，是方雷氏的女儿。最低调的第三个妻子，来自彤鱼氏。这表明，黄帝时代的婚姻与爱情，都沾染上了浓重的政治色彩。婚姻不过是政治联盟的产物。

第四个妻子嫫母，却没有任何势力背景，所以她在家中的排行最低，实际上是沦为了家族的仆佣。但也有研究学者怀疑，所谓嫫母的丑陋，不过是她为了震慑敌人，取得战场上的胜利，出门时脸上故意戴上凶恶的面具，实际上她是一个很美貌的女战士，是黄帝的贴身护卫。

年代过于久远，事件无可查。但据记载，黄帝一共生了三十五个儿子。但遗憾的是，这支家族的神性到了黄帝之后戛然而止。黄帝的儿女们个个都是普通平凡之辈，再也未能重演先祖时代的荣光。

虽然如此，黄帝仍然开辟了一个新的时代。他对中华民族的贡献，除了奇特的家人之外，还有些同样痴迷于发明创造的臣子。

拓展阅读

黄帝时代婚姻关系的变化

黄帝的时代是典型的父系氏族社会，但在此之前，社会关系更多地呈现为母系氏族的血缘群婚，伴随着社会组织的转变，血缘群婚逐渐演变为氏族外婚。

随着生产力的发展，以及与其他部族之间往来的增多，群婚制越来越不适应时代的发展。到了黄帝时期，婚姻关系已经转型为以男性为主体的模式。在我国历史上，由于女性与财产的关系密切相关，伴随着私有财产意识的明确与权力的形成，一夫一妻制的婚姻模式最后异化为一夫多妻制。黄帝的家庭，典型地反映了这个时代的变化。

天雨粟，鬼夜哭

黄帝的臣属之中，名气最大的是史官仓颉。

传说仓颉生而神灵，小时候就善于创造字符，记述事情。等他长大之后，发现人类还没有文字，记事、生活极不方便。于是仓颉到处奔走，忽而爬上高山，观察野兽走过留下来的痕迹；忽而下到水中，观察游鱼划过水面的轨迹。同时他观察山脉的走势，河流的蜿蜒，日出的辉煌与月落的圆缺。他还观察人们的表情，喜怒哀乐，无不了然于心；男欢女爱，尽在掌握之中。他把生活中的每一个细节全部考虑在内，再经过夜以继日的苦心孤诣，伟大的仓颉终于创造出了我们至今仍在使用的汉字。

古史记载，当仓颉造字成功，天地之间出现了奇异的景象，谷物从天而降，阴鬼在暗夜中啼哭。

有关这两桩异象，一种解释称：由于文字的发明，使得一些人从繁重的体力劳动中解脱出来，不再从事生产而专一舞文弄墨，导致了奸伪的萌生与田地的荒芜，所以天降下谷子，使人民免于饥饿。另一种解释则声称：由于文字的发明，人们可以发现真相，揭露邪恶的存在与污秽的丑行。而阴鬼显然属于邪恶污秽之流，所以感受到恐惧，故而在夜间哭泣起来。但后面这个说法，并没有解释出天上何以会降下谷物的原因。

天雨粟，鬼夜哭，这奇异的天象，也可以找到合理的解释。但无论如何，文字的发明对当时人类造成的心理冲击，是前所未有的。在文字未曾发明之前，人类没有文字，也就没有历史，不需要为所发生的事情负责。但当文字被创造出来后，人类的感受就完全不同了。

从有了文字起始，人类必须要学会承担责任。作为人类活动的基本要素，人的言行很可能被记述下来，智慧的生存，首次让人类感受到奇异的压力。

拓展阅读

世界上古老的文字

目前，世界上最古老的文字，有公元前3000年前后两河流域的楔形文字，以及埃及象形文字，以及公元前2500年前后的腓尼基字母文字。

中国最早的是商代的甲骨文，距今已有3000年之久的历史。

两河流域的楔形文字，又称钉头文字，或箭头字。系公元前3000年前后由苏美尔人所创造，这种文字多刻写在石头和泥版上，笔画成楔状，形状极像钉头或箭头。由于石头和泥版易于保存，考古学家挖掘出大批各种楔形文字的泥版或铭刻，从而兴起了一门研究古史的新学科：亚述学。

楔形文字最能反映出苏美尔文明的特征，对西亚许多民族语言文字的形成和发展，也产生了重要的影响。许多民族都曾借鉴过这种文字，但由于楔形文字的书写与内容过于复杂，到了公元1世纪，就完全消亡了。

乡村爱情交响曲

除造字的仓颉之外，黄帝时代另一位伟大的发明家是乐师伶伦。

上古时代，人类为了抵御险恶的自然环境，以群居的方式生存。各部落之间，也以各种方式争取更多的人口加入，这种生活方式带来了人类对音乐的必然需求，因为舞乐可以丰富部落之中的集体生活，增加部族的凝聚力。

到了黄帝时期，随着生产力的提高和食物的富足，随之而来的是人口数量的增加。大量的人口聚集在部落中，就需要有效的群体活动，以便将其组织起来。但原始时代的歌舞艺术是一片空白，甚至连乐器仍然停留在伏羲氏与神农氏的巨型琴瑟水平。

伏羲氏时代的琴，体长七尺二寸，而神农氏时代的琴，长度也有三尺六寸六。这种巨大的乐器，适宜在部落集会时弹奏，但已经无法满足黄帝所要求的行军打仗生活的便利。

黄帝时代的战争规模，已经不同以往，急需一种小巧的、便携式的乐器，可是这种乐器还不存在。黄帝就把这个任务交给了乐师伶伦，命令他把这种不存在的乐器创造出来。

接受了任务之后，伶伦就出发了，他从大夏山之西开始，跋山涉水，披星戴月，于空茫的天地之间寻找灵感。有一天，他到了昆仑山之北，走进了一座山谷中。谷中有一条小溪正潺潺流淌，溪边是一片翠绿的竹林。这片竹林引起了伶伦的注意。

伶伦在竹林中仔细地寻找着，最后他找到了一根竹子，这根竹子空窍处厚薄均匀。伶伦把它破开，送到唇边，试着吹奏了一下。空灵的乐声响起，就见到凤凰从天际飞来，围绕着伶伦飞翔。伶伦知道他终于找到了，就将这支竹子吹奏出来的乐声，命名为宫，定其律为黄钟。

伶伦又制成了十一支乐管，一边听着凤凰的鸣叫，相互比较着每支乐管奏出来的声音，最后，伶伦制定了十二律，作为音阶的标准。

许多古书不厌其烦地记述了伶伦所制定的五音之名：宫、商、角、徵、羽——如我们所知，这五音之规，早在神农氏时代，就已经有了。伶伦的贡献，是将神农氏时代的五音，在新型的乐器上重新厘定了音律而已。

此外，伶伦还规定了用八种材料制成的乐器名称：

用土制成的乐器，称之为埙。

用匏制成的乐器，称之为笙。

用皮革制成的乐器，称之为鼓。

用竹制成的乐器，称之为管。

用丝制成的乐器，称之为弦。

用石制成的乐器，称之为磬。

用金属制成的乐器，称之为钟。

用木制成的乐器，称之为祝。

这八种乐器，合称八音。八音再经过适当的组合，就组成了一支上古时代的管弦乐队，合奏出气势恢宏的交响乐。

随后，黄帝又命令伶伦与另一名乐师荣将合作，用金属铸成十二个编钟，编钟的音律依次与十二律相配，并按音的高低排成上下两排。乐师按照一定的节奏敲击不同的编钟，就能奏出抑扬顿挫的乐声。黄帝将编钟安排在与大臣们的聚会上，并将这支曲子命名为《咸池》。

可以注意到，中国的乐器在黄帝时代得到了飞跃式的发展，不仅有规模庞大的编钟，还具备了组建管弦乐队的最基本要素。特别是声乐的发展，这时候与神农氏之前的乐器水准，形成了鲜明的对比。

拓展阅读

中国古老的编钟

1957年，在河南信阳地区，发现了战国楚墓中的一套木质编钟，一共13个。

此后在陕西长安县客省庄龙山文化遗址中，又发现了矩形陶钟，现藏于北京历史博物馆。

1978年，湖北随县城郊的擂鼓墩，出土了战国初期的曾侯乙墓编钟，共六十五枚，被称为古代编钟之王。每个钟体上都刻有错金篆体铭文，正面刻有：曾侯乙乍时。铭文的意思是：曾侯乙制作。

此后，各种形式的编钟在各地络绎出土，极大地丰富了我国的编钟文化。

编钟是中国传统的打击乐器，多由青铜铸成。专家认为，编钟最早出现在商代，兴起于西周，盛行于春秋战国至秦汉。一直到了明清宫廷，仍有沿用。古时的编钟常用于宫廷雅乐，每逢征战、宴会、祭祀时都要演奏。编钟也是古代统治者专用的乐器，反映出名分，是社会等级、权力与地位的象征。

黄帝打怪升级

黄帝时代，伟大的发明家还有位隶首，他发明了算术。这表明中国人在很早的时候，就产生了数字概念，并能够精确计量。

另一位发明家叫容成，他的贡献是历法，实际上是把更古老的纪年细化了。但黄帝时代的特点是人神混杂，仙人与异兽出没，这是最激动人心的远古传说。

黄帝时代名气最大的神兽是夔，因为它被黄帝灭绝了，因而引发了后世人的高度关注。

夔兽，形状如牛，浑身是青灰色，头部没有角，有种说法是它只有一只脚，另有说法是它有三只脚。它出入于水中时，必伴有大风雨。它的眼睛能够射出一道道闪光，叫声如天雷一样震耳欲聋。这种神兽的数量原本已经非常稀少，当人首鸟身的九天玄女到来之时，便宣告了这种神兽必然灭绝的宿命。

当时，黄帝战蚩尤，蚩尤喷吐出弥天浓雾令黄帝的指挥失灵。九天玄女指点他，夔兽的皮特别坚硬而具有弹性，是制作战鼓的好材料。于是黄帝立即下令捕杀夔兽，终于在泽中找到了地球上的最后一只夔兽，并将其射杀。随后把它的皮剥下来制成战鼓，果然是声动九天。黄帝就以这巨大的战鼓声为号令，指挥着军队进退自如，最终击败了蚩尤。所以，夔兽又被称为雷兽，是说以其为材质的战鼓，声音巨大。

但另有记载称，夔实际上是黄帝时代的官员，他只有一只脚。春秋年间，鲁哀公曾询问孔子：我听说，黄帝治下的属官夔，只有一只脚，这是真的吗？

孔子说：乱讲，人怎么会只长一只脚？书中记载的原文是“夔一足”，并不是说夔只有一只脚，而是说像夔这样优秀的人才，有一个就够了。

如此看起来，夔原本是一个正常人，可是被一种力量扭曲了，这种力量有意在制造舆论，让人们相信夔是一种具有神力的异兽。那么，这种导致历史原貌变形的神秘力量，又来自何方呢？

据记载，黄帝是个非常注重排场的人，为了震慑各个部族，他经常在集会时制造出神秘的效果。曾经有一次，黄帝集众兽与巫师于泰山之顶，乘坐着由象牙雕刻的战车，战车由六匹蛟龙形状的马拉着。神鸟毕方鸟，侍立在车上，已经被收服的原蚩尤部众，走在车前充当卫队。卫队的前方，是由巫师装扮的风伯和雨师，边走边洒扫道路。最前方是一群豺狼虎豹，张牙舞爪开道。

车队的后方，是来自九曹阴府的阴鬼，实际上都是装扮成可怕模样的人。而能够喷云吐雾、飞腾万里的虺蛇，伏于黄帝的脚下。羽毛华丽、唳声嘹亮的凤凰，在半空中盘旋飞舞。再后面是庞大的乐队，持形形色色的乐器，吹奏起激昂嘹亮的《清角》之乐。

黄帝这一次泰山巡视，出了大大的风头。留给人们印象最深的，就是黄帝部族驯服的猛兽和神鸟。

我们知道，黄帝驯服的所谓猛兽神鸟，有许多是由人装扮的。黄帝本人是个宣传大师，他有效地利用了蒙昧时代人类对自然界认知不足的特点，以图画、面具等将人装扮成异兽，再通过对现场情境的夸张夸大，就很容易制造出神异般的效果。

夔作为一个人，却被传说成可怕的雷兽，原因也在这里。故事的原型，有可能是夔帮助黄帝制造了响亮的战鼓，这件事在传说之中，渐渐演变成了一个美丽的神话。

拓展阅读

毕方鸟的传说

毕方鸟，是中国古代传说中的火灾之兆。毕方的名字，来自竹子和木头在燃烧时发出的噼啪响声。毕方鸟是火神，也是木神，居住在树木之中。它的外形与丹顶鹤极为相似，但只有一条腿。另有一种说法，说毕方鸟只有一只翅膀。

毕方鸟的身体为蓝色，有红色的斑点，喙为白色。不吃谷物，以火焰为食。传说毕方鸟出，主火灾。

传说黄帝在泰山聚集鬼神，乘坐蛟龙牵引的战车，毕方鸟侍立在战车旁。这是中国历史上毕方鸟首次露面，此后它再也没有出现过。

制陶装天下

黄帝征服了蚩尤之后，天下臣服，四海咸静，波澜不兴，百姓安乐。但是黄帝仍然为治理天下的才德不足而忧心忡忡。

一天夜里，黄帝做了一个奇怪的梦。他梦见大风把天下的尘垢吹得一干二净，天下变得圣洁光明。他还梦到有个人，拿着千斤重的鞭子，驱赶着成千上万的羊群。醒来之后，黄帝沉思默想，风吹天下，垢字去土，这个人的名字应该叫风后。执千斤鞭，力大无比，驱羊百万，是能牧民，这个人的名字应该叫力牧。

那么，天底下，是否真的有风后、力牧这两个人呢?

黄帝派人去查询，果然在海角找到了风后，在大泽找到了力牧，而且这两个人的才能卓异,深得百姓爱戴。于是黄帝举风后为相,以力牧为将军。

因为黄帝择贤而用，广泽天下，于是有雷公著医书《内外术经》，有名医岐伯，尝百草而著《本草》及《素问》。还有一个神医俞跗，他治病不用药，而是用九根银针，他高超的针灸之术，能够令患者死而复生。

虽然奇人无数，但黄帝时代的百姓，受制于险恶的自然环境，仍然是难以摆脱困苦的生活。当时人们面临的最主要的问题，就是洪水泛滥，人们只能居住到山上,再到山下去提水。提水就需要容器,但当时人类使用的,是简陋的木桶，容易渗漏。于是人们改用泥罐，可是泥罐被水浸泡，很快就会碎裂。

这时候，有个叫宁封的人，他在一次烧野兽进食时，无意中在灰烬中发现了一块硬泥。于是他突然醒悟，如果将泥罐先行用火烧过，或许就不会碎裂了。

于是宁封立即着手尝试，他先找了些富有黏性的泥土，制成器皿的坯子，再建造一个密封的土包，把土坯放进土包里，土包下面生火烧制。当火微微燃烧时，土包中冒出五色的烟。三天三夜之后，宁封打开土包，拿出烧过的泥罐，这时候泥罐的颜色已经改变，而且质地非常坚硬，以手叩击，发出咚咚的脆响。

宁封高兴极了，给这件新东西取了个名字，叫陶。

陶器时代，就这样来临了。陶器由于使用方便，很快取代泥罐成为了百姓盛水和煮食物的器皿。黄帝知道了这件事，非常高兴，就任命宁封做陶正之官，让他把制陶的技术和经验传授给千家万户。

宁封因为制陶赢得了人们的爱戴，他更加惕励自省，埋首于陶器的研制之中，希望能够研制出更轻便、更美丽的陶器。有一天，他架火烧陶，爬到窑顶上观察火势和窑中的泥坯时，窑顶忽然坍塌，宁封猝不及防，跌入烈火之中。人们急忙赶来营救，但火势正猛烈，营救的人们束手无策，只能眼睁睁地看着宁封的身影在烈焰之中缓慢上升，上升。

人们坚信，宁封本来是天上的神祇下到凡间，将制陶的工艺传授给人类之后，他又重返天界了。由于他对人类的伟大贡献，后人尊奉他为宁封子。

拓展阅读

中国历史上的陶器

陶器是作为新石器时代产生的标志而登上人类历史舞台的，对于原始人类的生产、生活方式有着革命性的影响和促进作用。对于中国，陶器更有着特殊的重要意义。罗琨、张永山合著《原始社会》中说：江苏溧水县神仙洞遗址、内蒙古满洲里扎赉诺尔的东露天矿发现过1万年前的原始陶片，广西桂林甑皮岩9000多年前的遗址也有陶器残片（据说也超过1万年）。1962年在江西万年仙人洞出土的陶罐，经科学鉴定距今也已达万年之久。这只陶罐高达18厘米，口径达20厘米，造型已比较规整，其质地也有一定的硬度。可见，它也不是最早的陶器了，是经过漫长的演变之后诞生的最初的成熟作品。

河出图，洛出书

黄帝治理天下整整一百年，这一百年来，风调雨顺，盗贼息影，百姓安居乐业，人民相互谦让，甚至连最凶恶的豺狼虎豹，也躲入山林深处，不肯出来伤人。飞翔在天际的苍鹰，拒绝捕食地面的鸡鸭和兔子。

突然有一天，天地之间大雾弥漫，浓雾三日三夜不散。黄帝命令臣属占卜问吉凶，但是卦象毫无显示。三天后，大雾散尽，黄帝便去洛水巡游，忽然间看到一只神异的龙马，背上驮着图书。黄帝十分惊异，就命人祭祀。

而后天上突然下起了大雨，一连下了七天七夜，大雨停止，洛水中的龙马游入了东海，却把图书留了下来。这时候又有一只大乌龟从洛水中浮出，背上背负着洛书。这就是中国历史上最著名的河图洛书。图书上写着红色的字，表明这是天授给黄帝的。黄帝毕恭毕敬地接受了天之所赐，并表态一定会按着河图洛书的教导，护佑万民。

获得了河图洛书之后，黄帝希望能够见到凤凰。他穿黄衣，戴黄冠，诚心地斋戒沐浴。果然，凤凰感其意诚，成群结队地飞来，数量如此之多，遮蔽了天日。黄帝虔诚地下到东面的台阶，向着西面叩拜磕头，说：皇天降福，不敢不承命。凤凰落在梧桐树上，从此就栖息在这里。

到了晚年，黄帝命人采首山之铜，铸鼎于荆山之下，鼎上刻写着他的丰功伟绩。另一种说法是，黄帝铸这口大铜鼎，本意是想请群臣聚餐。可是鼎成之日，天门忽然开启，一道明丽的光线射来，就见一条黄色的龙垂着长长的须髯，下来迎接黄帝。于是黄帝骑上龙身，连同他身边的大臣宫女，总计七十人，全都爬到了龙身上，随着龙冉冉上升。还有许多地位不高的小臣子，围绕在龙的四周，极力想抓住龙的须子。可是龙须不堪人体的重量，当龙升起的时候，这些倒霉的小臣子，一个个纷纷自高空跌落。一同跌落到地面上的，还有黄帝的弓。

记载中说，当时的百姓们抱着弓与龙须，在地面上大喊，希望黄帝不要抛弃他的百姓。但是黄帝及其乘坐的龙，终于还是消失在天空之中。

为了纪念黄帝的升仙之事，后世把那个地方称之为鼎湖；把黄帝留下的弓，称之为乌号。黄帝飞升的地方，有人说在现在的河南灵宝市，也有人说是在浙江的缙云县。

黄帝的时代，就这样终结于一个美丽的传奇之中。这是一个由战争开辟的时代，也是社会规则发生天翻地覆的扭转的时代。在此之前，部族之间的关系更多的是老死不相往来，而在黄帝时代，实力证明了一切。

黄帝之后，铁血的规则变得更加鲜明，但古老的禅让法则仍然起着决定性的作用。这成为传统儒家知识分子世世代代所歌颂的先王时代的特点。

拓展阅读

河图洛书

河图与洛书是中国古代流传下来的两幅神秘图案，历来被认为是河洛文化的滥觞。河图洛书是中华文化阴阳五行术数之源。最早记录在《尚书》之中，其次在《易传》之中，诸子百家多有记述。太极、八卦、周易、六甲、九星、风水等等皆可追源至此。《易·系辞上》有“河出图，洛出书，圣人则之”之说。

河图洛书所表达的是一种数学思想。只要细加分析便知，数字性和对称性是“图书”最直接、最基本的特点，“和”或“差”的数理关系则是它的基本内涵。完全可以用数学方法证明或推导出河图洛书，并证明河图与洛书同出一源。

第三章

必须面对的现实

（五帝时代）

人神杂居的麻烦

由黄帝开始的传说时代，是从公元前 2698 年至公元前 2208 年，其间大致 490 年，一共经历了七位君主。

七位君主来均摊这近五百年的漫长时间，怎么计算都有点不对劲，单是黄帝一个人，他就在位一百年，这未免太长了点……幸好这是传说时代，没有记载，全无文字，完全是靠学者们的世代相传，让我们确信有这样一个过程。只不过，这个过程到底是多久，其间到底有几位君主，又出过哪些值得记载的事儿，关于这些，我们只能以那些古老的、不太靠谱的记载为准。

既然如此，我们就有必要列出这七位君主的简单情况，以便进一步的梳理。[1]

传说时代第一位君主：黄帝，从公元前 2698 年到公元前 2598 年，在

---

［1］参见：柏杨著，《中国人史纲》，山西出版社，2009年2月第3版。

位 100 年，是传说时代的五帝之一。

传说时代第二位君主：少昊，从公元前 2598 年到公元前 2515 年，在位 84 年，没有被列入五帝行列。

传说时代第三位君主：玄帝颛顼，从公元前 2515 年到公元前 2437 年，在位 79 年，是传说中的五帝中的第二位。

传说时代第四位君主：帝喾，从公元前 2437 年到公元前 2367 年，在位 71 年，是传说中的五帝中的第三位。

传说时代第五位君主：帝挚，从公元前 2367 年到公元前 2358 年，在位 9 年被推翻，没有被列入五帝行列。

传说时代第六位君主：唐尧，从公元前 2357 年到公元前 2258 年，在位 99 年，是传说中的五帝中的第四位。

传说时代第七位君主：虞舜，从公元前 2255 年到公元前 2208 年，在位 48 年，是传说中的五帝中的第五位。

传说时代的七位君主，却只有五位被称为五帝，这种遴选标准是极为模糊的。入选五帝之列的，未必是好君主；被排除在外的，倒是可以断言确属德行不足。如果不是因为传说时代无史可稽的话，这个排序必然会引发强烈反对。但这毕竟是一个人神杂居、神话落地的中间地带，纵有什么记载上的不妥当，史学家也只能表示宽容和理解。

拓展阅读

希腊神话中从神到人的进程

从神话时代到正常历史，必然有个从神到人的无奈转变。这实际上是人类智慧的觉醒，智慧产生之前的生存，无论多么悲惨，但因为无智慧无感觉，必然被描绘成一个美丽的黄金时代。

实际上，希腊神话中把由神创造的第一批人，就称为黄金一代。这代人享有与神同等的权利，和天神一样过着愉快的日子，此后这代人渐渐消隐于时光岁月之后，第二代人走上前台。

第二代人是白银一代，这代人的特点就是懵懂无知，始终不成熟，当他们成熟时，已经到了晚年，陷入急切地争夺利益之中，最后这代人被生气的神抹掉了，只剩下他们的魔影仍然在大地徘徊。

第三代人是青铜一代，这代人残忍而粗暴，嗜血如狂，以侮辱别人取乐，无论为此付出多大的代价，也在所不惜。最终这代人集体沦亡，陷入黑暗的冥府之中。

第四代人是英雄的一代，也是为了荣誉与美女，进行连绵征战的一代。他们实际上是半人半神，也是希腊神话中的英雄人物。

在这里，黄金一代隐喻的是无知无觉但受到父母保护的婴儿时代。白银一代是人类的少年时期，清纯而稚嫩。青铜一代是人类的青年时期，意识觉醒，但急于证实自我而粗鲁地压制他人。英雄一代是理性成熟的成年人，他们有勇敢无畏的一面，在婴幼儿心中仿佛天神一样存在，与此同时，成年人又有功利与无耻的一面。所有这一切人类的天性，都构成了东西方历史共同的主题。

鸟人的时代

黄帝为古代中国五帝之首，驭龙升天，也带走了家族的最后神性。他的子孙后人从此流落凡间，再也没什么拿得出手的绝技，只能渐而边缘化，甚至无缘列入“五帝”的行列，沦为了帝王族谱上的弱势群体。

黄帝这个没出息的儿子，叫己挚，是金天部落的酋长。传说黄帝驭龙升天后，他于公元前 2598 年接了父亲的班，出任天下共主，尊称少昊，在位 84 年，于公元前 2515 年死去。他作为中国历史上继黄帝之后的第二任君主，被逐出五帝行列不是他的错，因为他确实努力过。

只不过，少昊帝穷 84 年之努力，其程度及效果都极为可疑——至少也是技术含量不高。

他只是把臣属的官职，改了个名称而已。

在这个传说时代，各部落的官职命名是一个有趣而系统的文化现象。各部落都是以自己的吉祥物来给官职起名称。

如炎帝登位时，四处都是熊熊燃烧的大火，这有可能是炎帝部落正在以传统的耕作模式——火焚山林以备农耕，所以火是炎帝部落的吉祥物。炎帝部落的官职，负责春季放火的，叫大火氏；负责夏天放火的，叫鹑火氏；负责秋天放火的，叫西火氏，这是因为秋天刮西风的缘故；负责冬天放火的，叫北火氏，因为冬季里刮的是北风。

还有个共工部落，这个部落的酋长登位时，遭逢淫雨绵绵，于是共工部落视水为吉祥物，部落官职均以水命名。

而黄帝登位时，据说是有五彩祥云出现，所以黄帝部落视云为吉祥物，官职也都是以云命名。春天的官叫青云氏，夏天的官叫缙云氏，秋天的官叫白云氏，冬天的官叫黑云氏。还有个中官，叫黄云氏。

而少昊帝己挚的金天部落，以前有个老酋长叫大昊，大昊明显比少昊大一号。大昊登位时，可能是有龙出现，于是大昊将部落官员，统统以龙命名。春天的官叫青龙氏，夏天的官叫赤龙氏，秋天的官叫白龙氏，冬天的官叫黑龙氏。中官叫黄龙氏。

可以注意到，大昊和黄帝为自己部落起的官职名称，实际上没什么区别。这表明这两个部落，在经营与管理模式上是完全相同的。

但到了默默无闻的少昊帝己挚时代，他对官位进行了细化，导致了管理层的膨胀。

少昊帝先任命他四个弟弟为官。大弟弟名叫重，擅长制作木质器具，所以任命他为木正，就是管理木工的最高行政首长，当地人称之为句芒。二弟弟叫该，擅长制作金属器具，少昊帝任命他为金正，是管理金工的行政首长，当地人称蓐收。三弟弟名修，四弟弟名熙，两人都擅长治理水害，所以少昊任命他们同时出任水正，就是管理水工的行政首长，当地人称之为玄冥。

可以注意到，少昊帝的四个弟弟分别是负责木、金、水的官员。而中国传统文化中的五行，正是木、金、水、火、土。如果少昊再任命个火正和土正，他就永久性地载入史册了。

可是他没有，他放弃了这历史性的机遇，选择了鸟类为其余的官职命名。

少昊任命管理历法的官历正为凤鸟氏，称报告春分、秋分的官司分为玄鸟氏，称报告夏至、冬至的官司至为伯赵氏，称报告立春、立夏的官司启为青鸟氏，称报告立秋、立冬的官司闭为丹鸟氏，称管理民众的官司徒为祝鸠氏，称管理军事的官司马为雎鸠氏，称负责抓捕盗贼的官司寇为爽鸠氏，称负责农事的官司事为鹘鸠氏，称负责工程的官司空为鸤鸠氏。此外，少昊还用五种野鸡的名字来称呼五种工正的官；用九种扈鸟的名字，称呼九个农正的官。

讲到这里，我们终于知道少昊帝为何被逐出五帝行列了。

如此之多的官员，管理细化到了让人惊讶的程度，每个官职至少有两个名字，当时的人们一定是被少昊搅昏了头，这么个搞法，能把天下治理明白了才是怪事。而且，后世的学者们，也在这离奇古怪的官职面前头晕目眩，一怒之下就将少昊否决了。

画蛇添足，过犹不及。少昊错失五帝中的位子，教训哪。

没人能弄懂少昊在搞些什么，所以他死之后，天下共主的位子未能传给儿子，而是被他的侄子继承了。

拓展阅读

五行

五行，是中国古时候对事物按其属性所进行的分类，共有金木水火土五种。

具有生发、发达特性的为木，具有炎热、向上特性的为火，具有生养、化育特性的为土，具有清静、收杀特性的为金，具有寒冷、向下特性的为水。

五种事物的属性还具有相互转化的规律：木会燃烧，生成火；火燃烧后，生成土；灰土凝结，生成金；金会熔化，生成水；水会滋润，生成木。

五种属性，除了相互转化，还具有相互克制的规律：木克土，土克水，水克火，火克金，金克木。

但相生相克，取决于事物的量，量的转化会带来相克的逆转。如土旺反克木，水旺反克土，火旺反克水，金旺反克火，木旺则反克金。

五行属性的哲学思想是，古人认为事物的性质不是一成不变的，会随着时间的推移而变化。而且这种变化是有规律的。比如说，性质属火的某种物质，此前它的性质表现为木性，而后将转化为土性。而且，这种物质在水性物质前居劣势，而在金性物质前居优势。

事物的性质随时随地都在发生变化，这表明，在古人类眼中，这个世界呈现规律性的变化与流动状态。

颛顼的诉

继少昊帝而后，接掌天下共主之位的，是颛顼帝。他于公元前2515年登位，在位79年，公元前2437年死去。

和第二任君主少昊一样，第三任君主颛顼，同样也没什么拿得出手的成就，但他却毫无理由地被列入了中国历史的五帝之中，继黄帝之后成为五帝中的第二位，号玄帝，意思是这个帝王有点黑。

颛顼帝的历史，有点不清白。他的爷爷是黄帝和嫘祖生下的二儿子昌意。昌意犯了过错，被贬到若水居住。在若水，昌意和不知什么东西生下了个奇怪的儿子，细长脖子，小耳朵，人脸，猪嘴，麒麟的身体，双腿并拢，下面长着一对猪蹄。这个小怪物的名字叫韩流，他虽然丑陋可怕，但还是成功地娶了淖子氏的女儿阿女为妻，生下了个孩子，就是颛顼帝了。

颛顼帝绝对是亲生的，因为他和父亲长得一个模样，都是长脖猪嘴麒麟身，双腿并拢长猪蹄。这个诡异的长相，有可能是因为他和父亲都是骑着一头猪或是一头牛，原始思维的认知无法把这种组合分开，才会有如此古怪的描述。[1]

颛顼乃北方水德之帝，所以称玄帝。他不仅黑，还非常之狠。他登位时，遭遇到共工部落的强力挑战。共工部族的来源悠久漫长，早在伏羲氏、神农氏时代就已经存在了。但这个部族脑壳比较笨，开化得比较迟，简单说来就是物质文明不太发达，崇尚暴力，原始而野蛮。

传说共工长着人的脸、蛇的身体和红色的头发，生吃五谷禽兽。这个奇特的外貌描述，表明共工很有可能是个披着蟒蛇皮的原始人，其部族文

[1] 参见《山海经》。

明尚未进化到用火阶段。虽然文明很落后，但共工的好勇斗狠，还是让他获得了盲目的信心，企图和颛顼一争高低。结果当然很悲剧，夺取最高权力失败之后，共工氏就成功地被历史除名了。

击败第一个对手共工，颛顼帝转向了第二个敌人：女人。

颛顼帝选择女人为敌，那是有原因的。当时正处于母系氏族社会向父系氏族社会转变的关键节点。逞强斗狠的男人，日益成为历史舞台的主角，但优秀的女性始终与之分庭抗礼。比如说黄帝时代，嫘祖、嫫母及女魃等女性就曾大放异彩，毫无争议地压倒了黄帝的锋芒。

颛顼帝不希望再发生类似的事儿，他要保证历史只能由他来唱独角戏。于是他修订历法，规定一年为 360 天，并制定一条全新的规则：女人如果在路上遇到男人，要两手垂下，毕恭毕敬地站在一边，等男人过去后才允许走，女人如敢违背，就拉到十字路口示众谴责。这从此奠定了中国历史上男尊女卑的传统，令广大受压迫的劳动妇女，时至今日仍是非常郁闷。

打败了第二个对手女人，颛顼帝转向了他的第三个对手：平民。

传说中这样描述颛顼帝斗败民众的事件。在颛顼主掌三界之前，天地虽然分隔，但距离并不远，另有天梯上下勾连。这天梯就是高山与大树，平民百姓遭遇冤情，只要有足够的勇气，就可以攀到天庭，去找神仙上访。颛顼帝对此极为不满，认为民众不通过他而登达天庭，就是非法上访，是对他执政及管理能力的否定。于是他下令断绝天梯，隔开天地。此后，天上的神仙如果想来地面，没有云彩为交通工具就不能行动。而地面上的凡人，再也没有可能绕过颛顼，直达天庭越级上访。

这个传说的原型是，颛顼时代，巫师与民众混杂在一起，替民众办理祭祀业务，并担负着调解民间事务纠纷的社会功能。当时家家户户都有祭祀的主神，也不知灵或不灵，祭祀的程序又非常复杂，把民众折腾得耳鸣眼花。颛顼担心这样会影响到神的心情，就任命了两名官员。一名官员叫南正，由他来负责部族所有的祭祀事务，老百姓不得擅自祭祀。还有一名叫北正的官，负责抓捕违背禁令、擅自祭祀的百姓。从此祭祀大权归于管理统治层，这标志着权贵时代的来临。

总结起来，颛顼帝在位 79 年，总共就干了两件事，一件是欺负女人，一件是欺负老百姓。这样的货色居然也被列为五帝，还是第二名，只是因为中国古史中像样的帝王太少，只能是硬拉他来凑数。所以后世的史学家们都知趣地尽可能少提他，以免戳穿让大家面上无光。

拓展阅读

颛顼帝时代的世界史

公元前 2500 年，埃及发生内乱，于公元前 3500 年建立起的旧王国覆亡，立国约 1000 年。

公元前 2500 年，印欧民族自里海北岸大草原四散谋生，东行者入波斯与印度，成为雅利安人。西行者入南欧，成为希腊人与拉丁人。

帝喾的乱

中国历史上的第三位君主、五帝中排行第二的颛顼帝闹够了之后，于公元前 2437 年死去，接着中国第四位君主、五帝中排行第三的帝喾出场。

帝喾是黄帝的曾孙，颛顼帝是他的堂伯父。传说帝喾还未出世之前，他的母亲出门玩耍，见到地面有巨人的足迹，她就好奇地走了上去，然后她就怀孕了，生下来的孩子就是帝喾。唉，那年代男人好傻，女人出门大着肚子回来，说什么丈夫都信。明摆着帝喾跟黄帝的血脉没关系，但考虑到这是传说时代，这个可疑的血统还是得到了权威的认证。

帝喾小时候就聪明伶俐，十二三岁已经极有盛名。有记载表明，当时的颛顼帝面临着部落叛乱的困扰，九大部落联合起来发难，要求换届选举。颛顼帝不想放弃手中的权力，又对付不了九大部落。这时候，十二三岁的帝喾献上一条损主意：九大部落不可能齐心协力的，不如挑拨他们窝里斗，让他们把自己打残，然后再一个个地收拾他们。颛顼帝大喜，就用此办法挑起九大部落的内斗，最终稳固了权力。

帝喾人小心眼坏，对人性的善恶洞若观火，因此获封高辛部落的酋长。再后来，理所应当地，他接替颛顼帝成为了下一任天下共主。

古书上记载说：帝喾他“聪以知远，明以察微。顺天之义，知民之急。仁而威，惠而信，修身而天下服……”这意思就是说，帝喾虽然名列上古五帝行列，但一辈子没什么拿得出手的成就，所以史学家只能堆砌华而不实的虚词应景。

没什么成就却跻身五帝之列，这与帝喾的奇特家庭有关。

帝喾有四个妻子，大妻子叫姜嫄，有一天她出门，好端端地出去，大着肚子回来，告诉丈夫说：老公，还记得吗？你妈生你之前，是出门见到巨人脚印，踩上去就怀孕生下了你。这次我出门也看到了巨人脚印，踩一脚试试，果真怀孕了耶。帝喾闻之喜，就有了个儿子，叫后稷，是未来周朝的始祖。

帝喾的第二个妻子叫简狄，她有次出门洗澡，回来后也有了身孕。她解释说是她出浴之后，天上飞来只玄鸟，下了枚鸟卵，她把鸟卵吃了，因此有孕。简狄生下来的孩子叫契，是未来的商朝的始祖。

帝喾的第三个妻子叫庆都，她怀孕的过程更离谱，有次出门坐船，突然间刮起了狂风，风中有一条赤龙，向着庆都挤眉弄眼。据记载，这条赤龙此后还时常去找庆都，总之庆都不久就怀孕了，生下个孩子叫伊祁放勋，姓伊祁，名放勋，他是未来的五帝第四，即尧帝。

帝喾的第四个妻子叫常仪，四个妻子中她是最早怀上身孕的，她解释说，她梦到自己吞下了太阳，于是有孕。这意思是说，这孩子跟帝喾还是没关系。

除了这四个妻子，帝喾还娶了邹屠氏的女儿为妻。邹屠氏是蚩尤部落的余民，这支部落的女子行不沾地，疾走如风，如神话中的水妖一样，天天游于洛水与伊水之间。帝喾娶的这个女子，学了帝喾第四个妻子常仪，每次怀孕，就说自己梦吞太阳，她生了八个孩子，说自己梦中吞了八个太阳。帝喾不信也没办法，只好把所有的孩子全养起来。

帝喾这奇特的家庭生活，表明了当时的婚姻关系还没有固定下来。妻子与丈夫之间的关系处于一种松散状态。而且当时的女性，对于怀孕生子之事懵懂，所以导致了这种奇特的社会关系。

说帝喾在位无所事事也不对。这位帝王实际上是位旅游发烧友，喜欢周游天下，神州大地处处都有他的足迹。实际上，他的一生都在旅游的路上。就在帝喾南巡之时，于云梦大泽，他遭遇到了史上最荒唐的盘瓠事件。

盘瓠的爱

帝喾南巡时，带着妻子常仪和女儿帝女。帝女的身边，还带着一条名叫盘瓠的狗。他们一行人到达云梦大泽，遭遇到了房王叛乱，被阻大泽。

房王是北狄部落，作战勇猛，帝喾不是他的对手。无奈之下，帝喾就宣布，如果有人能斩得房王之首级，就把帝女许配给他为妻。[1]

命令发布后没多久，帝女就来找父亲，说家里的狗盘瓠不见了，帝喾也没往心里去。

谁也没料到，那条狗是去投奔了房王。不清楚房王怎么知道这条狗是帝喾的，或许是有谁认得这条狗，又或许是这条狗的形态非同一般，总之房王见帝喾的狗来投奔，顿时大喜，说：高辛氏合该灭绝了，你看，连他的狗都投奔到我这里来了。

于是房王大摆筵席，大吃大喝，喝得酩酊大醉。等到睡倒后，那条叫盘瓠的狗钻了进来，一口咬断他的脖子，叼着脑袋，星夜回到了主人那里。

见狗把房王的首级叼了回来，帝喾大喜，说：不愧是朕家的狗，真给朕长脸。说完这句话，这事就算过去了。

可是帝女提醒他：父王，你曾经许下过诺言，如果有谁能取得房王首级，你就把女儿嫁给他的。

有这事？帝喾想了半晌，道：我是说过这话，如果取来房王首级的是个人，当然要履行诺言。可盘瓠它……它是条狗啊。

帝女说：虽然盘瓠是条狗，可是它通人性，懂人语。更何况王者重言，霸者重语，既然做出承诺，那就必须要履行，否则何以对天下人？如果父

---

[1] 参见：杨善群、郑嘉融著，《创世在东方》，上海文艺出版社，2004年2月版第70页。

王毁弃诺言，只怕大难就要临头了。

帝喾懊恼不已，无言以对，只好履行自己对天下人的承诺。

盘瓠得到帝女后，就背负着她走入了南山，从此失去了消息。帝喾想念女儿，曾经派人去寻找，可是山高林密，途中风雨大作，入山者无法前行，只能一无所获而归。

又过了若干年，帝女突然回来了。她告诉父亲，她和盘瓠在山顶上的一间石室之中，结为了夫妻，一共生下了十二个孩子，六个男孩，六个女孩。在盘瓠死后，这些子女相互结为夫妻。他们以木皮为衣，上染绚丽的颜色，衣服的后面还保留着狗尾巴的形态，以表示他们不会忘记先祖。

帝喾闻之，喜出望外，急命人入山把这些子嗣找来。只见这些人果然披着染了颜色的绚丽木皮衣裳，说话语言乖戾，饮食时蹲在地上。此外他们喜欢幽深的山谷，不喜欢空旷的平地。于是帝喾顺从他们的意思，把大片的山林广泽赐给了他们，让他们快乐地繁衍生息。

盘瓠的子孙，由此逐渐多了起来，他们成为了中国南部的少数部族，被称为蛮夷。他们的特点是外表看似木讷痴呆，实则心思灵秀。因为他们是帝女的后裔，有功于国，所以保持着与中原的贸易往来。每逢节日，他们就用米饭碎粒包着鱼肉作为祭品，击打木制乐器，以此祭祀祖先盘瓠。

拓展阅读

中国历史上对周边少数民族的称呼

古时候，中国人以居住于天地之中而自诩，把居于周边的少数民族分为四大类：居住在东边的称为东夷，居住在南边的称为南蛮，居住于西边的称为西戎，居住于北边的称为北狄。东夷、南蛮、西戎与北狄，都是轻蔑的称谓，意思是只要没居住在中国地带，都是没文明没文化的原始人。

史上的第一次政变

帝喾在位 71 年，于公元前 2367 年死去。他的大儿子挚，接掌了天下共主之位，史称帝挚。

帝挚，是帝喾的第四个妻子常仪梦到吞下太阳之后而有的身孕。梦日入怀，是中国传统中已经固化的象征，表示这个孩子有天子之命。但帝挚本身的遭遇却告诉我们，常仪的梦中吞日，有点不大可靠。

证据就是：帝挚是中国历史上的第五位君主，他未能跻身五帝之列。而且他遭遇了中国历史上的首次政变，荣幸地成为了第一个被赶下台的君主。

要知道，在这个人神混杂、语焉不详的传说时代，一共只有七位君主，却有两位未获承认，七位君主中后世只承认五帝。

第一个不被承认的君主是黄帝的儿子少昊，虽然未获承认，但少昊还是以鸟命名官职，多少在中国传说史上占了个位置。而这位行将除名的帝挚，却比少昊更没出息，让人无以评述。

帝挚是位极不得人心的君主，古史有的称他德薄，有的称他不善，狠一点干脆直说他荒淫无度。总之帝挚的德品与君主的位置不相称，所以在他继位九年后，天下人忍无可忍，发动政变，推翻了他。

但有关政变的细节，史上至少有三种不同的说法。

一种是欣然让贤派。此派的观点称，帝挚也知道自己的德行不足，所以在继位九年后，亲自去拜访同父异母的弟弟伊祁放勋，把天下共主的位子拱手相让。此后帝挚以退休老干部的身份，安度晚年。

另一种是悍然逼宫派。此派的观点认为，帝挚既然荒淫无度，德行不足，就断无可能主动让位。由他同父异母的弟弟伊祁放勋，发动政变，带领群臣，把帝挚强行从王座上赶了下去。但是伊祁放勋为人厚道，没有杀死帝挚，所以这是一起不流血的和平政变。

第三种说法更符合逻辑，可以简称为流血派，简单说来就是他同父异母的弟弟为了夺取王位，毫不客气，像宰条狗一样地宰掉了帝挚。

帝挚当时遭遇到的政变，详情究竟如何，古人评述称："按帝挚或崩，或禅，或废，诸说各不同也。"也就是说，三种不同的说法都存在，都有自己的依据或道理——但哪一家也没有过硬的证据。所以古人姑妄说之，我们姑妄听之。

唯一能够肯定的是，随着帝挚的同父异母弟弟伊祁放勋夺政，后世人最为熟悉的一个时代来临了。古书上但凡提及古来圣君，莫不是以尧、舜、禹、汤为开端，这里的尧、舜、禹、汤就是中国史上四大明君，而打头的尧帝，就是夺了哥哥政权的伊祁放勋。

拓展阅读

人类最早的生活方式：原始群

古神话中，将人类的婚姻与生育现象表现得极为混乱，这是因为，人类社会的早期生产力水平低下，必须结成群体以增加存活概率。人类以群体的方式迁移、定居，所到之处或是采集野果，或是渔猎，两性关系完全不固定。

学术界把这种原始人混居的群体，称之为原始群。在这种群落里，婴儿的母亲是确定的，父亲却难以确定。

尧帝的善

传说时代的第六位君主唐尧帝，是第四位君主帝喾的第三个妻子庆都和一条赤龙生下来的儿子。这孩子生下来就不正常。

首先是唐尧帝的个子太高，身高十尺，约有两米多。这种雄伟的身高，在身材一律干瘪的原始社会，差不多是巨人了。此外他的脸部没有长对，像只葫芦，上面小而下面大。他好像是原始时代的葫芦娃，这样一张脸，放在动画片里是没问题的，在现实生活中突然出现，怎么看都感觉不对头。

除了身材和脸，尧帝最突出的生理特征是八字彩眉，故老相传尧眉八彩，说的就是这件事。

尧帝的眉毛是彩色的，这有可能是纯天然，也有可能是他比别人更鸡贼，偷偷地用颜料染了眉，达到了先声夺人的效果。

尧帝是母亲外出的时候和一条赤龙生下的。不确定母亲是不是担心父亲看到他不高兴，于是把他寄养在伊祁氏之家，所以尧帝也姓伊祁，名放勋。15 岁那年，帝喾死了，尧帝的哥哥帝挚接班，于是尧帝去辅佐他的哥哥。九年后，唐尧把他的哥哥从天下共主的宝座上推下来，从此登帝位，号帝尧。

尧，是好心肠的意思。帝尧，意思就是好心肠的君主。尧也因其好心肠，成为了中国古史中明君圣主的典范，为历代的学者歌颂不已。但糟糕的是，尧帝从接掌权力到整个执政的过程中，贯穿着浓厚的政治权谋与倾轧特点，所以他的功业，时常引发主张特立独行的思想学派的攻击。

帝尧时代最明显的权力斗争，莫过于鲧之死。

鲧是当时夏部落的首领，这支部落善于治理水患。当时大地发生了空前劫难，为洪水所淹没。帝尧召集群臣，寻找治水专家。群臣推荐了鲧。但帝尧只是摇头，说：鲧这个人，政治上不可靠，我们最需要的是靠得住的好干部。

但靠得住的都没本事，对水患束手无策。帝尧在万不得已的情形下，只好允许鲧负责治理水灾。

但就在鲧埋头干活的时候，他的政敌悄然出现了。

鲧的政敌，叫舜，是一个普普通通的年轻人。帝尧打算让舜接替自己，主掌天下共主之位。鲧对此深表不满，说：舜这个人，没有什么实际工作经验，帝尧不能因为自己的两个女儿爱上了他，选择了他当女婿，就想把天下交给他。这种任人唯亲，裙带政治，会引来大麻烦的。

鲧的意见被人偷偷地告诉了舜，舜很生气，就要求承担巡视治水的工作。然后以鲧治水不力为由，在帝尧面前告了一状。帝尧显然早就想杀掉鲧，立即宣布鲧治水失败，把鲧杀死了。

后世有史学家解释鲧之死由，称他错用了治水方法，以治理小水患的法子治理大水灾，用的是堵而不是疏，所以才会九年治水无功。但这个指责纯粹是胡说八道，因为鲧所处的时代，金属冶炼尚不发达，铁器还没有出现，鲧完全是靠了烧石浇水的法子来治水，短短的九年，无论是堵是疏，根本不可能完成工作。

实际上，鲧的儿子禹，采用疏导的法子，三过家门而不入，也是持续了整整十三年，才完成疏导工作。可知鲧治水第九年就被杀掉，所谓治水不力，无非是个借口。鲧的真正死因，是夏部落的治水功业太大，他所形成的影响力已经威胁到了帝尧及继任者舜的权力。

实际情况正是这样，杀掉鲧，只是帝尧政治肃清的第一步。此后帝尧大开杀戒，接连杀掉了三苗、共工及驩兜三名有影响力的臣子，并宣布此四人为一个反动集团，称之为四凶。

三苗、共工及驩兜这三个人，到底凶还是不凶，凶的话又有多凶，后世人不清楚。但鲧已经忙于治水九年，就算是他很凶，也不可能抽出时间来凶，这个明显是抹黑的指控，露出了帝尧的狐狸尾巴。这就是一场冷血的谋杀，所谓四凶云云，这种谎话恐怕连帝尧自己都不会信。

拓展阅读

四凶的另一种说法

传说虞舜治政时代，有个黄帝的后代叫混沌，有个少昊帝的后代叫穷奇，有个颛顼帝的后代叫梼杌，还有个炎帝的后代叫饕餮，这四个家伙依仗着祖辈上的势力，以太子党自居，横行不法，胡作非为，百姓深受其害，称之为四凶。虞舜帝丝毫也不看这四个家伙祖上的面子，将之流放，赢得了民心。

但是很不幸，黄帝的后代混沌，变成了昆仑山西的一只怪兽，其形如犬，长毛四足，似罴无爪，有目不见。遇到有德行的人就攻击，遇到坏人就亲热地摇头摆尾，这是混沌的天性使然。

穷奇在西北，也变成了怪兽，状如虎，有翅能飞。这怪兽最喜欢参加争论，哪方有道理，它立即冲上去咬掉人家的鼻子。哪方蛮横无礼，它就欢天喜地地逮来野兽奉献。

梼杌在西方，变成了只毛长两尺的怪虎，人的脸，猪的牙齿，尾巴长一丈八尺，因为其食人无算，人称其为傲狠，又名难训。

饕餮在西北，头像人，身体却像牛，眼睛生在腋下，生长着老虎的牙齿和利爪，它最喜欢抢夺老弱者的财物，还要吃人。现在这怪兽的形象，还留在商周时代的青铜鼎上。

虞舜帝剪除四凶，四凶反而变化成为更凶恶的怪兽，这个故事，隐喻的是虞舜帝严厉打击失势的黄帝、炎帝、少昊及颛顼帝的后代，剥夺其贵族称号，贬到民间，导致了民众深受这些二世祖之害的隐秘历史。

太子党激战女婿帮

帝尧时代的社会治理，充满了诡异的悬疑与困惑。

古史上，如果从帝尧的角度来描述这个时代，通常会称帝尧的德政，风行天下——但究竟怎么个风行法，并没有具体的细节，语焉不详，总之就风行了。

如果从下一任帝王舜的角度来描述这个时代，通常又会说是弊病丛生，民饥困苦——下任帝王舜就是因为解决了这些社会问题，才荣列五帝之位，传名千载。

如果，再从舜的下一任帝王禹的角度来描述舜的时代，原本是风和日丽、欢声笑语的人间天堂，突然间又变得阴风凄凄，白骨盈路。

总之，古史喜欢使用极端性词汇，歌颂任何一个帝王时不遗余力，为了彰显帝王德政，无一例外地把时代描述成人间天堂。到了歌颂下一任帝王，又顾头不顾尾，为了替下任帝王歌功颂德再扭头把上任帝王抹到黑透，全然不理会这其间的逻辑性。

帝尧时代就是这样，所以这个时代充满了谜团。但如果我们试图以理性的思维回顾这个传说时代的真面目，我们就必须要承认，帝尧，这位好心肠的君主，实际上心计过人，诡诈无匹，终其一生，他都操掌着权柄，与自己的女婿舜展开了极为复杂的政治斗争，其斗争艺术之炉火纯青，令人叹为观止。

帝尧有个儿子，叫丹朱，这孩子人品极坏，行为轻浮，最喜欢召集青年男女，聚集在一起玩奇怪的性游戏。虽然天下人普遍不看好丹朱的德行，但丹朱毫不犹豫地主张自己的权力，认为自己的父亲既然是天下共主，那么，自己有权继承父亲的王位，毫不掩饰地表露了他的欲望和企图。

可女婿舜的存在，让帝尧坐卧不安。于是有一次，帝尧问臣子们：百姓太困苦了，正期待着我们的救助，谁能举荐贤人，解救天下苍生呢?

有大臣放齐应声出列，说：君王的儿子丹朱，聪明绝顶，年轻有为，深受年青一代的爱戴，就是当仁不让的人选呀。

帝尧很痛苦地回答：唉,像丹朱那样不讲信义的人,怎么能指望得上呢?

这表明，帝尧时代的政治派系已经是阵垒分明，丹朱是太子党，而舜则是女婿帮，双方势均力敌，水火不容。帝尧居于中间，看看儿子，再看看女婿，唉，手心手背都是肉呀，到底应该把天下给哪个呢?

咦，帝尧突然想到一个绝妙的法子，他既不表态支持丹朱的太子党，也不表态支持舜的女婿帮，而是另找第三方势力。

距尧都不远的阳城槐里，有个贤士许由，其人品德高尚，安于清贫，邪食不吃，歪道不走，隐居沼泽，与世无争。突然有一天，帝尧带着他的仪仗人马来到许由的门外,对许由说：先生好,先生的德行,如太阳一样明照高天，如果先生出来主政，百姓苍生必然是感恩戴德，所以我愿意把天下让给先生。

许由回答：抱歉，君王治理天下，百姓安居乐业，我不过是只寒夜中的鸟儿，有个枝头立足就不错了。我不过是只老鼠，躲进洞里就很幸福了，不敢接受你的天下，请让我离开这里。

于是许由逃走，途中遇到朋友啮缺。啮缺问：你急匆匆地要去哪里?

许由回答：将逃尧。

啮缺问：什么叫将逃尧?

许由回答：尧要把天下让给我，他只知道贤人对天下有利，却不知道贤人同样也有对天下有害的一面。

逃跑途中，许由又听到帝尧对他的召令，就到颍水去洗耳朵。他的朋友巢父正牵着牛犊来河边饮牛，见许由的模样怪异，就问他在干什么。许由回答：帝尧召我做官，我对此深表愤怒，为了抗议，所以来洗耳朵。

巢父火了,说：装,你装,你在老子面前装什么装?如果你真的是贤士，就居于高台，隐于深谷，谁会知道呢?你每天为了替自己炒作出名，到处招摇，无所不及，你现在又玩洗耳秀，可你的耳朵太脏，把颍水都弄脏了!

气愤的巢父牵着牛犊去上游饮牛去了，表示许由的耳朵弄脏了整条河水。

许由最终没有出来做官，就莫名其妙地死了。帝尧深表哀悼，亲自到许由的墓上为之培土，给许由的墓命名为箕山，也叫许由山。

然后帝尧又宣布将天下让给另一位叫子州支父的贤人。子州支父表现得极为热烈，他说：好，帝尧要把天下让给我，这是个好消息，我子州支父这么贤良，天下不让给我，还让给谁？只不过……只不过我最近身体有点不舒服，等我身体好了，马上就去接掌天下，你们不要急，把天下给我留着。

让子州支父这么一胡搅，帝尧这个游戏，就不好再玩下去了。

于是帝尧宣布，既然许由、子州支父都不肯接掌天下，他只好委屈一下女婿舜了，就把天下转交给女婿了。

此后八年，帝尧退居二线，但仍然掌握权力。他的女婿舜和儿子丹朱，展开了激烈的人气争夺。八年后，公元前2258年，帝尧死去，寿命119岁。

帝尧死后，女婿舜和儿子丹朱都宣布自己是法定的天下共主，传命各部落酋长去参见。中华各部落展开了史前第一次用脚投票，支持丹朱的，就去丹朱那里表忠心；支持舜的，就来舜这里拜见。最终，舜的支持者远远超过丹朱，丹朱不得不宣布自己的失败，并被舜流放到了丹水一带。

丹水，又称丹江，在现在的河南省西南角。有一支始终不受重视的小部落三苗部落，在这一带活动。对于被排斥在政治中心之外，三苗部落极为不满，就借丹朱被流放到此的机会，双方一拍即合，组织起一个叛乱集团，向舜发难。

这时候，人们才会明白，舜为什么要把丹朱流放到丹水。他其实就是要把这些反对自己的势力凑在一起，一次性全部消灭。舜的军队出发了，与三苗部落及丹朱集团激战于丹水之滨，三苗人战败，被宣布为战犯，又被流放到三危之地。这就是现在的甘肃敦煌一带。

丹朱在叛乱失败后，投水自杀。他究竟是一个不良青年，还是个场景宏大的政治阴谋的牺牲品，这事就永远无法弄清楚了。

拓展阅读

虞舜帝时代的禅让故事

和帝尧时代一样，虞舜帝也喜欢挑选那些有名望但没有任何政治势力的贤士，做出将天下相让的姿态。当夏部落大禹治水成功，虞舜帝的年纪渐老，朝野间充盈着禅位的呼声之时，虞舜帝就带着仪仗，去找一个叫善卷的贤者，提出将天下相让。

善卷说：我独自一人，立于宇宙之间，逍遥自在，快乐无比，何必要为担负天下的责任而烦恼呢？于是就逃入深山，躲藏了起来。

虞舜帝再找来自己的好友石户之农，提出将天下相让。

石户之农笑着说：治理天下，未免太熬神费力了，我可是喜欢清闲自在的人啊。说完这番话，石户之农带着妻子儿子，携带着自己的物品，向大海方向走去，终生未返。

虞舜帝又去找另一位叫北人无择的朋友，提出将天下禅让。

北人无择讥笑道：舜呀，当年你为了权位，终日奔走于帝尧的门庭，莫非你以为这天下之人，都和你一样热衷权势吗？

说完这句明显得罪虞舜帝的话，北人无择跳入清冷的深渊之中，再也未见他浮上来。

正如唐尧帝所挑选的许由、子州支父一样，虞舜帝挑选的善卷、石户之农与北人无择，这些人具有共同的特点，即虽有贤士之名，但都没有可以仗恃的政治势力。即使是统治者的禅让态度再真诚不过，他们也不可能接掌天下。将天下禅让给绝对不会接受的人，得到拒绝又赢得让贤之名，这就是唐尧帝与虞舜帝的政治手腕。

舜帝的运

帝尧时代结束后，中国第七任君主，五帝最后一名的虞舜帝走上前台。他在公元前2255年接掌权力，公元前2208年野死苍梧，在位48年。

他之所以称为虞舜帝，是因为他来自虞部落，正如唐尧帝来自唐部落一样。虞部落和唐部落都在山西地界内，相距只有两百里，彼此往来通婚。唐尧帝的两个美貌女儿，娥皇和女英，统统都嫁给了舜。

作为一个男屌丝，舜有何过人之处，居然能够一次性摆平两个白富美？这件事的前因后果，是学术界一个绕不开的心结，一个足以让研究者精神恍惚、心理崩溃的学术泥潭。

传说时代的第三任君主颛顼，有个儿子叫穷蝉，穷蝉生子叫敬康，敬康生子叫句望，句望生子叫桥牛，桥牛生了个儿子，叫瞽叟——瞽叟，就是瞎了眼睛的老头子的意思。

瞎眼老头瞽叟以姚为姓，娶了个妻子叫握登。有天握登出门闲逛，怀孕回来，她解释说因为她看到了天上的彩虹，所以怀孕——看见彩虹也怀孕？这话忽悠别人，可能会有人信，瞎眼老头是不会信的！

信不信随你，不久握登就生下个孩子。这孩子两眼各有两个瞳孔，皮肤是黑色的。于是这黑孩子就随瞎眼老头的姓，叫姚重华。意思是姚家那个两眼各有两个瞳孔的黑人小朋友。

黑人小朋友姚重华，就是黄帝王朝的末代君主舜了。在他六七岁时，母亲因病身亡。父亲瞽叟又娶了新妻子，不久生下个儿子，起名叫象。

考虑到姚重华母亲怀孕的异常，还有他本人那黑色的皮肤，这个家族顺理成章地走入了犯罪界。

瞽叟和后任妻子想杀死前妻那不明来历的儿子，夺取他的财产。而同父异母的弟弟象，则对舜的两个美貌妻子表达了毫不掩饰的爱慕之情。三人一拍即合，决定立即行动。

于是，瞽叟叫来舜，说：儿子呀，你看粮仓上面漏雨了，我扶着梯子，你上去修补一下。舜说好嘞，我这就爬上去。于是舜爬到粮仓上修补，而瞎眼老头扛着梯子飞快地逃开，并放火焚烧粮仓，想要烧死舜。

竹木与稻草搭起的粮仓迅速燃烧起来，风助火势，愈烧愈烈，滚滚浓烟包围了粮仓顶端的舜。于是他忧伤地说：人类的发明史，必然是从困境中起步。请允许我发明降落伞吧。于是他身背斗笠，像鸟一样展开双臂，腾空而起，冲出火窟，缓慢地降落在地面上。

瞽叟目瞪口呆，但他马上又有了新主意。他交给舜一柄木制的泥铲，说：乖儿子，家里的井已经淤塞了，你下去掏一掏。

舜说好嘞，我马上下井里去。等到他跳入井里之后，就见瞽叟一挥手，埋伏在一边的后妻及儿子象，迅速冲上前来，把泥块土石一股脑儿地填到井中，眨眼工夫就把井给填埋了。

哦耶！瞽叟一家欢呼雀跃，总算把这个黑人朋友干掉了。你说你一个黑人，不回非洲，赖在我们家不肯离开，这像话吗？瞽叟的亲生儿子象负责分配战利品。他说：两个美貌的妻子归我，还有哥哥的琴，也归我。其余的财产，归你们两个。

瞽叟和后妻接受了象的分配方案，兴奋的象来到了舜的房间，拿起舜的琴，对着两位美貌的嫂子，且弹且唱：你问我爱你有多深，我爱你有几分，我的情也真，我的爱也真，月亮代表我抽筋……象正唱得激情四溢，门外忽然走进一个人来：嗨，我亲爱的弟弟你好吗？

你……象定睛一看，来人竟然是舜，顿时吃惊得眼珠几乎跌掉地上：哥哥，你不是埋在井下了吗？怎么会……

这个啊，满身泥土的舜解释道：我是被埋在井下了，但我及时用泥铲在地下挖出一条道，挖进了附近另一口井里。然后我从另一口井里爬了上来。

真有你的，你简直是只土拨鼠。象沮丧地评价道。

这就是舜的主要人生成就，家族的两次血亲谋杀都未能损及他毫毛。而他仍然谦和温柔地对待这些杀手们——只不过，他不会再让象对自己的两个妻子求爱了，这是必须的。

虞舜帝的这段故事，构成了此后儒家文化的核心，但同样也引发了世世代代的疑虑。虞舜帝这家人是怎么回事？他好似生活在毒蛇窝中，与变态杀手相亲相爱，找不出个哪怕是稍微正常一点的人来。

有史学家试图从史前的群婚血亲角度入手，破解这一悬疑。但也不排除另一种可能——虞舜帝的故事只是一个寓言，故事中的人物都有所指，是虞舜帝与上一届唐尧帝争夺权力的微缩版。

据记载，当虞部落强大之后，帝尧对虞舜进行了残酷的考核，他让虞舜进入森林川泽之中，接受野外求生考验。其时电闪雷鸣，狂风大作，暴雨如注，天色昏暗，凶猛的野兽于密林中虎视眈眈。不太清楚唐尧这番考验的真正意义，但我们知道，初民时代的人在这种恶劣环境中存活下来，概率不会太高。

但虞舜成功地通过了考验，穿越暴风雨，走出大泽，最终获取了权力。

由此我们知道，虞舜的可怕家居环境，隐喻的是当时他面临的政治险局。所谓的瞎眼父亲，隐喻的就是上届唐尧帝，后母是朝中那些穷凶极恶的政治对手。而所谓的同父异母弟弟象，暗示的是虞舜的死对头、唐尧帝的亲生儿子丹朱。而故事中的血亲谋杀，说的不过是唐尧帝为了将天下传给儿子，对虞舜所进行的一系列卑劣谋杀。

黄金时代的权力之路，同样是布满了险恶的陷阱与杀机。这就是虞舜帝的幸福人生。

拓展阅读

皋陶的断案神兽：獬豸

虞舜帝时代，有许多贤明的臣子，其中皋陶最受人景仰。

皋陶的相貌古怪，吻部突出，犹如鸟喙，又好像是马嘴，脸部发青。传说这样相貌的人，诚实可靠而且能够看穿人心。所以虞舜帝以皋陶为士，专司天下刑狱。

皋陶制定了许多律法，但流传下来的，只剩下一条，四个字：昏墨贼杀！

这条律法的意思是：行为邪恶却掠取美名的人、贪赃枉法却巧言掩饰的人、明目张胆杀人放火的人，这三种人统统要杀掉。

皋陶是中国传说中的神探，他有一只神兽，叫獬豸，这种动物似鹿非鹿，似羊非羊，黑毛四足，头上生了一只角。獬豸具有天然识别罪犯的能力，所以又称直辨兽，或称触邪。如果遭遇到疑案难案，皋陶只需要把嫌疑人犯带上来，让獬豸来辨认，獬豸就会一头撞向罪犯,用独角将罪犯顶住。有这样的智慧神兽帮忙，皋陶断案精准无误，成为了中国历史上第一位神探。

神兽獬豸，表现了古中国人饱受人际纠纷的困扰，人与人一旦发生纠纷，就会陷入无力辩白的困境之中。事实上，西方的测谎器发明，同样是基于这样的困扰，如何从天性替自己掩饰的表象中寻求真相，这个话题至今仍未过时。

终结禅让制

照例，当虞舜帝的时代开始，人类又面临着一系列的生存困境，虞舜帝通过规范管理制度，化解了诸多问题。简单说来就是，他任命了多名官员，担负不同的社会职责。

他任命了司空，负责土木工程。

他任命了后稷，负责农时农事。

他任命了司徒，负责社会治安。

他任命了共工，负责采矿开矿。

他任命了士，制定司法条例。

他任命了朕虞，主持水利建设。

他任命了秩宗，负责祭祀。

他任命了典乐，负责集会时的舞乐。

他任命了纳言，听询民众的意见。

由虞舜所任命的这九大官员，构成了人类社会组织与管理的基本职能。直到现在，国家甚至包括了联合国的官员设置，仍然是这么个框架。这就是虞舜帝的智慧，垂数千年而不朽。

此外虞舜帝还把天下划分为十二个方，每方由一人负责管理，名之为方伯。方伯的意思，就是这块地盘的老大，由他们负责替虞舜帝听取诉讼、收取赋税。此外虞舜的功业还有很多——但都很可疑，因为到了下届帝王禹，这些成绩马上又成为了亟须解决的社会问题，所以不提也罢。

建立起了一个完美的管理架构，虞舜帝就清闲了下来，于是他带着两位妻子——娥皇和女英开始周游天下，行至九嶷山，又名苍梧山，虞舜帝死在这里。由于他死于湖南宁远苍梧山，所以留下个词语，叫野死苍梧。

虞舜帝死了，娥皇和女英陷入悲痛之中，她们失声痛哭，泪水溅到湘江两岸的竹子上，留下了斑斑血泪。这就是有名的湘妃竹的来历。恸哭之后，娥皇与女英双双跃入江水之中，此后她们成为了湘江之神，被称为湘君，或称湘夫人。

不确定虞舜帝的死是不是有什么政治阴谋，但就在他死前的十五年，他已经失去了权力。

夏部落的首领大禹，挟其治水成功的宏大功业，步步逼近了天下共主的宝座。时代又拉回到了虞舜帝的青年时代，当时虞舜帝所遭遇的，一如唐尧帝所遭遇的，面对青年领袖那咄咄逼人的攻势，虞舜帝也如他的前任，最终交出了权力。

据儒家学者称，唐尧帝把权力移交虞舜是中国的第一次禅让（帝挚被唐尧夺取权力那一次，显然被忽略了）。而虞舜帝将权力转让给大禹，是中国历史上的第二次禅让。

但这是原始时代最后的黄花了，在大禹帝治水的不朽功业掩盖之下，是权力者那张隐于黑暗的脸。黄帝王朝磕磕碰碰地经历了七任君主之后，被大禹帝画上了一个悲哀的句号。

禅让制无疾而终，大禹将引领历史，走入漫长的世袭时代。

拓展阅读

登北氏与民之国

虞舜帝除了娥皇与女英两位夫人，还有个妃子叫登北氏。登北氏生育了两个女儿，一个叫宵明，一个叫烛光。传说这两个女孩的神灵，时常出没于河边或是大泽中，她们发出的明丽神光，能够照亮附近百里的土地。

其实，宵明与烛光的传说，其历史的原型，大概与虞舜帝夜行时的仪仗有关。虞舜帝出行，必然会带有许多随从，其中不乏年轻女子，夜行时以少女为先导，持火炬开道而行。初民无知，但知道这些散发着明光的少女为虞舜之女，遂有了这样的传说。

宵明与烛光的传说，表明了当时的氏部酋长已经拥有很大的权势，并享受着极为优裕的生活。

此外，传说舜有个儿子，叫无淫，他生活在一个天堂般的美丽世界，这个地方叫民之国。民之国物产丰富，人们不需要耕作，就有吃不完的粮食；不需要织布，就有穿不尽的华丽衣服。这里有美丽的鸾鸟与凤凰，还有许许多多的珍禽异兽。

这个美丽的民之国，实际上是虞舜帝的家居生活，虽然当时生产力尚不发达，但酋长因其权势而占有了丰富的劳动产品，权贵子弟们因此过着不耕而食、不织而衣的乏味生活。为了消乏解闷，他们建立起禽池兽苑，懵懂无知的初民目睹这一切羡慕不已，于是就有了民之国的美丽传说。

第四章

中国历史上的第一个王朝

（夏王朝）

夏商周断代工程

我们耳熟能详的一个名词叫“夏商周断代工程”。这个专业性颇强的名词，说的就是我们现在提到的时代——半信史时代。

半信史，不是半信半疑，而是这一段历史有许多事件，已经因考古挖掘得到了证实，事实成分大量增加。但，在这段历史中仍然充满了更多的空白，有的空白期甚至长达数百年。此外就是半人半神的英雄仍然出没无常，有的事件能够轻易地辨识出来，有些就实在是难以确定。

所谓的夏商周断代工程，就是敦促考古学者不要偷懒，做点努力，多从地下掏出点文物古迹，以便让历史学家吃现成饭，将这段历史的空白期填满。

这个时代始于公元前 23 世纪，终于公元前 8 世纪，由三个王朝延续了约 1500 年。

这个时代由大禹开创。大禹，在中国历史上的重要程度，仅次于华夏民族的始祖炎黄二帝。他治水的功绩是如此大，世世代代让人景仰。而他推翻禅让制、建立世袭制的家天下，其权术手段又是那么阴沉狡诈，更让人齿冷心寒。至于他在杀戮民众上所表露出来的惊人天赋，更让人疑心，他的天性中有种反人类反社会的因子。总之他是一个介于黑白之间的模糊存在，是一个值得探讨的学术性话题。

自大禹而下，夏王朝计有 19 任帝王[1]，延续到了公元前 1766 年。

这 19 任帝王分别是：一任帝禹、二任帝启、三任帝太康、四任帝仲康、五任帝相、六任帝后羿、七任帝寒浞、八任帝少康、九任帝季杼、十任帝槐、十一任帝芒、十二任帝泄、十三任帝不降、十四任帝扃、十五任帝廑、十六任帝孔甲、十七任帝皋、十八任帝发，末代夏帝桀。

等待考古学者的挖掘是个痛苦的漫长过程，描述这个时代，仍然是从那一系列美丽的传说开始。

---

[1] 夏王朝计17位君主，但这只是大禹家族的世袭传承，但夏王朝还有后羿和寒浞两任君主，所以排列出19位君主。

拓展阅读

夏代的居住和饮食

夏代人居住的房屋，有的是用植物茎秆搭建，外面再抹泥土，称之为木骨草泥墙。有的是用草泥堆砌而成，不使用木骨，称之为泥垛墙。还有一种采用夹板版筑法，层层加高垒建而成，这是夯土墙。此外还有完全的土坯结构的土坯墙。单从建筑材料上来说，夏代的建筑技术已经成熟。但房屋的形态却远比现代更富创意，房屋有方形、有圆形，还有不规则的各种形态，屋顶则有圆顶尖窝棚式、人字形、平顶形、斜坡式及四面坡式等各种。必须承认，夏代的建筑技术发展，如果排除了新材料的使用的话，相比于现代，夏代的建筑丝毫也不逊色。

饮食方面，夏代人保持着史前的“米而不粉”的“粒食”习惯，烹饪方法大体上有水蒸和汽蒸两种方式。而蒸食仍然是现代中国人习惯的饮食特色。而这就意味着，现代中国人居夏屋而饮夏食，仍然保持着先祖的生活方式及习惯。

十字路口的爱情

公元前 2218 年前后，在现在的安徽怀远县东南淮河南岸之地，居住着一个聪明美丽的姑娘，叫涂山氏，意思是涂山的女孩。有一天，她在路上邂逅了名青年男子。年轻的姑娘对这名外地男子颇有好感，就主动聊天搭话，问他：你是谁呀？为什么来到这里呢？

男子回答说：我叫姒文命，来自夏部落，正在协助父亲治水。

年轻的姑娘问：你的母亲又是哪个呢？

男子回答：我母亲叫女志，有段时间我父亲出门，回来后看到母亲怀孕了，就问母亲是怎么回事。母亲解释说：是这样，有一天我出门玩，肚子饿了，就吃了种叫带穗的植物，于是就怀孕了……后来母亲生下了这个孩子，就是我。

吃植物也会怀孕？姑娘吃惊地瞪大了眼睛，问男子：你信吗？

男子说：……你爱信不信，反正我是信了。

说完这句话，男子就匆匆走了。等姑娘回到家，却是心思恍惚，满脑子都是那陌生男子的形象。可怜的姑娘，害了相思病。

相思也是病，不能放弃治疗。于是姑娘就派她的妹妹每天守候在与男子相遇的地方，等了很久也未见到。姑娘又作了首歌，这首歌只有一句歌词：候人兮猗。这是中国的第一首情诗，第一支情歌。如果给这支歌谱上曲子，让现代人唱起来，唱法应该是这个样子的：我在等待，等待你回来，我们可以开始相爱……

姑娘的妹妹很尽责，为了姐姐的爱，小女孩每天站在十字路口，不停地唱啊唱。这首歌被搜集民歌的采风官员听到，记录了下来。又过了不久，那名年轻男子终于回来了。见到路边唱歌的小女孩，男子很惊讶，才知道那名偶遇的姑娘，竟然爱他如此之深。

于是男子就来找涂山氏，带她到了古代青年男女秘密幽会的台桑，从此两人成为了深情相爱的夫妻。

这名男子，就是治水的大禹了。他娶了涂山氏后，每天外出治水，由涂山氏给他送饭。大禹吩咐妻子：记住，等你听到鼓声之后，才可以把饭送来。鼓声未响，你千万不要来。

涂山氏答应了，每天听到鼓声，才去送饭。可是有一天，当她来到丈夫治水之地，惊讶地发现一头可怕的大熊正扬起前爪，拍击着坚硬的岩石，要从山岩上拍出一条水道来。熊爪击飞的碎石，落在鼓上，敲响了咚咚的鼓声。

当时涂山氏心里极度悲愤，她说：我要嫁的心上人，是个人呀，可万万没想到，他竟然是个禽兽。

于是涂山氏掉头就走，化身为熊的大禹发现了，急忙恢复人形，在后面追赶妻子。他一直追赶到嵩山脚下，涂山氏化为石人，也绝不再与大禹相见了。大禹气愤地说：女人真是不理性，你化为石人也就算了，但得把我的孩子还给我。听到禹这句话，石人开裂，露出一个哇哇哭的婴儿来，他就是禹的儿子启。

禹化熊、妻子化石的故事，记载在《淮南子》之中，这段故事有两个隐喻。一个来自大禹与妻子的情变。据学者研究发现，涂山氏让妹妹唱的情歌候人兮猗，是有名堂的。这名堂就来自候人这个词，候人并不是等待心上人的意思，而是等待上门入赘的男子。

涂山氏，应该是支以女性为主的群居部落，她们每天派出许多小女孩，在十字路口唱歌引诱青年男子。大禹进入这支部落，并与涂山氏生下孩子，但涂山氏显然是拒绝跟随他离开，所谓化为石人，就是心如铁石的意思。最后双方的谈判结果，是涂山部落允许大禹带着他的儿子离开。

有关这个故事的第二个隐喻，透露出古时代学者对于大禹治水的重重焦虑。据记载，大禹治水，走遍天下，他陆行乘车，水行乘船，泥行乘橇，山行乘檋[1]。最后这个檋，是大禹发明的一种鞋子，鞋底有组装式的两个齿，上山前齿短，下山后齿短，行走起来极为方便。

又有记载称：大禹长年治水，吃不好，睡不安，身体变得枯瘦，头颈变得细长，嘴变得像鸟儿一样又尖又细。他的脚上长满老茧，小腿上的汗毛被水浸得不再生长，走路时一瘸一拐，一步一顿，这种奇异的走路方式，就是历史上有名的禹步。

即使是大禹付出了如此代价，但考虑到当时烧石浇水的落后技术，禹的付出，与其所完成的庞大功业相比，仍然是不成比例。

要知道，大禹治水十三年，疏通的河流一共九条[2]，分别是：

一、弱水，发源于祁连山，注于居延海。

二、黑水，疏勒河，位于河西走廊的西端。

三、黄河。

四、渭水。

五、洛水。

六、济水，发源于太行山，与黄河平行，注入渤海湾。

七、淮河。

八、汉水。

九、长江。

现在来看这九河流域，单是从黑水到长江口，航空距离是两千六百里，仅仅是徒步游览一遍，就要花上几年的时间。以当时的山川地貌，交通不畅，大禹在治水的十三年时间里，恐怕连这九河九域走一圈的时间都不够，

---

［1］音：jū。

［2］参见：柏杨著，《中国人史纲》，山西出版社，2009年2月第3版。

遑论还要开山疏河，甚至包括了凿通龙门这如此巨大的工程。

最让人生疑的，是大禹发明的所谓的檋，据说这种奇异的发明，适于登山。但这个发明怎么看都不具实用性。首先所谓的檋无非是现代社会的女性高跟鞋而已，可曾听说过穿高跟鞋的女性更善于登山的？这不科学！现代登山鞋种类极多，但无非是从坚固轻便上做文章，从未听说有登山高跟鞋出现。可知所谓檋，无非是宣传大禹治水的官员，对无知无识的初民的随口胡诌无根据的想象而已。

但是大禹仍然是完成了他的不朽功业，无从解释，现实如此。所以古史之中，只能用更无从说起的神异传说，解释这一不可思议的现象。

拓展阅读

九州传说

大禹凿山治水，把中国分为了九州。此后九州又成为了中国的代称，并成为历朝历代的行政区划。这九州包括：

一、冀州　河北平原与山西高原

二、兖[1]州　黄河与济水之间

三、青州　山东半岛

四、徐州　河淮平原

五、豫州　中原地带

六、雍州　关中与陇西

七、梁州　秦岭以南与四川盆地

八、扬州　长江下游

九、荆州　长江中游

[1] 音：yǎn。

和大禹一起治水的民工们

巨大的治水功业与落后的生产技术，这二者不可调和的矛盾，构成了有关大禹治水的永恒困惑。但这个困惑也只是理性时代的困惑，更早的时候，古人们深信大禹治水，是得到了几个助手的帮助。

第一个助手是河里的妖怪。此怪不知是何来历，当大禹的父亲鲧，被唐尧帝罗织罪名杀掉，并命令大禹替代父亲继续治水之时，大禹心中悲痛，精神恍惚，就在河边徘徊。这时候河面突然像开了锅的水，从中间迅速破开，一只白色的怪物出现了，这东西长着人的脸，身体却像鱼，可能是人鱼，但无从证明。就听河怪大声叫道：呔，岸上那个人，你是不是叫大禹？是不是要治水？得到大禹的肯定回答之后，怪物就说：某乃河精是也，我这里有天下河流的地图。连地图也没有，你又如何治水？我把地图送给你，你就可以治水了。

大禹大喜，千恩万谢，接过了河精的厚赠。从此他得到了天下河流的航拍图，知道各河流势及应该疏通的方向，再也不像以前那样懵懂，终于可以着手治水了。

眨眼工夫，大禹就治了七年水，这七年来他三过家门而不入，但治水成效甚微，甚至可以说完全没有成效。虽然他得到了天下河流图，但治水技术太落后，连金属工具都没有，木制的泥铲，根本铲不动坚硬的岩石。

正在绝望之际，大禹突然发现路边有本书——那时候的书也是纯木头的，路边的书，应该就是刻在树干上的字。标题是《黄帝中经历》，下面的内容是说：九山东南，有一柱，名叫宛委，赤帝居于此宫之中。山巅之顶有本书，是纯金打造的，字是青玉的，如果能拿到这本书，对你治水大有好处。

于是大禹登上南岳衡山，杀了白马祭祀，然后开始寻找天书。但找来找去，却一无所获。大禹急了，就大吼大叫：喂，赤帝你在哪里？快出来把天书给我，否则我跟你没完！喊声过后，就见山林中走出来一个红衣男子，自称玄夷苍水使者。他解释说，他是专程来给大禹送天书的，但天书好沉，扛不动，只能和大禹约定一个日期，到时候大禹斋戒沐浴，登宛委山，就可以得到天书了。

于是大禹遵守约定，到了日期斋戒沐浴，登上山顶，果然找到了纯金的天书。从此大禹治水效率大增。

但效率再增，也解决不了问题。前面说过了，九河流域覆盖面积太大，单凭人力治水，无论如何也是无法完成的。于是有一天，大禹正在巫山上治水，突然刮起了狂风，大禹急忙四处乱钻，找避风的地方。不知他是不是钻进个山洞里，发现里边有个绝色美貌的少女，大禹问：这位漂亮姑娘，你叫什么名字？我们交个朋友好不好？

少女回答：少来，论辈分我是你的祖奶奶了。我是炎帝的小女儿瑶姬，因在巫山游玩，不幸身亡，化为灵芝草，我的精魂成为巫山女神。我知道你治水遇到了麻烦，可以给你一部《策召鬼神之书》，只要念动咒语，就可以唤出神鬼，替你完成劳役。

接过瑶姬赠送的书，大禹念动咒语，果然唤来一群奇怪的鬼神，名字分别叫狂章、虞余、黄魔、大翳、庚辰、童律等。这些鬼神帮助大禹凿石疏波，开挖堵塞之处，以导江流。

虽然得到了瑶姬神书，但大禹见瑶姬千变万化，倏忽为石，散去为云，聚而成雨，游化为龙，飘飞为鹤，百态千姿，捉摸不定，大禹疑心瑶姬不是真的神仙，就问唤来的神祇童律。童律回答：瑶姬现在的名字叫云华夫人，为王母之女，她不是胎生之形，而是西华少阴之气，所以变化无穷。

大禹不甘心就这样与瑶姬失之交臂，他登上高山，但见琼楼玉宇，仙人异兽，云雾深处，瑶姬端坐于瑶台之上。大禹上前拜见，瑶姬又赠送给他一本丹玉之书，上面铭刻着治水宝文。大禹得此二书，再得到诸神鬼相助，终于成功地完成了治水工程。

在这几个故事中，有一个共同的主题：大禹治水是得到神灵相助的。因为以大禹的能力，是无法独立完成治水工程的。

有记录表明，大禹在位时，他拥有数量众多的奴隶。而当他精心布局，由儿子启夺取政权，改公天下为家天下之时，启的战争号令就有杀光敌人，掠夺他们的妻女为奴隶的字样。

而大禹除了治水，他在史学研究领域里还有一个绕不开的课题：禹刑。

大禹铸铜为鼎，在上面刻了残酷的律令条文三千条，以惩罚那些不服从他的百姓及奴隶。

禹刑三千，包括了大辟、膑、宫辟、劓、墨五种。

大辟，就是砍头，砍头的罪名有两百条。

膑，就是挖掉膝盖骨，这种罪名有三百条。

宫辟，就是割掉生殖器，有五百种罪名要受到如此惩罚。

劓，就是割掉鼻子，有一千种罪名要割鼻子。

墨，就是脸上刺字，有一千种罪名要受如此惩罚。

现在我们知道，大禹时代堪称罗网密布，砍头的罪名两百条，挖膝盖骨的罪名三百条，割掉生殖器的罪名有五百条，割鼻子及脸上刺字的罪名各有一千条。平民百姓及奴隶，稍有不慎就会遭受到残酷的肉刑。

古人解释说，大禹时代，世道比较混乱，而治乱世者用重典，所以才有禹刑三千的说法。但是，或许另一种解释更为合理：大禹役民治水，民不堪其苦，所以大禹以酷刑强迫民众及奴隶疏河开山。

一定是这样，因为如此庞大的工程，不可能由大禹一个人独立完成。九河之功，是由当时民众与奴隶的苦难与牺牲建立起来的。大禹本人不过是个监工，但诡异的是，后世人只记得大禹的名字，却全然不理会他个人的能力显然难以完成如此庞大的工程。

现在我们清楚了，的确是有神灵帮助大禹，那些所谓河精，所谓的疏河凿山的神鬼，其实就是苦难的民众与奴隶。大禹将天下分为九州，不过是将治河工程分层下包，大禹治水的真相，就是他以残酷的统御手段驱使着民众与奴隶,最终完成了这桩垂万世而不朽的功业。大禹固然青史留名，但更不应该遗忘的，是那些埋骨九河的无名牺牲者。

拓展阅读

九尾狐的传说

传说，大禹的父亲鲧被杀，他的部族又遭受到虞舜帝的打压，被迫承担起不可能的治水任务。这使得大禹沦为了人人避之唯恐不及的“黑五类”，年轻的女孩不愿意嫁给他，导致大禹年已三十，仍然是孤身独处，娶不到老婆。

大禹孤独地徘徊在涂山脚下。他渴望爱情，需要老婆，可像他这样背负着沉重政治高压的男子，谁家的女孩会嫁给他呢？但是大禹不肯放弃，他对自己说：我会娶到老婆的，一定会的！

当大禹刚刚说完这句话，就见遥远的山际，一道雪白的光影疾奔而来，到了近前，大禹仔细一看，原来是条雪白的狐狸，屁股后面长着九条尾巴。看到狐狸精，大禹顿时激动起来，说：狐狸精，你终于来了，你是白色的，而我身上穿的衣服，也是白色的，这说明咱们两个有缘，这叫情侣衫啊……不对，就在涂山当地，有一首民歌：绥绥白狐，九尾庞庞。成于家室，我都攸昌。

于是大禹立即登上涂山，到处寻找涂山女孩，恰好有个涂山姑娘对他爱慕已久，还派了自己的妹妹站在十字路口唱情歌，等待大禹，于是两人相遇相识相爱并很快有了小宝宝。

但最终，这个奇异的爱情故事却是以悲剧收场，大禹为了治水功业，与妻子涂山氏分手了。除了这个悲情的结局之外，九尾狐也在漫长的历史长河中，由美丽的爱情象征逐渐演化成为了妖媚祸国的形象，这种变化，深切表明了初民时代的男子，在爱情与事业上的两难选择。

大清洗运动

大禹治水成功，接掌权力之后，三苗地带突然发生了异变。

三苗部落，是支曾一度接近于权力中心的部落，其与唐尧帝的儿子丹朱联合，对虞舜帝的权力造成威胁，结果遭到虞舜帝的残酷镇压。此后三苗以叛族之名，被流放到了甘肃敦煌一带。

当大禹掌权时，三苗地区妖魔四起，白昼昏黑，午夜太阳明照，天降血雨，三日不息，青龙在祖庙中出现，狗在闹市中嚎哭。夏季里河水结冰，大地开裂，泉水激涌。于是大禹宣布，三苗部落作恶多端，天怒人怨，大禹将奉天罚罪，征讨三苗。

坦白讲，三苗地区的异象，并不能构成大禹讨伐的理由，但战争开始了，三苗部落遭受到了覆灭性的打击，残余者纷纷逃向了南方，后世就是在今湖南、广西、广东、云南、四川及贵州等地的苗族。

击败三苗，天下震恐，大禹不失时机地宣布，他将在涂山检阅天下诸侯。害怕遭受到与三苗同样的命运，天下所有的部落纷纷赶来报到。但是居住在封、禺二山周边的巨人族首领防风氏，却迟到了。

巨人族的国名叫汪芒氏，姓漆氏，而酋长防风氏身长三丈。大禹显然早已将他视为下一个对手，视其迟到是对自己权威的挑衅，立即下令杀掉了防风氏。

防风氏是中国历史上第二个被杀掉的部族首领。第一个被杀的，就是大禹的父亲鲧，他被唐尧帝捏造罪名，以治水不力为由杀掉。大禹是权力政治的受害者，但他丝毫也不吸取教训，将自己遭受到的不公再次施加于别人。由此我们可以窥知他心中的愤怒。

防风氏无罪被杀，吓坏了各个部落，纷纷按照大禹的要求，把部落中的铜金交给大禹。大禹把这些金属锻铸成了一只大鼎。他的这一招，为两千年后的秦始皇所效法。公元前 221 年，秦始皇灭六国，统一天下，学大禹收天下之兵器，铸十二铜人。目的是让天下百姓无金铁兵器，无法对自己的权力形成威胁。

秦始皇是两千年以后的事儿。而在当时，愤怒的大禹，继续寻找他的牺牲品。

下一个，就是共工。

共工这个部落，擅长土木工程建设，在唐尧时代遭受过重创，和大禹的父亲鲧一并被列入反动集团阵营。理论上来说大禹掌权，应该与共工把盏言欢，但权力自身的规律运行，与共工部落叛逆的天性构成冲突，这就意味着新的战争。

这一次战争在北方的幽州展开，和三苗部落一样，共工部落也被清除，除了酋长共工被杀之外，共工手下最厉害的臣子相柳，也身死名灭。

传说，相柳有九个头，都生着人的面孔，却是蛇的身子。从这个形态描述上来看，相柳似乎是一支由九名成员组成的战斗小队，但这支训练有素的敢死队，在大禹的军队面前不堪一击，很轻易地被杀掉了。相柳的血流淌得到处都是，大禹就在这块地上修建了众帝之台，以为祭祀之用。

清除了共工部落，此时天下之大，再也没有能够与大禹家族相抗衡的势力了。可如果就这样宣布把权力移交到儿子启的手中，时机仍然不成熟。

在禹的时代，公天下深入人心，权力的禅让已成传统。尽管此前的帝王都曾有过把天下私有化，传给自己儿子的龌龊私心，但最终的权力博弈，始终维持着禅让的态势。而权力禅让之所以能够成功，是因为天下各部落的势力不一，君主很难做到一头独大。

大禹通过连续不断的刑杀手段，已经将威胁到自己的力量全部铲除。但面对禅让制的传统，他必须要做出个姿态。

于是大禹学了唐尧帝的法子，他宣布，要把天下禅让给自己的书记员益。益不知大禹的奸诈用心，欢天喜地地接受了。

益是个小部落的酋长，大禹治水时，他跟在大禹身边，负责替大禹记录各地的山川道里、金玉矿藏、鸟兽鱼虫及殊国异民，书的名字叫《山海经》。益是当时为数不多的知识分子，知道点历史知识。他知道唐尧帝把天下禅让给虞舜帝时的情形，和他面临的权力格局一般无二。所以在大禹死于会稽之后，就学着虞舜帝的办法，离开都城，避让禹的儿子启，并宣布自己是合法的天下共主。

可万万没想到，虽然益宣布自己是天下共主，可是各部落根本不理睬他，而是纷纷赶赴到启那里表忠心。益始料未及，就愤怒地说：你们弄错了，全都弄错了，明明我才是天下共主嘛，为什么启要接受你们的朝拜？

益急了，就率了自己的部族卫队，星夜兼程，对启发动突然袭击，抓住了启，把他关进了监狱。

可益心眼不够用，他忘了大禹苦心经营多年，包括监狱看守在内，都城人都是启的亲信。狱卒悄悄地放走了启。启逃走后，组织起强大的军队，下令道：进攻，进攻，向益发起进攻，杀死他们的妻子女儿，或者抓住她们当奴隶。

益的军事实力，相比于启差得太远，结果一战而被启擒获。为了彻底清除后患，启将益杀掉，宣布废除古老的禅让制，从此权力私有化，进入了漫长而黑暗的世袭制。

启能够成功地终结禅让制，改公天下为家天下，是因为大禹经过一连串的流血残杀，扫灭了对自己权力有威胁的势力。而现在，新一代的帝王启，同样要依赖战争的手段，消灭政治对手，维持他的统治。

权力游戏的前戏

权力体制由禅让转为世袭，头脑简单的书记官益，沦为悲哀的牺牲品。但益并非没有支持者，比如说有扈氏部落，就是力挺禅让制，反对由启一家独霸天下。

但由于益和有扈氏把问题想得简单，以为禅让是顺理成章的事儿，岂料在大禹的布局之下，变数不断，最终益竟然被杀掉了。有扈氏大为惊讶，深表愤怒。

可是启正等着有扈氏的反对呢，他立即率兵赶到一个叫甘的地方，发布战前动员令，宣称：杀，杀呀，凡是反对我独霸天下的人，统统都要杀掉。还有他们那美貌的妻子女儿，统统抓来给我当奴隶。启的军队发动进攻，有扈氏进行了殊死抵抗，虽然有扈氏受到重创，但启也未能取得胜利。

启悻悻地说：这是我的过错，都怪我德行太薄，才没有搞到更多的奴隶，你等下一次……第二年，启又率师杀来，这一次有扈氏终被消灭，部族男子被杀尽，女人全成了启的奴隶。

击败有扈氏，俘获了大量的女奴，启的收获让他的弟弟观看得眼热，就来找启理论。他说：你也是父亲的儿子，我也是父亲的儿子，凭什么这天下就由你来坐？你是大哥就了不起啊？父亲最疼爱我，应该把天下让给我才对。

启大怒，将弟弟观贬为平民，流放到了西河。

观真的生气了，就纠集起一伙亡命之徒，承诺说：跟我去攻打都城，夺取天下，然后美女财宝，我与你们共享。这伙亡命徒行至彭国，也就是现在的江苏徐州市附近，遭遇到了启的正规军伏击，观召集来的亡命徒顿时四散而逃，他自己也被活捉了。

启说：观呀，很高兴你成为哥哥的敌人。你应该是最了解哥哥的，对敌人像秋风扫落叶那样无情，就是哥哥的风格。现在哥哥要杀掉你，你没意见吧？

启杀弟观，是中国历史上第一起为了权力而手足相残的事件。

此后的历史将证明，父子相残，兄弟操戈，是家天下权力体系的最大特点。治水的大禹苦心孤诣，只为了这个结果，他的脑子真有可能进水了。

杀掉了弟弟之后，帝启再无后顾之忧，从此沉溺于醇酒美人，不理朝政，如此多年，直到他死于安乐窝中，他的儿子太康接掌了权力。

夏王朝的第二任帝王启喜欢歌舞，第三任帝王太康喜欢的却是游猎。太康带着随从出猎，往往是百日不归，根本懒得理会朝政。这是位心眼不够用的帝王，他只知道权力可以让他恣意妄为，却不知道他远离国都就意味着远离权力，迟早会出大祸。

于是有一天，离开国都一百多天的太康，正在开心地返回国都的路上，途中突然遭遇到一支军队的阻拦。这时，满脸惊愕的太康才知道，就在他远离国都的时间里，有穷部落突然发难，攻占了他的国都。

这支突如其来的军队，其领导人就是蛰伏日久的后羿。

后羿，是我们耳熟能详的半人半神英雄，他有一手神妙的射箭技术。

后羿也是神话时代出没无常的半人神，他甚至突破了时空的桎梏，活动在上古史中的任何一个时期。这有可能是后羿并非是人的名字，而是有穷部落对其部族酋长的称呼，后羿这个职务世代承袭，带给人一种精神恍惚的错觉。

后羿主要的事件有两桩，一桩是箭射九日。传说上古时代有十枚太阳，轮流值日，每天有枚太阳出来，普照大地，另外九枚太阳就在家里休息。就这样一天天过去，慢慢地太阳们就倦怠起来，忽然间全都跑了出来，烤得大地禾苗焦枯，河水蒸发，山林燃起熊熊大火，野兽被烧得四处乱窜，噬人无数。英雄后羿怒不可遏，操起他的神弓，挽雕弓如满月，仰天望，射九日。只听啪啪啪九声响过，九枚太阳中箭，跌下凡尘，摔成一地星火四溢，旋即熄灭。

天空上还剩下最后一枚太阳，见后羿如此神勇，吓得连连告饶。后羿命令它以后不得偷懒，担负起明照天地的职责，每天都要出来。从此天地之间，又恢复了正常。

与后羿相关的另一个故事，就是我们最熟悉的嫦娥奔月。至今中国的登月装置仍然命名为“嫦娥”号,可见这个美丽的故事对我们后人的影响之深。

但实际上，无论是后羿射日，还是嫦娥奔月，也同神话时代的任何美丽传说一样，隐喻着当时惨烈的权力争战。

寒浞杀后羿，少康在其后

有穷部落的后羿攻占了夏都，夏朝的第三任帝王太康，就沦为了中国历史上的第一个流亡帝王。四年后，他在贫病交加中死去，这段历史又称为太康失国。

太康的五个弟弟，搀扶着他们年迈的母亲，逃到洛水边上，沦为了吟游诗人。他们五兄弟边走边唱，向世人控诉后羿夺取他们家天下的行为。这段事情，历史上称之为五子之歌。

而在都城，后羿不敢明目张胆地自立为王，就允许太康的一个弟弟仲康登位。于是刀锋下的仲康，就成为夏朝的第四任帝王。后羿射日的历史原型事件，就是在这段时间里发生的。

所谓射日，指的就是攻击世世代代负责历法和时令的羲氏与和氏这两个部落。初民无知，见这两个部落负责历法，就以为太阳是这两个部落家里养的，以为日出月落，是由这两个部落指挥的。但仲康登位后，以时令季节紊乱为借口，于是后羿命仲康派兵征伐羲氏部落与和氏部落。

或许羲氏部落与和氏部落真的有十个酋长，又或许十只是个大致的统称，总之这两个部落中的酋长被杀掉了。这在初民的口口相传中，被说成了后羿射落了九个太阳。借助这个神话，后羿一跃而完成了从人到神的进化，而仲康则充满恐惧地生活在后羿那巨大的权力阴影之下。

郁郁寡欢的仲康很快死掉了，后羿又立了仲康的儿子相为帝。但没过多久，后羿就腻歪了这种名不副实的权力体系，下令允许自己登上帝位。于是继相之后，后羿成为了夏帝的第六任。

而第五任帝王相却不可解释地逃走了，他逃到河南濮阳一带，在这里重建都城，这导致了夏王朝分裂，出现了两个帝王。于是天下大乱。这时候，嫦娥奔月这个美丽传说的历史原型事件，开始一件件地发生，正在拼凑成一段不忍卒读的历史。

先是，权力带来的快感，迅速让后羿跌破了做人的底线。他发现乐官有个极美貌的女儿，叫有仍氏。于是后羿就宣称乐官是政治反动集团的首脑人物，立即杀掉，乐官的美貌女儿，就沦为了后羿的性奴。

可以确信，有仍氏对于杀父之仇，必然是悲痛于心。而这时，事件的另一个板块发生，在山东潍坊地带，有支叫寒国的东夷部落，部落酋长叫伯明。伯明发现部落中有个叫寒浞的贵族子弟心机诡诈，就把寒浞流放了。

寒浞从贵族子弟一下子沦落到乞丐的境地，他却不泄气，一路讨饭来到了后羿这里。后羿却对寒浞极为欣赏，立即以他为心腹，不久后立他为宰相。眨眼工夫，寒浞又从乞丐晋升到宰相的地位，他的人生真是充满了戏剧化。

接下来事件持续发生，寒浞经常出入后羿的后宫，不多久就与后羿的妻妾们勾搭成奸。与后羿有杀父之仇的有仍氏，在这个过程中起到了什么作用不清楚，但显然她乐见事态如此发展。

然后寒浞与后羿的弟子逢蒙密谋，让逢蒙暗中杀掉后羿。逢蒙对此欣然从命，可见后羿是多么不得人心。于是寒浞逢蒙等人诱骗后羿去外边游猎，并在游猎途中，由逢蒙一箭射死了后羿。

所谓的射日英雄，就这么不明不白地死于亲信之手。后羿死了，但悲剧刚刚拉开序幕。

后羿死了，弟子逢蒙把尸体丢进鼎里，煮成肉羹，强迫后羿的儿子们吃下去。后羿的儿子不肯吃，于是立即被杀死。

扫除后患后，寒浞宣称包括有仍氏在内，后羿的所有妻妾统统归他所有，自立为帝。于是他成为了夏朝第七任帝王。

第七任帝王已经出场了，可在河南濮阳，还盘踞着夏王朝的第五任帝王相。寒浞不能容忍，派出军队灭他，相的城池被打破，他本人被杀。但在混乱之中，相的一个怀有身孕的妃子有缗[1]氏，从墙下的阴沟爬出，逃走了。

此后有缗氏生下了个孩子，叫少康。寒浞获得消息，知道相还有儿子存世，就派人寻访追杀，少康的人生由一连串的惊险逃亡所构成。最终，少康逃到了河南商丘地带的虞国，受到了虞国酋长虞思的秘密保护。

而寒浞王朝很快陷入四分五裂之中，后羿的支持者攻破城池，杀掉了寒浞。但因为后羿的儿子已经被杀，于是各部落派兵迎回少康执政。

大禹王朝在经历了如此一番波折之后，又阴差阳错地重掌权力。这段历史，就是有名的少康中兴。

重新执政后，少康发现寒浞还有两个儿子，正分别掌管着两个部落。于是少康现学现卖，就采用寒浞对付后羿的法子，派了个大臣叫女艾，还有自己的儿子季杼，分头潜入这两个部落，讨取寒浞儿子的欢心，然后猝起发难，杀掉寒浞儿子而灭其部落。

有史学家称，女艾和季杼，是中国历史上最早的间谍——但我们必须承认，间谍的出现，标志着政治生态的恶化和人与人相互信任关系的丧失。对权力的认知匮乏与觊觎，导致了人性的沦丧。而作为嫦娥原型的有仍氏，在这个以卑劣男人为主体的龌龊游戏之中，愈发显得悲哀。

但是，权力的游戏已经开始，此后的历史，就成为了一部典型的权力史，更多的奸诈与流血，层出不穷。有仍氏那淡淡的血影，最终被嘈杂声所湮没。

[1] 音：mín。

拓展阅读

同一时间的世界史

相比于疑虑重重的中国半信史，世界历史在这段时间里基本上处于空白期。但考古学的发现，终于让这段空白有了几行简略的记载。

公元前2123年，于公元前2872年建立的阿迦德苏美尔帝国，为闪族阿谟利部落酋长汉谟拉比所灭。阿迦德苏美尔帝国立国约750年，汉谟拉比于废墟上建立起全新的巴比伦帝国，史称巴比伦或第一巴比伦，新帝国于公元前745年灭亡。

公元前2100年，巴比伦帝国汉谟拉比颁布汉谟拉比法典，凡285条，刻于绿玉柱上。汉谟拉比法典被称为人类法典之始。但相比于公元前2198年之前的禹鼎，汉谟拉比法典无论是在律刑的条文数量上，还是在年代上，都远远落后于古中国。唯一让人扫兴的是，禹刑三千条，砍头割生殖器的罪名太多，让人提不起情绪来与汉谟拉比法典一较短长。

公元前2100年，闪族的一支部落移居北非，这就是后来的腓尼基人。

公元前2070年，雅利安人侵入波斯，此后他们成为了波斯人。同一时间，中国处于夏帝国少康复国的时代。

破斧也能唱成歌

此后夏王朝从第八任帝王少康重新开始，除了中兴之外，他还有征讨东夷未果的糗事记载，然后他就死了。

少康死后，他的儿子季杼，成为第九任帝王。季杼是个战争狂，他拼老命地扩充军队，征战东夷，并获得了一条九尾狐的皮草。手拿这张皮草，他对着历史镜头说了句：没有买卖，就没有杀害。然后他就死掉了。

季杼的儿子槐继位，他是夏王朝第十任帝王。传说在他的时代，有九夷来朝，分别是畎夷、于夷、方夷、黄夷、白夷、赤夷、玄夷、风夷及阳夷。这标志着帝国的疆域不断在扩张。

此后第十一任帝王芒继位，关于他的记载是开创了祭祀黄河的传统。此后祭祀黄河就成为了历代帝王的经典保留节目。

到了第十二任帝王泄，第十三任帝王不降，第十四任帝王扃，历史呈现了大面积的空白。当然真正的历史不会是空白，但因为记载缺乏，所以才出现空白。

但当空白期结束，记载出现时，再度让人们目瞪口呆。

公元前 1901 年到公元前 1880 年，夏王朝第十五任帝王廑[1]在位，这时候又出怪事，天上十日并出，炎照天地。可以确信这是一次真正的天气异象，因为可怜的第十五任帝王廑，竟然被这事吓死了。

这个吓死的帝王廑，他是上任帝王扃的儿子，两人都是短命，仓促离世，于是第十三任帝王不降的儿子孔甲，出任夏王朝第十六任帝王。孔甲这厮是个活宝，他的出现，结束了历史的寂寞期，出现了许多令人忍俊不禁的怪事。

[1] 音：jǐn。

孔甲是个很无聊的人，有一次出门游猎，遇到个农妇正在喂孩子。孔甲的随从，就围绕着这个孩子议论起来，有说这孩子的生辰，合该大富大贵；有说这孩子的命运，合该大灾大难。孔甲没听到开头，只听到结尾，当即下令把孩子抢走，说：我要把他养在宫中，有我的权力保护，看谁敢碰他一根手指头？

孔甲把孩子带回了宫，果然平平安安长大。但有一天，宫中拆除屋子，孩子跑过去看热闹，不承想屋顶上有柄斧子，掉了下来，正砍在孩子的脚腕上，把他的脚砍断了。此后他就成了残疾人，只能在宫中当守门人。

孔甲见此情形，诗兴大发，当即创作了一首歌曲，只有一句歌词：呜呼，有疾，命矣夫。意思是：哎哟妈呀，脚咋断了呢？该着啊。这首莫名其妙的怪歌被孔甲命名为《破斧》，从此中国古歌坛出现了东音唱法。

破斧也能唱成歌，实在有些让人无奈。但考虑到这段历史的记载太少太少，这首歌毕竟是有文字的历史，这就决定了破斧之歌牢不可破的历史地位。

记载中，孔甲最有名的事件是养龙。据说他天天祭祀，感动了上天，天帝就把替自己拉车的一雌一雄两条龙放进了黄河和汉水。孔甲命人将两条龙捉来，找到唐尧帝时代豢龙氏后人刘累，让刘累养这两条龙。养了段时间，雌龙可能是消化不良的缘故，死了。于是刘累就把龙炖成羹，给孔甲吃。

孔甲吃了龙羹，赞不绝口，还想再吃。可是刘累不敢杀活龙，就逃走了。他逃到现在的河南鲁山县，躲了起来。

刘累逃了，孔甲又找来个叫师门的人，让他继续养龙。可是师门个性耿直，经常批评孔甲，孔甲火冒三丈，就杀掉了师门，把尸体埋在旷野中。此后天降大雨，刮起狂风，孔甲认为这是师门的阴魂作祟，就登车出去祭祀，归来时又遇山林大火，孔甲应该是被活活吓死了。

拓展阅读

孔甲时代的军事技术

夏王朝的建立，是大禹的儿子启，以自己的私人卫队为核心，击杀法律意义上的天下共主益而建立起来的。此后，由贵族子弟为主体的卫队式常规武装，就成了夏王朝的主要军事力量。这支武装，虽然装备精良，但只是统治者的私人武装，不太可能用于开疆拓土的外部战争。

从少康时代起，夏王朝频繁地发动对外战争，主要是调集民间军事武装。也就是说，夏王朝的军事体制，是以皇家卫队为主干的常规武装，配合民间的兵民合一的民军。民军在非战时耕作劳役，战争时推到最前线。这种军事体制，贯穿于专制集权时代的始终。

因为战争的主体是民军，所以夏王朝时代的作战方式为徒步格斗，当时称之为徒兵的步兵，是最主要的兵种。徒兵手持戈矛，也有远射程的弓矢。为了减少伤亡，杀伤敌方，频繁的战争对夏王朝时代的冶炼技术产生了强有力的推动，考古学家已经挖掘出大量的青铜武器，但石镞、骨镞仍占主体。

变态萌妹子妹喜

孔甲而后，夏王朝又经历了第十七任帝王皋，第十八任帝王发，终于于公元前 1819 年，迎来了末代帝王夏桀。

作为末代的亡国之君，夏桀的所作所为，固然有其必然性的一面，但有关夏桀的记载，却极为可疑。

记载中称，夏桀其人，身材魁梧，力大无穷，能够拉直弯曲的铁钩，还能够生裂虎豹。生裂虎豹这事就算了，毕竟查无实据。麻烦的是拉直弯曲的铁钩。在夏桀那个时代，中国还没有铁，而铁钩则需要很高级的合金技术，当然也不会有。夏桀虽然是帝王，本事了得，但要拉直他那个时代还不存在的铁钩，这实在是有点难为他了。

对这个问题的解释是，有关夏桀的记载，是推翻了夏王朝的商汤制定的标准文本，一份统一的宣传文稿。在这个标准文本中，商汤巧妙地保持了对君王的神化功能，夏桀既然是帝王，那就不允许百姓质疑，所以他必须力大无穷，必须要能够拉直还不存在的铁钩。至于他亡国这事嘛，这个可以归结到女人身上。

事实上，这段历史真的是这样记载的。夏桀英明神武，力大无穷，就是对漂亮妹妹缺乏必不可少的抵抗力。当夏桀继位后，就起兵征讨不听话的方国有施氏，有施氏急忙告饶，送来了美人妹喜，夏桀大喜，就带着妹喜回宫了。

此后，善良的夏桀就跟妹喜学坏了。从记载来看，这个妹喜很有点现代腐女的味道，她是个施虐狂，喜欢用酷刑折磨无辜的人。夏桀为了满足妹喜的不良嗜好，就想尽了办法折磨百姓。妹喜喜欢摆谱，夏桀就建酒池，宫里的游泳池，里边装的不是水而是美酒。酒池边上是肉林，香喷喷的烤肉悬挂在树上，夏桀和妹喜衣服也顾不上穿，天天趴在酒池边喝酒，再爬起来啃肉，忙得不亦乐乎。

妹喜最喜欢的游戏是把老虎放到集市上，看着人们惊恐逃散，看着活人被猛兽吞噬，妹喜的脸上就浮现出美丽动人的微笑。这微笑如利箭一样，穿透了夏桀的灵魂。他在心中默默承诺，为了妹喜的微笑，他愿意干任何坏事。

有妹喜这样变态的妹子在身边，想不干坏事都难。没多久，坏事送上门来了。

由于夏桀和妹喜玩得太嗨，百姓不堪其苦，指着太阳骂道：时日曷丧？吾与汝偕亡。意思是，英明伟大的夏太阳啊，你什么时候死呢？老子愿意跟你一道完蛋。因为夏桀以太阳自居，认为是他给生民百姓带来了光明和幸福，所以民众有此一骂。这些骂声被最贤明的大臣关龙逄[1]听到了，他就来劝说夏桀，不要太变态。

但问题是，干坏事的人，最恨最恨的就是别人相劝，你劝他不要干坏事，那他还算是坏人吗？坏人当然要干坏事，所以夏桀一气之下，干脆把关龙逄给杀了。

关龙逄，成为中国历史上第一个因为劝谏而被杀掉的大臣。

夏桀一心一意地爱着妹喜以及所有的美女。为了得到更多的美女，他就考虑发动战争，至于对谁发动战争，这事夏桀没有考虑太多。总之不管攻打谁，掳几个美女在所难免。基于这种想法，夏桀召集诸侯开会，商量发动战争的事儿。

参加诸侯大会的有个有缗氏。这支部落早在太康失国时期，就冒着巨大的风险，保护了少康，才有少康复国及夏室中兴的历史。所以有缗氏认为自己是有资格摆谱的，于是在诸侯大会上，对夏桀的战争提案投了反对票。

---

［1］音：páng。

夏桀大喜，他正愁找不到战争的目标，有缗氏自己就送上门来了。不要以为你对国家有功就不打你，打的就是你这个功臣。

战争机器启动，夏军杀向有缗氏，有缗氏始料未及，顿时被彻底消灭。部族中的女性，被掳走成为奴隶。

下一个目标，是一个叫岷山的部落。但这个部落非常机灵，眼看着夏军杀来，部落立即举手投降，并挑选了两个美女，一个叫琬，一个叫琰，送给了夏桀。夏桀仔细一看，嗯，这两个美女，居然都比妹喜更美貌，顿时大喜，遂取苕华之玉，苕玉上刻了琬的名字，华玉上刻了琰的名字。从此夏桀和琬、琰两个美女，仨人幸福地生活在一起。

他们仨幸福地在一起，那妹喜怎么办？

妹喜被冷落，她生气了，决定灭亡夏王朝，给负心的夏桀一个教训。

不要惹女人生气，后果很严重。

拓展阅读

夏季、夏天是什么意思

一年四个季节，春夏秋冬，夏天为什么叫夏天？与夏王朝有什么关系？

夏王朝留给后人最宝贵的文化，莫过于“夏历”。现存的《夏小正》一书，记载了全年十二个月的物候和人类活动：

正月：蛰虫出土、雁飞北方、田鼠出洞、山桃开花。

二月：农夫耕种、燕子搭巢、河鱼开捕、羊产小羔。

三月：桑树萌发、杨树抽芽、斑鸠咕咕、桐树开花。

四月：蛤蟆呱呱、杏树结果、小马长成、开始驾车。

五月：伯劳鸣叫、蚍蜉飞舞、兰草结香、开始吃瓜。

六月：山桃摘采、煮熟贮藏、鹰击长空、捕掠疾猛。

七月：芦苇开花、狐狸长大、寒蝉鸣叫、雨季来临。

八月：瓜果熟透、枣子成熟、野鹿交媾、田鼠出没。

九月：大雁南飞、野兽归穴、菊花盛开、开始种麦。

十月：游猎开始、捕捉野兽、乌鸦狂舞、黑夜漫长。

十一月：国君狩猎、良弓陈列、麋鹿换角、万物阻塞。

十二月：鸷鸟高飞、昆虫蛰伏、虞人设网、捕捞冰鱼。

我们可以看到，《夏小正》的精确计时，至今仍然在汉历中沿用。而《夏小正》这部宝贵的史料，是春秋年间孔子淘到的。当年孔子为了研究夏王朝覆亡的因由，就去了夏王朝后裔居住的杞国——成语杞人忧天，说的就是杞国的人。因为杞国的人以王族后裔自居，固执地守护已经消亡的一切，所以成为时人讥笑的对象。当人们编造蠢人的笑话时，往往就以杞人为主角——孔子就在这支沦为戏侮对象的古老族裔中，淘到了“夏时”，也就是《夏小正》这本书。

夏历规定，以冬至后的第三个月，作为一年的正月。但夏王朝被推翻后，商王朝为了“去夏化”，改冬至后的第二个月为正月，而此后商王朝又被周王朝推翻，周王朝再出新规定，以冬至后的第一个月为正月。但商王朝和周王朝这么乱改一气，越改距离人类正常的活动规律越远，越改越离谱，只有夏历是最符合人类活动规律的。

所以孔子在春秋时大声疾呼，要求恢复夏历。

孔子的要求和主张，最终受到国人的重视，我们现在采用的“阴历”，又称“农历”，正是古老的夏历。也就是说，时至文明昌盛的今日，我们依然遵循着夏王朝的纪年法，生活在古老的轨道上。

汤武革命，夏桀蹦极

被冷落的妺喜生气了，要灭亡夏王朝，那是因为取代夏王朝的新势力，已经成长起来了。

新成长起来的势力，就是古老的商部落。

商部落是个奇怪的部落，他们一不农耕，二不狩猎，而是赶着车子，载着货物，在中原大地上四处游荡，走到哪里，就把生意做到哪里。商部落是靠做买卖而生存的部落，所以时至今日，人们仍然习惯把贸易者称为商人。

但是商王朝对自己的这段光荣历史，却很恼火，不过是做个小买卖赚个差价，这好像构不成商部落必须要取代夏王朝的绝对性理由，所以还需要进一步寻找依据。

最终，商部落的宣传部门在帝喾时代找到了依据。据记载，帝喾第二个妃子叫简狄，她是有娀氏国君的女儿，嫁给了帝喾。有天简狄跟两个闺密出门去洗澡，去的时间略长了一点点，回来时是带着身孕的。帝喾当然要问清楚是怎么回事。简狄解释说，她在洗澡时，遇到只玄鸟衔来枚鸟卵给她吃，她吃了之后就怀孕了。帝喾听了这个解释，唯有抓狂而已。

如前所述，帝喾与简狄时代，是公元前 2367 年，那时代的婚姻关系与现代人是有差别的。而且初民脑壳糊涂，弄不懂两性关系与怀孕之间的直线联系，怀孕的女人总是在八竿子打不着的事儿上找原因。所以简狄把自己的怀孕归结为遇到一只鸟，丈夫爱信不信，她自己反正是信了。

商部落的宣传人员发现了这桩异事，立即欣喜若狂地大唱赞歌：天命玄鸟，降而生商。这句诗的意思是说：从上天降下大玄鸟呀，伊尔亚滋油，从而开创了商朝的伟大时代，伊尔亚滋油……

这句颂词就是说，商部落取代夏王朝的时刻，已经到来了。

夏王朝由盛转衰，而商部落的势力却在蓬勃发展。夏王朝的两名智识之辈，一个叫伊尹，一个叫终古，急忙提醒夏桀警惕。夏桀一听就乐了：你们这些臭知识分子，为了炒作无所不用其极，我还不了解你们？危言耸听是你们惯用的伎俩。再敢胡说八道，看不宰了你们才怪！

伊尹和终古出来，摇头说：夏王朝已经没救了，我们是在一条行将沉没的船上啊。我们必须要跳到一艘新船上去，才能够保命。

于是二人分头奔逃到了商部落，向酋长成汤表态效忠。

这两起叛逃事件引发了夏桀高度的警觉，他立即下令，让成汤到夏都汇报工作，打算等成汤来了之后，抓而杀之。成汤还真不能不来，来到之后，他就被抓起来囚禁在夏台。但是成汤既然敢来，那是有准备的，他带来一个完美的间谍班子，早已展开了工作。

成汤部的间谍活动，主要是给夏桀最心爱的三个女生妹喜、琬和琰拼命地送美容用品和用具，三个女生收了礼，就约齐了去找夏桀吵架，要求无条件开释成汤。如同所有的两性关系一样，夏桀是吵不过三个老婆的，只能认瘪服输。

成汤被释放了，回去后他又玩了个心跳，居然派夏王朝的叛逃者伊尹去夏都。按说夏桀应该狠狠地惩治叛逃者才对，但耐不得妹喜拼命打滚劝止。夏桀实在不想为这么点小事影响到家庭和睦，于是伊尹招摇过市，搜集足了情报就回去报告了。

公元前 1766 年，成汤出动了七十辆战车，向夏都发起进攻。夏桀始料未及，仓促应战，双方的军队战于鸣条，夏军大败，成汤部落直驱而入夏都。

夏桀就这样成了成汤的俘虏，成汤也没有难为他，而是把夏桀和妹喜等人，一道流放到了南巢。忧郁的夏桀对这种变化无法理解，他成为了中国历史的第一位祥林嫂，逢人就说：我真傻，我以为我不杀成汤，他会感激我的，没想到他这样对待我。假如上苍再给我一个机会，我会说，杀掉成汤！假如一定要给这个机会加个期限的话，杀一万次，次次不重样的……

无法接受现实，夏桀已经神经了。他每天不断地嘟嘟囔囔，一边嘟囔一边爬上了南巢之山，从山顶上扑通一声，玩了个人生大蹦极，但是他身上没有绳子，所以就摔死了。

夏王朝自大禹苦心建国，传十四代十九位君主，至夏桀而亡，历时471年。

拓展阅读

同一时段的世界史

公元前1800年，鼎盛一时的中埃及行至末路，闪族喜克索斯侵入埃及，相比于法老那原始的步兵，闪族武士乘坐马拉的战车更为可怕。同一时间，中国的商部落也在与夏王朝于鸣条展开车战。被地理隔绝的两地同时爆发同等类型的战争模式，成为人类文明史上的重要课题。

埃及战争将持续整整一百年，此后法老将臣服于入侵者，沦为走狗，为入侵者四面征战，这段历史同样也要持续一百年。

最完美的替罪羊

据战国时代的名将白起叙述，夏王朝的地盘，东到黄河下游和济水流域，也就是现在的河北东南部和山东中部；西面到华山，也就是现在的陕西东南部；南面到河南西部的伊河及附近的山脉；北面到山西南部的丘陵地带。

以当时的生产水平及文明程度，夏王朝能够据有如此辽阔的势力范围，是很难得的。但人事有代谢，往来成古今，权力的私有化及家天下的落后体制，决定了改朝换代才是常规的政治生态。无论夏桀是荒淫残暴，还是善良厚道，都无改于这一结局。

但是夏桀仍然成功地被钉在了历史的耻辱柱上。他必须要被钉上耻辱柱，因为对夏王朝覆亡的得失总结，不过是个副产品，对此解释的主战场，实则是男女两性关系的死生之搏杀。

如同我们在这里读到的那样，夏桀纵然被视为亡国之君，但他更多地被描绘成一个受害者，加害者就是三个傻兮兮的小女生：妹喜、琬和琰。

尤其是妹喜，她被视为红颜祸水的开端。从她开始，传统文化为国人的每一件糗事寻找到了最完美的替罪羊。如夏桀那样风一样的汉子，能够生裂虎豹，能够拉直尚未冶炼出来的铁钩，却因为爱上了妹喜，结果身死国灭，可见女人太坏了，警惕哟，要警惕女人……大致来说，这就是固有的传统文化对夏王朝覆亡的总结。

但实际上，把夏王朝的覆亡归因于妹喜，这暴露出了我们在历史反思时的卑劣面目。夏王朝已经是男人为主角的历史舞台，男人把戏唱砸了，不说反思自己的错误，却把责任一推六二五，全都推到连辩驳权利都没有的女人身上。这种所谓的历史总结或反思，没有也罢，有了反而降低了我们的智商。

说到底，夏王朝之覆亡，是因为当时的政治生态太原始、太野蛮，也可以说是社会规则太落后。尤以家天下、权力私有化这种强盗法则，全无丝毫公平公正可言。皇权时代的反思不敢接触到问题的本质，唯恐惹来杀身之祸，于是把问题推诿到社会最底层的女性身上，也是无奈之举。但历史发展到了今天，如果我们对于夏王朝兴衰的反思，仍然停留在委过于女性的程度，未免脑壳进水过甚，也失去了对这段历史反思的价值和意义。

拓展阅读

美女妺喜，长得是什么模样

早期的记载，没有提及妺喜的容貌，只是渲染她的爱好，放荡淫逸，迷惑国君，再就是喜欢裸奔，是裸奔发烧友。夏桀也学了她的裸奔爱好，最终裸奔到了天怒人怨。

再后来有本《列女传》中提及妺喜，称她“女子行丈夫心，佩剑带冠”，也就是说妺喜喜欢男子装扮，是个地道的假小子，女汉子。她更像是有异装癖，看不出有裸奔的爱好。这样的女性，个人意志比较强硬，迷恋家暴，如夏桀这种男人在她面前，就处于受欺侮的地位。

夏桀在处理国事政务时，方法是把妺喜抱于怀中，让妺喜坐在他的腿上，国事政务，都由妺喜说了算。这么说起来夏桀虽然是个亡国之君，但对于维持家庭的和睦，还是尽了力的。如果说夏桀这个合格的丈夫，真的有什么过错的话，那就是他不应该劈腿，抛弃妺喜而迷恋上琬和琰，说到底在权力私有的家天下时代，家事和国事是很难分开的。如果说妺喜有错，而无力解决家天下麻烦的男人们，就更显得龌龊无能。

第五章

天命玄鸟，降而生商

（商王朝）

四只肘子葫芦娃

半信史，本来是晦涩不清的历史阶段。即使是这样一个晦涩时代，也被方方正正地切割为三个部分。[1]

第一部分就是夏王朝时代，从公元前 2205 年至公元前 1766 年，总计 440 年。

第二部分是商王朝时代，从公元前 1766 年至公元前 1122 年，总计 645 年。

第三部分是周王朝的初期，从公元前 1122 年至公元前 842 年，总计 281 年。

公正地说，这三个时代的划分，毫无道理可言，毕竟都是半明半暗的初民时代，最重要的是权力结构或是政治体制并无丝毫差别。无论权力掌握于任何人手中，体现的都是权力本身固有的规律，又或者是人性在权力

[1] 参见：柏杨著，《中国历史年表》，海南出版社，2006年11月第1版。

面前的必然性规律。道理虽然如此，但对于权力者的个人特性化的关注，仍然是人性的自然表现，所以夏商周这样一个称呼，始终贯穿于我们对这个时代的了解之始终。

具体问题表现为，当商部落的成汤取夏天下而代之的时候，世人的眼光，无可避免地落在成汤本人身上。他是谁？为什么偏偏是他？他的身世来历如何？家族血统或血脉又是如何？这诸多问题，是我们需要了解的，但悲哀的是，半信史特有的晦涩，为我们的研究添加了过多的变数，总之一切都极为可疑，但只能如此开始。

天命玄鸟，降而生商。商部落的始祖，开始于帝喾的妃子简狄，她声称自己出门时吃了枚玄鸟之卵，因而怀孕，生下了儿子契。契帮助大禹治水有功，被封于商，就是现在的河南商丘一带。但是契并不姓商，而是姓子。此后商部落成为了典型的流浪部落，先东迁后北迁，绕了一个圈后，又回到了商丘。

重返商丘，商部落的酋长是相土，他是中国历史上第一位驯服马的人，这就意味着商部落中养了许多马，又隔了几代，新酋长王亥驯服牛，他是历史上第一个驯服牛的人。这样一来，商部落有马又有牛，相比于靠天吃饭的其他部落，已经是非常富裕了。

富裕了，有钱了，王亥认为自己应该享受一下人生了。他就赶着牛、马和羊，去易水流域的有易部落进行贸易，并捎带脚地调戏有易部落的女子。有易部落酋长绵臣大怒，将王亥杀死，扣留所有物品，并将商部落人统统赶走。

王亥的儿子上甲微，对于绵臣杀掉自己父亲表示了强烈不满。于是他联合方国的酋长河伯，共同去攻打绵臣。绵臣顽强抵抗，但最终失败了，有易部落男子被杀得到处乱跑，女性统统被掳走，成为奴隶。

上甲微灭有易部落，让他成了商部落中最值得炫耀的英雄。他死后子报丁继酋长位，然后是子报乙，再之后是子报丙。也有史家认为子报丁应该排在最后，不应该排在前，如此说来正确的排法是这样：上甲微—子报乙—子报丙—子报丁—子主壬—子主癸—子天乙。

最后这个子天乙，就是行将夺取夏氏天下的成汤了。

成汤是个有故事的人。他的母亲叫扶都，是老酋长主癸的妃子，怀孕时见到一股白气贯穿月亮，认为自己肯定怀上了个大人物。这个孩子出生的日子天干上排乙，所以就起了个省心的号，叫天乙。然后又起了个正式的名字，叫履，履是鞋子的意思，希望这个孩子一步一个脚印。再后来又给他起名叫汤，汤就是鼎中的热水，这个名字就耐人寻味了。

史称汤有七名，他叫成汤，叫武汤，叫商汤，叫天乙汤，叫大乙汤，又或是武王，又或是唐。总之他的名字虽然多，但他最喜欢的就是汤，而且这个名字，是他自己强调并叫响的。

此外，成汤的长相大大地不对头，让人疑窦丛生。他有个葫芦形的脑袋，而且是倒置的葫芦头，上面大，下面小，脸也长成如此模样。听起来他有点像葫芦娃，但是他的身材高大，按现在的标准，身高两米左右。还有他的手臂也不对劲，手臂极长，看上去有四个肘子，无论如何他身上的肘子也有点多。但他已经长成这个模样，你又有什么办法？

商汤不仅身上的肘子多，心眼更多。事实上他是夏桀最信任的部落首领之一，另一个大概能与成汤平分秋色、获得夏桀信任的，是葛国之君葛伯。于是成汤积极在夏桀面前表忠心，最终感动了夏桀，授予成汤“得专征伐”的权力。也就是说，成汤可以不经请求，攻打那些不忠于夏桀的部落。

成汤获得军事指挥权，就意味着葛伯要挨刀了。于是成汤以葛伯不肯祭祀为理由，进攻葛国并杀掉了葛伯。

最支持夏桀的葛伯被杀，传递给诸侯一个再也精确不过的信号：谁敢再继续支持夏桀，成汤就会打着夏桀的旗号灭了他。各部落谁也不缺心眼，坐看成汤驱动七十辆兵车，杀奔夏都，儿戏一样击败了夏军，流放夏桀并夺取了天下。

从夏桀手中骗取军事专权，打着夏桀的旗号专门消灭夏桀的支持者，最终把夏桀生生玩死，成汤很佩服自己的心智。但不幸的是，当商王朝的大幕徐徐拉开时，商汤吃惊地发现，自己和自己的子孙，同样沦为了另一个更富心智的人的玩物。

拓展阅读

网开三面

为了夺取政权，成汤做了许多舆论宣传方面的工作，其中最典型、最为后世儒家学者所津津乐道的，莫过于网开三面。

说是有一次，成汤进山打猎，遇到个狩猎者，祈祷说：天帝，我的罗网已经布好，四面合围严密结实，请让天上的飞禽、地下的走兽，全都钻进我的罗网里来吧，全都来吧！

成汤听了，就上前劝阻说：这位朋友，你怎么可以这样荒淫无道呢？做人要厚道，要有慈悲之心。你听着，慈悲的祷词，应该是这样：天帝，这里有我的罗网，只张开了一面，请飞禽往左，走兽往右，实在是不想活了，就进我的罗网里来，请允许我炖了你吃。

猎户问：这位朋友，你这么个搞法，能捕到禽兽吗？捕不到的话，我的家人岂不要饿死？

成汤笑曰：你家人死不死，关我屁事，反正我需要这个宣传材料，打响我慈悲善良的名头。

果不其然，成汤网开三面的诡异故事，成了后世儒家宣传德政的标准文本。但网开三面毕竟太缺心眼，不知何时，被人偷偷修改为网开一面，成为成语流传至今。

不想当将军的奴隶不是好厨子

早在商部落崛起之初，位于现在河南开封陈留镇的地方，有个叫有莘氏的小国家，国中有个女子，去桑林中采桑，听到婴儿的啼哭之声，左寻右看，发现有株桑树下的空穴中，有个小婴儿。女子就把婴儿送给了国君。国君认为这个婴儿很奇特，就把婴儿送到厨房，长大了之后当厨子。

这个小厨子的名字叫挚。后来又有补充性说法，说那株空桑是个叫始朵的女人，她梦到神人告诉她，天明之后往东走。于是她就按照吩咐，走啊走，所过之处的后方，全部都被水淹没了。当始朵发现这个奇怪现象时，她突然变成了一株桑树。

女人是无法变成桑树的，这个无凭无据的说法，听起来分明是这个叫始朵的女人，在桑林中生下儿子之后，放置于桑树的空穴之中。这才是挚生临于世的科学解释。

挚长大了，不知何故，他有了很大的名声。正在培植势力的成汤听说了他，就派人来高薪诚聘。但是挚断然拒绝了成汤的聘请，他说：我好端端地在厨房里炖菜蒸饭，为什么要跳槽呢，嗯？没有理由，我不接受成汤的聘请。

挚拒不接受聘请，成汤又想出个法子，他转而向有莘氏国君的女儿求婚，有莘氏大喜，总算有人娶自己的女儿了，立即答应。但是成汤有个附加条件，要求让厨子挚作为陪嫁的奴隶。对这一要求，有莘氏想也不想，就答应了下来。

就这样，挚作为陪嫁奴隶，与新娘子来到了商地。成汤得到他抵达的消息，立即冲上马车，命车夫速速赶车，要去面见挚。车夫听了后，摇头说：挚，不过是最卑贱的奴隶，却得到君主的探望，这对他来说是无上的荣誉。

成汤一听就火了，呵斥道：你晓得个铲铲！挚，是难得的贤士，得到了他，就好比良医善药。你屁也不懂乱说些什么？滚下去，以后不要再让我看到你！

车夫吓坏了，急忙伏地请罪，成汤这才允许他继续驾车。

此后，成汤把挚接到了自己的宫里，仍然让挚当厨子，每当挚端菜上来，成汤都要和挚讨论一下国事政务。而挚的回答、观点，莫不切乎时弊，令成汤耳目大开，受益匪浅。于是没过多久，成汤就正式宣布，取消挚的奴隶身份，恢复他的自由，任命他为伊。

伊，相当于国相。从此挚在历史上，就被称之为伊尹。

伊尹一飞冲天，从奴隶逆袭为相职。然后成汤跟他商量：有这么个事儿，我想弄死夏桀，夺取天下最高权力。要完成这项工作，先得派个间谍去夏都打探虚实，我看你来做这项工作蛮合适的。

伊尹说：唉，就知道相职这碗饭不好端，看看，我说得没错吧？不过我要是这样过去的话，人家夏桀也不信任我呀，要不你先打我一顿好了。

于是成汤和伊尹行苦肉计，一箭射伤伊尹。伊尹带着箭伤逃到夏都，果然受到夏桀的信任，担任了重要官职。

于是伊尹就在夏都秘密收集情报，等到收集得差不多了，就逃了回来。但成汤研究过情报后，认为时机尚不成熟，要求伊尹再返回夏都，继续潜伏。据史载，伊尹五就汤，五就桀，就是五次去夏桀那里搜集情报，五次返回来报告。由于伊尹发展了夏桀身边的美女妹喜作为自己的下线，每次回去都有妹喜掩护他，所以始终平安无事。

成汤的势力继续膨胀，夏桀感受到极大的威胁，就传成汤入夏都，囚之于夏台。伊尹立即启动他布置在后宫的间谍网，妹喜、琬、琰都开始向夏桀展开枕边攻势，强烈要求释放成汤。为了家庭和睦，夏桀被迫答应了这些女间谍的要求。

成汤返回商地之后，就开始分析敌我态势，发现夏桀此时已经是众叛亲离，其支持者只有有洛部落、温国、韦国、顾国以及火神祝融的后裔昆吾部落。于是成汤就驱动兵车，把这五个部落及诸侯国一一灭杀。而后成汤就急不可耐地，要向夏都展开进攻。

伊尹劝止说：不可以，也许夏桀还有其他支持者，不妨挑衅一下，让这些支持者暴露出来，统统干掉，那时候再进攻夏都不迟。

于是成汤故意停止向夏桀进贡，夏桀大怒，传令九夷部落进攻商地。成汤急忙承认错误，恢复进贡。夏桀就命九夷部落返回。

次年，成汤又停止了进贡，夏桀没办法，只好继续大怒，再命九夷部落讨伐成汤。可是九夷部落却火了，说：夏桀，你有毛病吧？去年你命我们讨伐成汤，我们都出发了，你又让我们回去，今年是不是还想逗我们玩呢？

九夷部落讨厌夏桀的言而无信，朝令夕改，拒绝接受他的命令。

伊尹大喜，说：时机成熟，可以进攻了。

于是成汤登上战车，发布战争命令，说：我命令你们所有的部落都随我去攻打夏桀，有不服从我的命令者，我必攻杀你们，掳走你们的妻子儿女做奴隶。

没有哪个部落敢于支持夏桀，也没有哪个部落敢于对抗成汤。于是成汤的讨伐军挺进山西运城地带，与夏军相遇，大败夏军。继而挺进安邑郊外的鸣条之野，再败夏军。

夏桀落荒而走，商军穷追不舍，越过太行山，逃过黄河，逃到三宗之地，也就是现在的山东定陶县北，这里有个国家叫三宗。三宗国君对于成汤的阴谋非常愤怒，就打开城门，迎请夏桀而入，把夏桀保护了起来。

商军强势攻城，打破三宗城池，三宗国君与夏桀一道沦为逃亡者，后被商军杀掉，俘虏了夏桀。

至此，伊尹辅佐成汤，完成了中国历史上的第一次改朝换代。庆功会上，伊尹又露了一手，创作了名为《大护》的音乐，以及名为《晨露》的歌曲。就在这歌舞升平之中，一个大力开动宣传机器，把诡诈的成汤涂抹为神的时代，到来了。

拓展阅读

“臣”是什么意思

目前的甲骨文研究表明，商朝的官吏大致可以分为三大类：

文职官员：有尹、多尹、臣、小臣、多臣等。其中，尹是管理国家政务的，臣是参与国家机要的，同时也负责管理地方事务。而臣是社会地位最卑下的，是负责劳役的奴隶。如伊尹作为陪嫁来到商地，古书上称其为有莘氏媵臣，又或是伊小臣，就是陪嫁奴隶的意思。也正因为臣的本义是奴隶，所以后世的官员在皇帝面前，都自称臣。

武职官员：马、多马、亚、多亚、射、卫等。马受令征伐，亚是保护君主的卫士，射负责管理弓箭手，卫负责守卫。

史官：有卜、多卜、作册、史等。这些官员负责占卜、记录史事和管理祭祀。

首轮智力大比拼

成汤与夏桀的权力之战，是一场智力严重不对等的戏侮之战。简单说来就是，成汤的智商比夏桀高出几个级别，双方智力严重不对等。所以夏桀才会被成汤玩弄于股掌之上，活活玩死。

成汤最阴狠的，莫过于迷惑夏桀，从夏桀那里获得了军事专权，而后逐一灭杀夏桀的支持者。在鸣条大战爆发之前，谁若是敢公开支持夏桀，谁就会死得很惨很惨。居于权力顶端的夏桀，被成汤玩到这份上，只能怪他智力太低。

还有，成汤的间谍网直铺到了夏桀的被窝，他身边的三个女人，妺喜、琬和琰全都被伊尹策反为女特工，连夏桀晚上睡觉打几声呼噜，成汤这边都会收到报告。在成汤面前，夏桀就宛如一个透明人，一举一动尽收眼底，这是一个多么悲哀的男人啊。

被一个女人背叛，或许是女人的问题，同时被三个女人背叛，责任就不好再往女人身上推了。夏桀这个人，人格或智商，必然存在着致命的缺陷。

那么，存在着什么样的缺陷呢？

看看他的举止行为。成汤停止进贡，他盛怒之下，命令九夷部落讨伐，可当成汤见风使舵，恢复进贡时，他居然命令讨伐大军停下来，掉头回去。拜托，开弓没有回头箭，战争这种事，是小孩子过家家吗？说打就打，说不打就掉头往回走，全无半点理性逻辑可循，完全是情绪化的直线反应。

我们终于明白了，夏桀这个人，不是智力高低的问题，而是有无的问题。确切地说，他没有任何的思考能力，也没有丝毫的行为能力，只有最原始的生物本能。他之所以对诸侯用兵，掳夺美女，不是什么荒淫残酷，而是他的智商就这么个水平，他就知道这点事，再多一点就超过了他的理解能力。古书上说他能生裂虎豹，这事还真有可能，他不是能生裂虎豹，而是根本不知道虎豹是吃人的凶兽，这是个完全没有生活自理能力的弱智儿，需要的是送进残疾人保护院精心护理，而不是把他放在权力的高位，引发正常人对权力的觊觎。

这样我们能够理解妹喜、琬及琰三个女人统统被成汤统战的原因，虽然夏桀居于权力的顶峰，但没有哪个女人愿意与低智商男人同床共枕，太累，而且不好玩。

对于成汤来说，直言夏桀智商不够，这未免太过于直接，给人的印象也不好。如果让后人知道，他是从一个弱智儿手中夺得的权力，这肯定不是件光彩的事儿。但如果把夏桀打扮成一个荒淫残酷的君主，则自己的行为，就有了正义性及合法性。

拓展阅读

什么叫殷商

殷商，是我们读书时经常读到的一个固有名词。但什么叫殷商呢？

殷商，指的就是由商部落建立起的商王朝。此前，有种说法叫盘庚迁殷，因此得名殷商。但这种说法被考古研究否定。

殷，是指殷水，这条河在陕西洛南商地，这是商部落发家的基地。但商部落形成庞大的势力，却是在现今的河北省中南部的漳河流域，漳水就是商水，所以后人以殷商称商王朝，又或者称为殷、商，其来由就是殷水和商水。

扬灰剁手，活烧奴隶

成汤是个制造舆论的高手，他先是宣称，有个神仙牵着只白狼，白狼的嘴里衔着钩，来到了商都。成汤在暗示大家，这是上天要他做天下共主，商王朝的时代,已经来临。可是这个谜语太深奥了,没人听得懂成汤瞎掰些什么。

没办法，成汤只好降低谜语难度，另行提供了一个新式的文本。

成汤说：诸位，有件事情要跟大家说一下，最近我抵临洛水，观帝尧之坛，看见两条黄色的鱼飞出了水面。紧接着，天空上有只黑色的鸟儿，扑棱棱落在我身边，变成了一块黑玉。然后又有只黑色的大乌龟，从水中爬出，到了我面前，乌龟写下了八个大字，“夏桀无道，商汤代之”。诸位，你们看，这就是乌龟写的字，你们认为这只乌龟的书法怎么样啊?

话说到这份上，诸侯们的心眼再不够用，也听明白了。于是成汤召开诸侯大会，到场的各路诸侯有三千之多，强烈要求商汤出任天下共主，成汤坚决不肯，再三推辞：诸位，咱们不能这么干，这像什么话嘛，咱们怎么能听一只乌龟的话呢？真的不能……就这样一面推辞，一面快步登上天下共主之位。

商汤登位，迎来了一场天灾，整整七年，一滴雨也没下，可想而知当时的民生状况是多么凄惨。绝望之际，商汤叫来卜官，把乌龟壳放在火中烧，并在龟壳上刻下商汤想要问的问题：帝其降我旱？不雨，帝唯旱我？意思是说：天帝会降旱灾给我们吗？不下雨，是不是天帝要让我们干旱?

连续七年干旱，商汤无数次占卜发问，这些问题留在了甲骨之上，至今尚存于世。但天不下雨，占卜也解决不了问题，情急之下，成汤使出了狠招。

商汤来到了桑林之地，脱了衣服，洗了澡，剪了手指甲脚指甲，把自己当牺牲献给天帝，并声称：小子履，敢用玄牡，告于天地神祇。意思是说，天帝啊，你那没出息的儿子成汤，拿自己当黑色的雄性动物，恭恭敬敬地奉献给你，请你尝尝，味道是否可口？

古书上记载称，成汤拿自己当黑色的雄性动物，奉献给天帝，终于感动了天地，于是大雨倾盆。但这个解释，只是成汤时代所发布的官方文本，从其后人所沿用的祭祀模式上来看，成汤还有些事儿未告诉大家。

在商代，有一个词叫“烄”，烄是指焚烧奴隶，特别是焚烧年轻貌美的女奴隶，用来求雨的意思。商代的甲骨文卜辞中，有着“其烄，大有雨”的记载，意思是说：今天烧掉了一个美貌的女奴隶，于是天降大雨。

古书记载中，丝毫也未提及成汤是否采用了焚烧活人的祭祀方法，但有一点是显而易见的。商代的统治者——成汤的子孙们，焚烧女奴隶祭祀，并非是他们的创意，而是沿袭，学着成汤时代的统治者的做法而为之。

成汤到底是采用的何种方法祭祀，我们已经无从得知，但有一点确信无疑，他显然无意阻止后人采用焚烧奴隶的祭祀方法。这给我们了解这个时代，蒙上了一层阴影。

接下来，成汤在夏王朝的禹刑基础之上，制定了商刑。但是很遗憾，无论是禹刑还是商刑，都已经失传了。但据学术界研究，成汤发扬光大了大禹的酷刑，增加了更多的刑罚种类，比如斩杀的诛刑、将人肢解的对剖、把人剁成肉酱煮熟的脯醢、挖去膝盖骨的刖刑、割掉生殖器的宫刑、割掉鼻子的劓刑，以及苦役、囚禁等。

汤刑中有一条，如果宫廷长期以歌舞作乐，就要狠狠地惩罚官员们。这意思就是说，日后商王朝的统治者，有沉溺于歌舞娱乐者，就要狠狠地惩罚当时的官员。这条刑法极为诡异，成汤开创的仍然是家天下，权力归属于他的子孙私有，倘他的子孙沉溺娱乐，官员们又有什么能力制止？制止恐怕会掉脑壳，不制止又会被严惩。这条法律摆明了是难为官员，但这大概才是成汤真正的执政风格。

汤刑还有一条律令：弃灰于公道者，断其手。

后世的史学家们，先将成汤设定为一个温柔善良的统治者，然后大力渲染弃灰于公道的不道德，你乱扔垃圾，不能怪人家剁你的手——但无论学者们怎么忽悠，都无法回避这样一个事实：成汤，是个比大禹更为残暴的杀戮者。

先说什么叫“弃灰于公道”，后世史学家，单纯地把这个词理解为乱抛垃圾。实际上不是这么简单，弃灰于公道，是奴隶及底层的平民，对统治者进行的隐秘攻击。商王朝时代，城市并不大，基本上是以王宫为中心，四周环以手工业者的群居格局。而所谓的公道，是贵族们用来跑马车的。当时的马车数量极少，成汤能以七十辆战车夺得天下，就是个典型的例证。

夏商时代的马车，栏杆非常低，乘坐者只能跽坐于其上，大致就是跪在上面。这种马车又是木制轮子，更接近于马爬犁。再加上当时的道路修理技术又比较落后，都是黄土路，当成汤威风凛凛、乘坐马车出行的时候，弄个灰头土脸，吃一嘴巴的黄灰，是难免的事儿。

兼以当时社会两极分化严重，统治者高高在上，为所欲为，而平民只能被迫服苦役，奴隶更为悲惨，动不动就要被活活烧掉用来祭祀。可想而知，奴隶阶层对于成汤是恨之入骨。只要有机会，就把尘灰堆在公道上，等成汤的马车驶过之时，弄个满脸灰，这对奴隶来说是很有快感的。而成汤对奴隶的这种小儿科式反抗，极为憎恨，所以以酷刑应对。

殷商时代，城市居民居住密度极低，倒灰土的地方不难找，未必一定要弃于公道。之所以发生这样的事儿，只是底层民众隐秘性的情绪发泄罢了。远不是后世人所想象的乱扔垃圾那么简单。

总之，甭管成汤是怎样刻意地把自己修饰成明君圣主，当时的底层百姓是不买账的。

这种隐秘的斗争，不唯发生在公道上，在宫廷上表现得更为激烈。

拓展阅读

成汤时代的神秘死亡事件

在成汤夺取夏家天下过程中，有两起神秘死亡事件耐人寻味。

一起是贤人卞随之死，另一起是贤人务光之死。

卞随和务光，都是当时名气极大的贤士，成汤在起兵灭夏之前，有意邀请二人加盟，为此他来找二人，两人都冷冰冰地回复：抱歉，你问的问题，我们听不懂。成汤悻悻而退去找伊尹帮忙。

推翻夏王朝之后，成汤又来找卞随，说：先生，现在天下无主，先生的贤名在外，就请先生来出任天下共主吧。

卞随回答道：你先是来找我商量杀人，难道我是喜欢杀戮的贼吗？现在你又跟我扯天下共主，难道我是贪心的人吗？成汤叹息而退，宣布道：我怀着悲痛的心情，告诉大家一个坏消息，贤士卞随，洁身自好，他听到我要求他做天下共主的要求，就在刚才投水自尽了。我表示真的很悲伤，很悲伤。

成汤再找到务光，说：先生贤名在外，就请先生出任天下共主吧。务光回答：抱歉，我不会做这种不仁不义不道德的事情的。成汤出来，沉痛地宣布道：各位，刚才又发生了件不幸的事儿，贤士务光，听到我推荐他做天下共主的要求，为了表示清白，他怀抱一块石头，投水自杀了耶……

成汤时代两名贤士之死，早期被儒家学者奉为清白的经典，后世人则讥笑这两人脑壳僵化，不懂变通。但很少有人注意到，卞随与务光的自杀，都是成汤自行对外宣称的，他杀的可能性并没有被排除。

太甲与伊尹的架空执政

商王朝第一任帝王成汤，在位 12 年后，卒。

成汤死后，权力就落入了陪嫁奴隶出身的伊尹手中。

按世袭制的规则，成汤死，应该由长子太丁接位，但太丁神秘地死去了。所以国事由伊尹裁决。伊尹扶立了太丁的弟弟外丙。于是外丙就成为商王朝的第二任帝王。但是两年之后，第二任帝王外丙也莫名其妙地死了。

于是伊尹再扶外丙的弟弟仲壬，但是四年后，仲壬也不明所以地死了。

成汤的儿子们，似乎在比拼死亡大赛，看谁死得最快。到了仲壬死时，成汤的儿子们已经死绝了。幸好最早死的大儿子太丁他的儿子太甲，已经长大了。

大家都认为，权位应该由太甲来继承，毕竟他是成汤的正牌孙子，根正苗红，由他继位，符合家天下世袭制的法则。

于是伊尹召集群官，宣布由太甲继位。不长时间，伊尹再次召集群臣，语气沉痛地说：诸位，咱们的新君太甲也太不给力了，他德政不修呀，他暴虐无道呀，他不守祖宗之法，滥杀无辜。所以我考虑，就让太甲下课吧，让他去桐宫，嗯，认真地反省反省。

此后的历史，突然变成了穿越兼架空的小说式，呈现出两个截然不同的走向。又或者，此后一段时间的历史，有两个相反的版本，供大家研究。

一个版本声称，伊尹流放太甲，夺其位，成为了商王朝的第四任帝王。三年后，太甲卷土重来，起兵桐邑，袭杀伊尹，夺回了权力，成为商王朝第五任帝王。目前对上古史的权力格局持悲观看法，认为人性是无法抵御权力之诱惑的史学流派，普遍认同这个版本。

此外还有一个版本，认同此版本者坚信统治者都是善良厚道的仁人君子，权力不会腐蚀人，至少不会腐蚀古人，中国的古人在权力面前表现出了高风亮节。按此版本叙述，太甲被流放后，认真学习，深刻反省，认识到了自己的错误，从此痛改前非。三年后，伊尹将太甲迎请回商都，重新登位。

由于商代的甲骨文中，留下了后世商王隆重祭祀伊尹的文字记载，所以权力腐化派被斥为虚妄的胡言乱语。伊尹拒腐蚀永不沾的光辉形象，成为目前史书中的主流。此外，另有资料表示，伊尹逝世的时间，在太甲死后儿子沃丁继位的第八年，他活了一百多岁，根本没有让太甲袭杀。

一百多岁的伊尹，不算是寿命长的，商时代的彭祖，是中国历史上寿命最长的异类，此人活了八百岁。理论上来说人活不了这么长，这不科学，但史家喜欢拿这个传说来和伊尹比较，表示伊尹活个一百来岁，不是不可能的。

不管伊尹到底是真的活了一百多岁，还是后来的伊尹与前者并非同一个，只是另一个人沿袭同一个官职，总之这段历史过去了。

公元前1721年，迷雾重重的太甲死，儿子沃丁继位。沃丁在位29年，死后由弟弟太庚继位，成为商王朝第七任帝王。[1] 五年后太庚死，儿子小甲成为第八任帝王。小甲在位17年，由弟弟雍己继位。

第九任帝王雍己，是个败家子，荒淫无道，专制暴虐，滥用民力，寻欢无度。他在位12年，成功地把商王朝弄到了灭亡的边缘，然后就死掉了。

雍己死后，第十任帝王太戊出场，他本来打算继承哥哥的遗志，再接再厉，直到把商王朝彻底弄死，才算完事。却不承想，这时候宫里突然出了桩异事，导致太戊莫名其妙地成为了中兴君主。

---

[1] 参见：柏杨著，《中国历史年表》，海南出版社，2006年11月第1版第11页。

拓展阅读

同一时间的世界史

公元前 1748 年，就在商汤的孙子太甲被流放桐宫，商朝权力为陪嫁奴隶伊尹所掌握之时，古巴比伦帝国灭亡了，卡赛人武装攻入，灭亡古巴比伦并建立起卡赛王朝。

公元前 1650 年，商王朝第九任帝王雍己在位时，希伯来部落酋长亚伯拉罕，率部落离开迦南（巴勒斯坦），进入埃及居住。430 年后，这支饱受法老欺压奴役的部落，还将费尽周折，穿越红海逃回。这支部落逃亡的命运及经历，则构成目前《圣经》旧约的主要题材。

打不起但躲得起的盘庚

公元前1638年，商王朝第十任帝王太戊，接了哥哥雍己的班，[1]他正想像哥哥那样，狠狠地荒淫一把，不承想这时候大臣跑来告诉他：不得了，不得了，宫里有棵桑树和一棵榖树长在了一起。

太戊说：长一块儿就长一块儿吧，关我屁事，别耽误老子淫乐。

大臣说：两树相并，那是妖怪呀，这表明老天生气了，老天生气可不是小事啊。

老天生气……太戊说：老天生气，我又有什么办法？

大臣说：你得去祭祀呀，祭祀了，老天就不再生气了。

真麻烦，太戊硬着头皮出来祭祀，大臣们赶紧记下来，太戊祭祀，诸侯来朝，明君时代到来啦。

就这样，太戊被稀里糊涂地以明君之名，记入了历史。

太戊死后，他的儿子仲丁继位，是为商王朝第十一任帝王。但是仲丁的叔叔们与他争位，于是仲丁迁都以避之。

此后，叔侄斗与迁都构成了商王朝的主旋律，第十一任帝王仲丁迁都，是自成汤立国初迁都之后的第二次迁都。第十三任帝王河亶甲第三次迁都。第十四任帝王祖乙嫌一次迁都不过瘾，干脆连迁了两次。第二十任帝王盘庚再迁都，再后还有第二十八任帝王武乙，还要迁都。如此说来，殷商的历史，就是着急忙慌马不停蹄的迁都史，这样我们就需要一个简单的表格，把殷商的历次迁都一次性地排列出来：

[1] 参见：柏杨著，《中国历史年表》，海南出版社，2006年11月第1版第12页。

殷商迁都表

都城纪年	帝王	迁都次数	当时都城	现在地点	都城年数
公元前 1783 年至前 1557 年	一任帝成汤	一迁	亳邑	山东曹县	227 年
公元前 1557 年至前 1534 年	十一任帝仲丁	二迁	隞邑	河南荥阳	24 年
公元前 1534 年至前 1525 年	十三任帝河亶甲	三迁	相邑	河南内黄	10 年
公元前 1525 年至前 1517 年	十四任帝祖乙	四迁	耿邑	河南温县东	9 年
公元前 1517 年至前 1401 年	十四任帝祖乙	五迁	邢邑	河北邢台	117 年
公元前 1401 年至前 1198 年	二十任帝盘庚	六迁	殷邑	河南安阳	204 年
公元前 1198 年至前 1122 年	二十八任帝武乙	七迁	朝歌	河南淇县	77 年

可以发现，虽然殷商都城不停地搬迁，但主要发生在第十一任帝王仲丁至第二十任帝王盘庚之前，这中间有九任帝王，史称九世乱。但究竟乱到什么情形，也没太详细的资料，主要就是叔叔和侄子争夺权位，无论是谁抢到了权位，另一家都不买账，最省心的法子莫过于匆忙搬家，躲起来关上门过帝王瘾。所以这个九世乱，听起来热闹，其实也没什么有趣的事儿。

但是到了第二十任帝王盘庚时代，由于有过一段时期的和平生活，都城已经积累了相当多的社会财富，只是面临黄河水灾的威胁，所以盘庚考虑迁到一个更安全的地方。这个想法遭到了贵族们的集体抗议，于是盘庚发表了严肃讲话，他在讲话中温和地说道：如果你们敢不听老子的话，我就把你们统统杀光，灭绝你们的后代，不让他们在新邑里繁衍生息，你们自己掂量着办吧。

官员认为盘庚的讲话很给力，全部记述了下来，文章的名字就叫《盘庚》，留传至今。原文中的讲话——“呜呼！今予告汝：不易！永敬大恤，无胥绝远！汝分猷念以相从，各设中于乃心。乃有不吉不迪，颠越不恭，暂遇奸宄，我乃劓殄灭之，无遗育，无俾易种于兹新邑。”——至今读来仍感受到阴森森的杀意，这让我们得以了解盘庚那狠辣的执政风格。

此后史料渐渐增多，开始出现几个行为相当不正常的帝王。

拓展阅读

克里特岛的牛头人身怪

公元前1580年，商王朝第十任帝王太戊在位，埃及古老的帝国再次焕发青春，底格比斯王崛起，攻击喜克索斯人，灭亡喜克索斯帝国，以底格比斯为国都，建立埃及帝国。

公元前1500年，商王朝第十五任帝王祖辛在位，此人在位14年，没留下任何事迹就死去了。就在这段时间里，人类历史上的第一部书出现，这本书的名字叫《死灵之书》，内容是教导死人欺骗神灵，即用符咒写在草纸上，放置于死者的棺中，等到神灵出现时，死者就可以拿起这本书，对着神灵念。这本书是否管用不得而知，但当时埃及帝国的法老们，对此却是深信不疑。

公元前1400年，商王朝第二十任帝王盘庚在位，这段时间里希腊人侵入克里特岛，迈诺斯王国灭亡。迈诺斯王国建于公元前3400年，存活了2000年才灭亡，这让人非常惊讶。在后来的希腊神话中，克里特岛被渲染成有一只恐怖的牛头人身怪物弥诺陶洛斯，居于迷宫之中，会吃掉所有被送入迷宫的人。英雄忒修斯在一位爱着他的公主阿里阿德涅帮助之下，手持利剑和线团，进入迷宫杀掉了牛头人身妖。

公元前1375年，还是商王朝第二十任帝王盘庚在位，这段时间里埃及国王伊克那顿即位，这是位极具前瞻眼光的国王，他改革了宗教，拜太阳神为唯一神祇，从此太阳神教成为了人类历史上最初的一神教。一神教与多神教的区别，就是原始崇拜与宗教的分野，其本质是人类对客观世界的认知。

武丁三年不鸣，一鸣说梦

盘庚而后，商王朝第二十一任帝王小辛在位，他是个稀里糊涂的帝王，没什么像样的成就，幸好他只做了三年帝王就与世长辞了。他的弟弟小乙，成为第二十二任帝王，但小乙同样也没什么本事。不过让人惊讶的是，小乙知道自己没本事，所谓人有自知之明，这就是极大的智慧了。于是，在没本事却有自知之明的小乙秘密导演之下，一段神奇的故事出现了。

小乙帝王时代，有个极有智慧的学者，叫甘蓝。忽然有一天，一个年轻人来拜访，并虚心向甘蓝请教治国方略。甘蓝很是奇怪，说：你一个小小的平民，居然关心治国方略，能说说理由吗？

年轻人支吾道：没什么，我就是对这些事感兴趣。

甘蓝摇头：不对，我已经听说了，现在的帝王小乙，有个儿子叫武丁，传说这个武丁隐居于民间，苦心修习治国之术，如果我的判断没有失误，你就是隐居的太子吧？

年轻人这才承认：没错，我就是太子武丁，奉了父王之命，在民间闯荡游历。你既然能够认出我来，一定有更多的东西教导我。

于是甘蓝和私访的太子一拍即合，两人商量玩个大的。可是商王朝一没什么深刻的社会危机，二没有强大的敌手，民间教育又是一片空白，百姓无知无识，权力高枕无忧，这个大的怎么玩呢？

没得玩也要玩，于是当帝王小乙死后，武丁成为商王朝第二十三任帝王时，他登位的第一件事，就是闭上嘴巴不说话，第二天还是不说，第三天仍然不说，如此沉默，整整三年。他一语不发。

虽然武丁不说话，但他以智者甘蓝为相，堪称国泰民安。只不过，君王三年不说话，带给官民无穷的悬念，我们的新君是个哑巴吗？还是他故意不开口？如果他开口的话，会说什么话呢？

所有人都很好奇，耐心地等待着。

三年之后，武丁终于开口了，他第一句就是：诸位，我夜里做了个梦，梦见有个奴隶向我走来，他对我说，嗨，请允许自我介绍一下，我的名字叫傅说，得到我的人，就会国家兴旺。你们马上替我把这个傅说找到。

这事……官吏们说不出地诧异，就四处去寻找，不久，在虞山下的岩山间，一个奴隶劳作的采石场上，真的找到个叫傅说的奴隶。当时傅说穿着囚服，脖子上套着绳子，正在吭哧吭哧砸石头。官吏们把这个奴隶带来，武丁一见大喜，说：没错，你就是出现在我梦中的人，现在我按照天神的吩咐，让你出任国相。

于是傅说摇身一变，从奴隶成为了国相。等到他开始治国，官吏们顿时大吃一惊，这个傅说果然有能力，有才干，把国事政务处理得井井有条。于是武丁在官吏眼中，就更加神奇了。

实际上，这个奴隶傅说，是武丁做太子隐居民间时，无意中发现的人才。他和甘蓝、傅说早就商量好了的，等他登位，三年不语，制造悬念，再推出傅说，让官吏百姓大大吃惊。

得到甘蓝、傅说这些人才的协助，商王朝在武丁时代风生水起，到了公元前 1291 年，武丁更是不甘寂寞，亲自率军征伐鬼方。也就是对西北和东北不甘臣服的部族进行征讨，其势不可挡，南至江淮，北至河套，西达渭汭，开疆破土，威震四方。

武丁在位 59 年，三年不语，任用贤人，东征西讨，威名赫赫，但由于他在位时间太久，儿子们已经长大，导致了一系列的人伦惨剧。

莫调皮，调皮被雷劈

武丁中兴，使他成为商王朝时代最有名的帝王，但是他的家庭生活并不幸福，充满了悲剧的因子。

有记载表明，武丁先后有三个正妻立为后，第一个正妻生子祖己，第二个正妻生子祖庚，第三个正妻生子祖甲。

先是长子祖己立为太子，但第二个正妻得宠后，希望自己的儿子登位，就要求把祖己流放。武丁为了讨女人欢心，就把祖己流放到苦寒之地，可怜的祖己贫困交加，因忧愤过度而猝死于荒野。

接下来第三个正妻，又要求把第二个正妻的儿子祖庚流放，让自己生的祖甲登位。但是祖甲对母亲的做法很不满，他不想承担不义的罪责，就逃到民间，躲藏了起来。于是在武丁死后，二儿子祖庚继位，是为商王朝的第二十四任帝王。

祖庚在位，除了写了一篇歌颂父亲的文章之外，什么也没留下就死掉了。王位最终由他的弟弟祖甲继任。

第二十五任帝王祖甲来自民间，深知民间疾苦，所以他登位之后，就打击贵族对百姓的掠夺，这导致了贵族阶层对他极为不满，商王朝出现了衰败的迹象。为百姓着想，国家反而走向衰败，这始料未及的事儿让祖甲无法理解，于是他郁闷地死掉了。

祖甲死后，接任的是儿子廪辛，廪辛看到父亲的遭遇，故意反其道而行之，田猎无度，荒淫无道，也没见国家出现什么麻烦。廪辛在位四年死，他的弟弟庚丁出任王朝第二十七任帝王。庚丁同样是游猎荒淫，折腾八年而卒，商王朝稳固如旧。

庚丁之后，他的儿子狂人武乙出任王朝第二十八任帝。

武乙不仅是个狂人，更像一个疯子，起初他先是四方用兵，八方征讨，发现天下之大，找不到个对手。他很郁闷，于是决定向天神挑战。

武乙制作了个木人，称之为天神，每天和天神比武较量，当然总是他赢。然后他又命人找来只皮囊，里边装上牛、羊血，挂在旗杆上，他自己张弓拉箭，一箭射穿皮囊，鲜血涌下，武乙大声欢呼：哇，天神失败了，天神被我射得鲜血狂喷，可见天神也不是我的对手。

公元前 1195 年，周部落酋长季历，击败西边的部落鬼戎，抓到一批俘虏。武乙得报，非常开心，就率众出外游猎，以示祝贺。行于荒野，突遇暴雨，武乙正要找个地方避雨，这时候就听天雷滚滚，一团电火球直奔武乙而去，噼啪一声，把个武乙打得焦烂。

武乙向天神挑战，最终被雷劈死，古书称之为报应。但近代的科学家坚持认为是巧合，到底是巧合还是报应，结果都是一样的。

这个结果就是，一如商部落在夏桀时代崛起，到了武乙时代，周部落也已经崛起。而且，周部落走的仍然是当年商部落的路线，就像当年商部落崛起，是靠了东征西讨，势力才逐渐强大。而现在周部落，他选择了对边远的部落用兵，重现了夏桀时代的权力格局。这不能不引起新任商王朝君主的警惕。

拓展阅读

出埃及记

公元前1220年，商王朝第二十七任帝王庚丁在位。

这段时间里，埃及发生了极为恐怖的屠杀婴儿事件。早在公元前1650年，由迦南之地迁往埃及的希伯来人，勤奋努力，擅长贸易，积累了很多财富。再加上人口的迅速繁衍，引发了埃及法老的惊恐。于是法老下令屠杀刚刚出生的希伯来婴儿，以此血腥手段来减少希伯来人的数量。在这种背景下，一个希伯来婴儿诞生了，母亲舍不得孩子被人杀掉，就把婴儿放在箱子里，顺河水漂走。河水流经王宫，这只箱子被公主看到了，听到箱子里的哭声，公主很奇怪，就把婴儿打捞上来，把孩子抚养大。

这个孩子，就是摩西。

摩西暴脾气，他和一个士兵吵架，一拳把士兵打死了，被迫沦为逃犯。逃亡途中，他听到了上帝的声音，从此成为先知，并率领希伯来人离开埃及。这就是《圣经》中有名的《出埃及记》。

法老派兵追杀，但在摩西的率领下，一路上神迹不断。先是摩西分开红海，希伯来人渡海而走，等到埃及士兵追上来，海水合拢，埃及士兵统统被淹死。

经过四十多年的艰苦跋涉，在摩西的带领下，希伯来人摆脱了被奴役的悲惨生活。公元前1220年,摩西登上西奈山,宣布“十诫”。

“十诫”中的第一条，就以上帝的语气警示：除了我，你不可以有别的神。从此，希伯来人成为历史上首个尊奉单一神宗教的民族。

西伯季历我看好你

向天神挑战的武乙被雷劈死后，他的儿子太丁登位，是为商王朝第二十九任帝王。但史家坚信，新继位的帝王其实不叫太丁，叫文丁，因为文与太字样子接近，古人就把这个帝王名字弄错了。

弄错了也没关系，反正是在这个时代，周部落继续兴致勃勃地东征西讨，强大自己。因为这个部落太能出风头，新帝王在登位的第四年，封周部落的酋长季历为西伯，并任命季历为牧师。

季历这个牧师，不是后世接受忏悔祷告的牧师，而是负责征剿西部地区军事的最高军事长官。季历获得了兵权，表现得非常亢奋，就开始策划征讨翳徒之戎，一个不起眼的小游牧部落。

三年后，也就是公元前1184年，西伯季历击败翳徒之戎，俘获了三个首领。他押着俘虏和财物，兴高采烈地来到商都朝歌，向帝王报功。

商帝文丁也很兴奋，摆下盛大的酒宴为西伯季历庆功。宴会上，文丁还赐给季历美玉雕制的酒具和最好的美酒。季历感激涕零，不停地说：君王啊，你赏罚分明，真是我们的好君主，我一定好好干，首战用我，用我必胜，请君王看我的表现吧。

商帝文丁连连点头：行，我看好你，来人呀，扶西伯大人下去，让西伯好好休息……

旁边早有卫士上来，上前揪住西伯季历，绑了起来。当时季历就惊呆了：大王，这是干什么？这是怎么回事呀？

怎么回事？你还来问我？商君文丁冷笑道：季历，咱们明白人不说糊涂话。你和我一样清楚，我们商王朝的天下是怎么来的？那是夏桀时代，夏桀缺心眼把军事专权授予我的祖先成汤，所以我们商部落的势力迅速膨胀，并最终吞并了夏王朝，取而代之。你现在学了我祖宗那一套，也想这么来玩老子吗？

西伯季历仰天大叫：君王，我向天发誓，我西伯绝对不会像你祖宗那样缺德，绝对不会吞并商王朝，说谎不是人。

文丁摇头：抱歉，你这种哄孩子的话，还是去牢房里对墙说去吧。

于是文丁下令，把西伯季历关进被称为塞库的牢房里。季历感觉自己受到了天大的委屈，大哭大叫，大吵大闹，坚决不肯接受现实，没多久就活活气死了。

这段故事，史称文丁杀季历。

季历被囚，活活气死。消息传回周部落，季历的儿子姬昌闻之大怒：文丁，你敢杀我父亲！我与你誓不两立，若不灭了你商王朝，为我父亲报仇，我姬昌管你叫爹！

姬昌，就是历史上的周文王。当他出场并发誓灭商的时候，我们知道有个叫武纣王的倒霉蛋，注定了要成为背黑锅的荒淫之君。

拓展阅读

美女海伦与特洛伊木马

公元前1184年，商帝文丁杀周文王的父亲季历，周文王发誓灭商。就在这一年，特洛伊木马被载入历史。

十年前，也就是公元前1194年，希腊诸城邦联军攻打特洛伊，战争的起因，是一个美绝人寰的女子海伦。

有关这场战事的前因后果，据荷马史诗记述，从前有个希腊国王珀琉斯，他娶了海神波塞冬的女儿为妻。新婚之日，邀请奥林匹斯山上的诸神来欢宴，但是客人名单上没有女神厄里斯的名字，因为她是嫉妒女神，她的气质与婚礼的欢乐气氛不符。

但是嫉妒女神很生气，她坐在一边，趁人不注意丢了个超级漂亮的金苹果。苹果上刻着“献给最美丽的女神”的字眼。看到这个苹果，天后赫拉、智慧女神雅典娜以及爱神维纳斯，三个女神顿时争抢起来，都说自己才是最美丽的女神，这个苹果该归自己。

三女神争执不下，就让主人珀琉斯裁决，可是珀琉斯不傻，不管把苹果给哪个女神，都得罪了另两个。他一个女神也惹不起，就把麻烦推给众神之王宙斯。可是宙斯虽然是众神之王，在女神面前也不敢惹事，他也不敢乱讲，于是大家就决定找个凡人来裁决。

他们找到了特洛伊的王子帕里斯。为争夺金苹果，天后赫拉承诺，如果帕里斯把金苹果判给她，她就给帕里斯无上的权威。智慧女神雅典娜则称，如果把金苹果给她，她就赋予帕里斯过人的智慧。但帕里斯对权力和智慧都不感兴趣。让他感兴趣的，是爱神维纳斯的承诺。

爱神说：如果把金苹果给我，我让你得到绝世美女海伦的爱情。

帕里斯把金苹果判给了爱神。此后他等待着爱神履行诺言，等了好多年也没动静。到了公元前1194年，帕里斯出使希腊，无意中与绝世美女海伦相遇，才知道海伦嫁给了掌握斯巴达王权的希腊国王墨涅拉俄斯，还为丈夫生下了个女儿。

但爱情这东西，不理会你是否结婚是否生女儿，因为爱神影响了海伦的心，她一见到特洛伊王子帕里斯，就立即爱上了他。于是帕里斯从希腊王宫抢走她，逃回了特洛伊。

这下子希腊城邦炸锅了，最美丽的王后被抢走，奇耻大辱，不能容忍。于是希腊城邦组成联军，开始征讨特洛伊。却不料特洛伊异常顽强，战争打了十年，打到了公元前1184年，中国这边周文王姬昌的老爸都让商帝给弄死了，特洛伊的战事还没个结果。

但是十年的围困与战争，特洛伊人也撑不住了，于是人们抱怨冲天，不想再打下去了。面临这种情形，帕里斯想出个办法，让绝世美女海伦出场慰劳军队。据记载，当海伦出场时，她那超越了人间想象的美丽，把特洛伊人全都惊呆了，人们大喊一声：为了她，哪怕再打十年也值得！

于是特洛伊人振奋精神，继续作战。但是城外的希腊联军撑不下去了，他们最后使出了有名的特洛伊木马，制作了一只巨大的木头马，马腹中是空的，十几名最英勇的武士藏身马腹。然后联军假意撤退了。特洛伊人出城，看到木马，就把木马当战利品搬进城里去了。等到夜半，马腹中的武士钻出来，打开城门，城外的伏军大喊一声杀入。

值此，十年苦战，特洛伊城终于被攻破，城池被焚，那冲天的火光，伴随着歌者沙哑的歌喉，至今在历史时空中回荡。

周文王娶了商纣王的姑

文丁在位13年，他弄死了周文王姬昌的父亲季历，恶化了周部落与商王朝的关系，除了激起姬昌发誓灭商之外，没解决任何问题，就死掉了。

文丁死后，他的儿子帝乙继承王位。这是商王朝第三十任帝王了。但他发现，自己登上的不是王位，而是火锅。此时，不仅是周部落公开发难，磨刀霍霍，要准备动手，就连东南地区的各方、黄河中下游以南的人方、河南的盂方、安徽地界的林方，都趁这节骨眼上闹起来，一起叛乱。

帝乙很痛苦，这么多的敌人，打不胜打呀。而且不管他打哪一边，另几边的都会一拥而上，趁机灭亡商王朝。

帝乙困惑呀，自己是商王朝第三十任帝王，在自己前面，排着二十九个前任，这些前任中多是极品，有的能吃有的会玩，有的喜欢游乐有的荒淫无道，可当时的商王朝稳如泰山，怎么轮到了自己，也没游猎也没荒淫，这王朝怎么就要玩完了呢？

原因很简单，当初的夏王朝能够延续，不是历任帝王多么英明神武，只是其他部落未能形成强大的势力。等到商部落悄无声息地成长起来，夏王朝的寿命就进入了倒计时。现在轮到了商王朝，灭亡的根子就在于武丁时代的开疆裂土，周部落趁这机会征战四方，到了季历时代，已经对商王朝构成了强有力的威胁。

当帝乙继位时，他发现，商王朝已经没有能力消灭周部落了，他能够做的，就是走绥靖路线，努力尝试改善两家的关系。

于是帝乙就派了使者，去周部落找姬昌，说：西伯呀，虽然你的父亲死得很冤枉，可是弄死你父亲的，不是现在的帝乙，是帝乙他爹文丁。文丁跟你父亲的冤仇，是一辈子人的事儿。一辈子人不管两辈子事儿。现在，帝乙对你们周部落可是没有丝毫敌意的，不仅如此，帝乙有个妹妹，生得如花似玉，美貌端庄呀。嗯，帝乙的意思，是希望把他妹子嫁过来，以后咱们两家就是一家了，你看如何呀?

周文王姬昌一听说有美女，顿时就心动了。再细细一想，虽说商王朝对自己的周部落极为忌惮，可是自己也没把握真能灭了商王朝。商王朝毕竟是经过了几百年三十代人的苦心经营，说是树大根深，牢不可撼，也不夸张。要想灭亡商王朝，决非一朝一夕之事儿，至少也要几代人。

这样一想，姬昌对使者的建议，欣然从命。于是商王朝的公主喜嫁西伯侯，婚礼盛大而热闹，时人称之为天作之合。

这场婚礼之后，帝乙就算是稳住了周部落，趁此机会向那些不臣服的小部落用兵。他先向东南用兵讨人方，消灭人方后，又征讨河南地带的孟方，战争的规模虽然不大，但极有力地稳定了商王朝的东南半壁。

或许帝乙的想法，是借助征讨的时机，恢复王朝的生机。但是商王朝毕竟已经走到了末路，对东南用兵，反而进一步削弱了商王朝，而周部落却在这段时间的和平状态中，休养生息，势力反而更加强盛。

拓展阅读

商代的占卜与宗教的关系

公元前1180年，中国商王朝第三十任帝王帝乙在位，这一年，希伯来人终于在离开埃及四十年后，完成了他们艰苦的跋涉，从西奈半岛出发，渡过约旦河，重返迦南故地，回到了故土巴勒斯坦。此后希伯来人建国，却不设国王，国家由宗教首领士师治理。

西方的古文明在与中国地理隔绝的情形之下，连续尝试建立一种神教的正规宗教体系。而商王朝却始终未能摆脱原始崇拜，其多神信仰构筑成为商王朝的基本文化体系。简单说来，就是商王朝并没有形成原始的神权体系，其思维观念的认知始终处于蒙昧状态。

从宗教抵达理性的智慧彼岸，所经由的是对自我人性缺陷的反思。而蒙昧状态的原始崇拜，则体现为古老的占卜与迷信。商王朝时采用甲骨占卜，其所占卜的内容涵盖日常生活的所有方面，从国家政务到军事作战，统统都要占卜才能决定。甚至在司法断案之中，也是采用神断的方式，通过观察烧裂了的甲骨来分析有罪还是无罪。可想而知，这种断案的方法，少不了冤假错案。

商王朝的占卜文化兴旺发达，蔚为大观，骨料的选择有牛肩胛骨和龟背，加工工序则有削、锯、切、错、刮、磨、穿孔、钻凿、灼烧等。商王朝时代的人如此专注于在占卜技术的创新与突破，只是因为主观认识事物的能力过于低下，没有能力分析判断事物，只能盼望着神灵保佑。

王朝末代背黑锅争夺赛

帝乙有两个妃子，正妃生了三个儿子，老大叫启，品德高尚，众人皆知。二儿子叫箕子，品德不亚于哥哥。只有三儿子辛，品德有点靠不住。

于是帝乙就决定，立品德最高尚的大儿子启为太子。

却不承想，当帝乙做出这个决定时，引起了一位史官的强烈抗议。史官挺身而出，说：不可以，这样做是错误的。

帝乙问：咦，我立品德最高尚的大儿子为太子，怎么就错了呢?

史官解释说：因为，品德最高尚的启出生之时，他妈妈还不是正妃。当她成为正妃之后，生下的是小儿子辛，所以应该由辛来继位。

帝乙摇头：可问题是，辛的品德靠不住呀。

史官说：靠不住也没办法，反正要是立品德靠得住的大儿子的话，我就强烈抗议。

帝乙无奈：真拿你没办法，那就依你好了。

于是，在这场莫名其妙的立嗣大战中，品德可疑的小儿子胜出，他就是历史上赫赫有名的武纣王。

后世人责怪这个不知名的史官，认为他食古不化，害惨了商王朝。但正如我们所知道的那样，无论是谁登上商王朝的第三十一任帝王的宝座，等待他的都是个荒淫无道的历史定位。因为周部落已经变得非常之强大，对商王朝垂涎三尺，虎视眈眈。要吞下这块精美的肥肉，那就需要一个起码的理由。这个理由必然是末代商帝的荒淫无道，这是已经注定了的权力法则。

有关武纣王荒淫无道的记载，堪称蔚为大观，据称这位帝王宠爱狐狸精妲己，喜欢以炮烙之酷刑折磨人，建立酒池肉林，残害忠良，囚禁周文王姬昌，剖忠臣之心，宠信奸佞之徒。诸多记载，我们无法证明这些记载全都是伪造的，但肯定有太多的虚构成分。

实际上，有关武纣王的荒淫暴行，不过是商王朝时代对夏桀的抹黑文案，后来被周王朝的宣传部门偷工减料，直接搬过来用了。

简单说来就是，有关商汤讨伐暴桀，以及周公讨伐商纣这两个历史结点，其记载下来的版本充满了令人困惑的重构。前者发生在公元前 18 世纪，后者发生在公元前 11 世纪，其间相隔了整整七百年之久，但是这两个截然不同的历史片段，却是由完全相同的细节所构成。

公元前 18 世纪的夏桀，其人聪明绝顶，力大无穷。

公元前 11 世纪的商纣，其人绝顶聪明，勇力惊人。

夏桀征讨有施氏，得美女妺喜而归。

商纣攻打有苏氏，得美女妲己而归。

夏桀为妺喜建瑶台，建酒池肉林。

商纣为妲己建鹿台，建酒池肉林。

夏桀为讨妺喜欢心，驱虎入市，生噬百姓。

商纣为讨妲己欢心，剖孕妇腹辨识婴儿男女，凿断路人腿骨视骨髓多少。

夏桀宠佞臣干辛，侯移。

商纣宠佞臣飞廉，恶来。

夏桀以酷刑诛杀忠直名臣关龙逄。

商纣以酷刑诛杀忠直名臣比干。

夏桀私拘商汤，而后释放……

商纣私拘周文王，而后释放……

…………

太阳底下没有新鲜事，权力格局不变的历史，必然会出现同类事件。

但事件的相似度如此之高，近乎百分百，甚至连最微小的细节都没有区别，这里边就有问题了。

有什么问题呢?

无论是夏桀时代，还是武纣王时代，都是处于半信史时代。这个时代的特点，就是确凿的史料匮乏，导致了相关记录的严重失真。

从这两个完全重合的事件上，我们可以确信，早在成汤夺取夏桀权力之后，就有一个标准的宣传文本正式发行。考虑到时代的特点，无论是商王朝还是周王朝，因为民间教育一无所有，民众处于愚昧状态之中。这时候的宣传工作，不可能是贴个告示发个文件，必须要采用民间能够接受的曲艺形式，以达成政治宣传的目的。

简洁说，早在成汤灭亡了夏王朝之初，就有一种官方钦定的民间曲艺开始流传。这种民间曲艺正如同荷马史诗一样，由成汤派出的政工人员，扮作民间艺人，游走于神州大地，所到之处或跳或唱，把事先编造好的有关夏桀荒淫无度的故事，完完整整地演绎出来，以表明商部落取代夏王朝的正义性及合法性。

必然有这样一个标准文本在当时流传，没有就无法解释后面的事情了。这个标准文本涵盖了目前史书中所记录的所有事件。而且由于时代的落后，这个艺术内容成为此后商王朝长达七百年之久的唯一艺术表现。民间口口相传到周王朝取代商王朝为止。

当商王朝灭亡，这个以成汤为正面人物、以夏桀和妹喜为反面人物的曲艺，已经不再适宜了。可是民间百姓需要艺术，但当时的文化落后，来不及为民众创作出更好的文化艺术来。民间艺人所能够做的，就是来一个简单的替换。把原来的故事中的成汤替换成周文王，把夏桀替换成商纣王，把妹喜替换成妲己。

此后这两个故事完全相同但人物角色有所区别的文本同时流传。等到了信史时代，史官利用手中的资料弥补这段历史空白，能找到的资料只有这两个细节完全一样的文本。可是史官不把话说清楚，就这样把结构调整一下，连蒙带唬蒙混过关。

春秋年间，孔子的门人子贡怀疑商纣王未必像史书上所记载的这样罪大恶极，导致其身败名裂的一个重要原因，是商纣王的行为不检点，以致授人口实，结果后人将所能够想象出来的坏事一股脑儿地栽到了他的头上。

总而言之，当周部落强盛到了足以吞并商王朝时，商王朝的最后一任帝王，就已经无可逃避地被设定为荒淫无道的昏君，权力决定了这段历史必然如此。

坏蛋大王蒙难记

商纣王并不叫商纣王，纣王其实是个外号，纣的意思是残杀无辜，损害正义。纣王的意思，就是坏蛋大王。

行了，这位兄台尚未出场，就已经贴上了坏蛋的标签，这让他在历史舞台上怎么混呢？还有，一旦我们知道纣王是坏蛋大王的意思，就知道这段历史也肯定不靠谱，但纵然是记载不靠谱，可是结论却是靠谱的。这个结论就是：商王朝在其立国 662 年后，迎来了它那盛大的末日。

公元前 1142 年，周部落首领姬昌被释放，公元前 1135 年，姬昌卒，他为儿子姬发留下了最富价值的遗产：以太公望姜尚为主体的军事班子。

太公望，就是民间传说的姜子牙，他的身世比传说更精彩，他在朝歌卖过牛肉，在孟津卖过饮料，晚年贫困，隐于渭水之滨。周文王发现他这个人才，载与俱归。当姬昌死后，后来的周武王姬发，就向姜尚问灭商之计。

姜尚说：笨呀，你这孩子咋这么笨呢？这么简单的事儿还用问吗？看看早年间成汤是怎么灭的夏王朝，你有样学样就是了。

姬发恍然大悟，立即开始兴兵作战，哪个部落支持商王朝，他立即发兵消灭之。他征犬戎，伐密须，服黎国，灭崇国。向前打通杀奔商都朝歌的道路，向后稳定自己的大后方。

周部落如此凶残，吓坏了所有的方国部落，武纣王也只有装聋作哑的本事。实情就是，面对新生的周部落势力，商王朝自身早已难保，根本不敢出来主持公道。结果是所有的部落都对商王朝失去信心，不再认可商王朝的权威。

接下来，姜尚向周武王建议，挖出那些潜在的商王朝支持者，统统消灭。别看现在所有的方国部落都不吭气，可等我们伐商王朝时，指不定会从什么地方跳出来个短命鬼，支持商王朝来和我们作对。

要怎么做，才能挖出潜在的商王朝支持者呢？

有了，周武王宣称，父亲临死前有遗命，让我去孟津进行军事演习。

孟津，是杀奔商都朝歌的始发站，武王演习，意在商纣，这意思是很明白的。虽然周武王故意不通知其他部落方国，但得知这个消息，所有的部落方国都知道，这是站队的关键时刻，如果站错了队，那就要亡国了。于是诸部落纷纷赶来与武王会合，来到的诸侯竟有八百多家。

武王很兴奋，跟姜尚说：可以了，诸侯们纷纷请战，要求一举灭商。

姜尚摇头道：差矣，差矣，孩子你差矣。你只看到了诸侯的表态，却没有留意到沿途的百姓，现在的百姓们仍然奉商王朝为正统，根本不认为有改朝换代的必要性。我们还有大量的宣传工作要做，要坚持抹黑商纣王，把他抹到黑得透亮，那时候才可以行动。

武王是个非常明智的人，对姜尚的话言听计从，当即宣布退军。

此后又经过整整两年的艰辛抹黑，终于把商纣王彻底黑透了。这时候已经是公元前1122年，周部落向所有的部落发出号召，召集了声势浩大的孟津会师，于河南孟津，联合响应自己的部落，举行了誓师大会。

此后，4.5万人的联盟军向商都朝歌挺进，行至朝歌西南二十公里的牧野，遭遇到了商王朝集结的70万主力军。

另有记载称，其实商纣王的军队只有17万人而已，并非是70万。但无论是17万还是70万，都比联军多出数倍不止。但问题是，这70万或17万的商军，都是商纣王急手忙脚派出来的奴隶，全都是徒步作战。

而联军这边，是精锐的正规军，按照每10名士兵一辆战车的标准配备，联军这边单是战车，就足足四千辆。面对着满脸怨气、饿着肚子靠两条腿奔行的奴隶军，联军犹如猛虎面对一群羊，想输都难。

老头姜子牙发现了好机会，不顾年老体迈，挥舞着痒痒挠冲在最前面。在他身后的，是虎贲三千，戎车三百辆。奴隶军本无战心，被这一冲击，登时就溃散了，纷纷倒戈，反过来加入了联军。

周武王端坐战车，以胜利者的姿态进入朝歌。悲愤的商纣王自焚于鹿台，武王向烧焦了的尸体射了三箭，斩下头颅，悬挂到白旗上示众。

接下来是对绝色美女苏妲己的处置，有种说法称苏妲己自杀。但另一种说法更为风行，据说她希望以自己绝世的美貌，感化凶残的周兵，保住自己的性命。不承想对她的命运进行裁决的，是九十多岁的老头姜尚，姜尚铁石心肠，下令斩杀。可是临刑时，刽子手们目睹她那美丽的容颜，无不失魂落魄，无法下手。最后姜子牙火了，他亲自动手。

但当姜子牙走到妲己身边时，他发现自己也下不了手。最后，姜子牙下令把妲己的头包起来，这才把她杀掉。

商王朝就这样灭亡了，鹿台那冲天的火光，宣告了奴隶时代的终结。

从现在起，中国迎来一个全新的时代——封建社会。

相比于奴隶社会的残暴，封建社会体现出更温和、更具人性化的一面。事实上，这也是中国曾经有过的最好时代，就在这个时代里，形成了中国历史上唯一一次的智慧爆发：春秋时代的百家争鸣。

但在此之前，我们还要经历一段晦涩不明的半信史时期。其特点为，难以剥除的神异传说与令人发指的权力争夺。

拓展阅读

同一时间的世界史

就在武王伐纣的时间里，在中东，前巴比伦帝国再现乱局。

卡赛王朝在经历了长达600年之久的漫长黑暗之后，终于在公元前1146年被推翻，巴比伦人夺回了统治权。

亚述帝国在与周边邦国连续性的战争中，发展出了最先进的战争制度，他们拥有着世界历史上第一个真正的军事机构，最可怕的是他们拥有铁兵器,战车和铠甲也极为发达。西方学者坚信，单是在金属冶炼方面，中国已经落后当时的世界几个世纪。但冶炼技术发达，也未必是好事，由于披上沉重的金属铠甲，他们的士兵移动得不比乌龟更快，或者说他们根本无法移动，这迫使他们不得不发展出以梭标为主体的远程抛击武器。

在希伯来人的圣地迦南（巴勒斯坦），希伯来人发现他们陷入了四面楚歌之中，他们意识到，必须要在民族覆亡之前，通过战争的手段完成各个独立部落的统一。这个工作落到了天才的军事家吉迪恩身上。吉迪恩将成为与中国的周武王同时代的军事传奇。

在希腊，特洛伊战事结束之后，希腊人发现他们面临着大量移民涌入的痛苦。为了解决人口压力，他们选择了殖民之路，这让希腊人成了善于航海的民族。

在印度，早期涌入的雅利安人已经融入当地，他们举止文明，肤色黝黑，忙于和当地更早的居民达罗毗茶人展开激烈冲突。这段历史将在口口相传中神异化,并最终以伟大的史诗《梨俱吠陀》的形式推出。

第六章

换汤不换药

（周王朝）

孟子曰：男人不能不好色

一如夏、商王朝之建立，当周王朝出现在地平线上时，最重要的工作就是建立起一支世系祖谱，以表明自己并非来历不明，而是有资格接掌天下。

世系的建立，有两个要求，一是要有足够的威权，足够的久远并富动感，具体说，家族的传承要富戏剧性；二是和前时代的王朝略微拉开一点点的距离，距离拉太远没必要，但必须要有。

平心而论，周王朝的祖先追溯是很科学的，他们把上古时一个叫有邰氏的部落，视为自己的先祖，并声称，当时部落中的一名女子姜嫄，无事出门，见到路上有巨人的脚印，就很好奇地走上去踩一踩，这一踩可不得了，姜嫄女士怀孕了。

当然，踩到别人的脚印，并非是怀孕的必要条件，但姜嫄女士却必须要怀孕不可。她不怀孕，就没日后的周文王这么一长串了。

上古时代就是这样，知母而不知父，姜嫄女士应该是在踩脚印之前遇到过坏男生，到她发现自己怀孕时，坏男生已经无影无踪。没人帮她养这个孩子，姜嫄女士就采取了果断措施，把孩子顺手往远处一丢。

起初，姜嫄女士把孩子丢在路口，可是既没人捡走孩子，也没见孩子哭死。于是姜嫄女士二丢孩子，把孩子丢进了山林中，可是山林中的野兽却拒绝吃掉孩子，砍柴的山民还替孩子盖上了衣服。姜嫄女士三丢孩子，把孩子丢到了河渠里的冻土上，想冻死孩子。不承想铺天盖地的鸟儿飞来，用翅膀保护孩子，替孩子取暖。

三丢孩子，丢而无功，姜嫄女士终于认输了，再把孩子抱回家，起名叫弃，就是抛弃的意思。

弃长大后，表露出他那过人的农耕天才，他善于种植，麦子穗头大，麻秆长得快，瓜果特别甜。当时是帝尧时代，他高度评价了弃的突出贡献，任命弃为农业方面的官员。就这样，等到弃离开人世，后世人把他奉为神而祭祀。

此后，农业属官就由弃的后人世代承袭，甭管懂不懂农业，会不会种庄稼，家族中的长子生下来，就已经是农耕方面的属官了。这个官位从虞舜帝时代往下传，在夏王朝建立后，仍然是铁打不动。

等到成汤灭夏，弃的后人才失去了这个官位，被迫沦为普通的部落，这就是周部落。此后周部落每当回忆起这段历史，就充满深情地说：昔我先王世后稷，以服事虞夏，及夏之衰也，弃稷不务，我先王不窋用失其官，而自窜于其狄之间。

总之，汤武革命，推翻暴夏，结局是捎带脚地把周部落打回了原形，难怪周部落要跟商王朝死磕了。

夏朝灭亡时，被打回原形的周部落酋长，名叫不窋。窋的发音是哭。想来当时的周族人一定是蜷缩于荒野之中，相互鼓励：周族不哭，不窋不哭，今夜我们都是周部落人。

不窋之后，他的孙子公刘又表现出一定的农耕天才，算是给失落的周部落打了一针强心剂。此后又经历了一连串的世代承袭，终于迎来了伟大的好色时代。

当年有个成语，叫太公好色。这里说的太公，就是周文王姬昌的爷爷公亶父。据周部落人叙述，公亶父为部落首领时，周部落非常富裕，相邻的戎狄部落就来打秋风，要求分一半。族人很愤怒，但公亶父大度地将戎狄想要的财物送了过去。这更加刺激了戎狄的胃口，于是得寸进尺，就要求公亶父搬家走人，戎狄要占据当地的水草人民。

对于戎狄的无耻要求，部落人愤怒无比，纷纷要求战争。但是公亶父却一声也不吭，打起小包袱，扛起行李卷，真的走了。

见公亶父离开了，当地所有的民众也全都慌了神，把家产背上扛上，跟着公亶父一道把家搬到了岐山。

这段历史应该是真实的。因为此后周部落就主动卷入了对戎狄的战争，可见双方的争夺，已经非止一日。如果公亶父当时的部落尚无力量与戎狄一较短长，在胁迫下主动搬离是个明智的选择。

但是公亶父最主要的业绩，还不是在高压下忍气吞声，而是他娶了个美貌妃子，从未曾劈过腿。战国时代的孟子，高度评价公亶父的爱情。孟子说：说起那公亶父，对爱情很专注，只爱她一个呀，绝对靠得住。男人要好色呀，学习公亶父，好色不移情呀，社会好风俗。在这里，孟子所说的太公好色，特指爱情专一。不知何时好色变成了不专一，可这不能怪公亶父。

公亶父之后，他的小儿子季历接任部落首领之位。周部落就是在这段时期迅速强盛起来的，其方法就是通过对戎狄的系列性战争，一边开疆拓土，一边掠夺财物。最终，商王文丁意识到来自周部落的危险，就果断下手把季历害死了。但季历之死，并没有解决问题，反而强化了季历之子姬昌的灭商之心。

拓展阅读

公亶父的三个儿子

接替公亶父出任周部落首领的，是小儿子季历，季历还有两个哥哥。

季历虽然年纪最小，却最早成家结婚，并生了个聪明儿子姬昌。部落人将姬昌视为未来的希望。于是季历的大哥太伯、二哥仲雍就商量说：按道理，部落首领之位应该由老大来继承，可这样的话，聪明的姬昌就没戏了，周部落的崛起也没机会了。为了部落，我们必须要表现出高风亮节，离家出走吧。

于是大哥太伯和二哥仲雍就逃到了江南，建立了一个新方国，起名叫句吴，这就是春秋时代吴国的由来。

太伯死后，仲雍继位，他断发文身，彻底地融入了当地文化。等到公亶父死后，大儿子太伯和二儿子仲雍都已经离家出走，部落首领就只能由季历来承袭。

三百六十行，行行做失败的姜子牙

周文王姬昌，他不是正常人，他是个怪物，至少是个异类。

据周王朝宣称，姬昌的母亲叫太任，是当时挚国国君的二女儿。这是个高素质的知识女性，也是胎教的最早创始人。自从她怀了身孕，就不看难看的颜色，不听难听的话，睡觉不侧身，坐姿要端正，此外她还请了盲人乐师，对着腹部朗诵诗歌。就这样持续了一段时间，她忽然梦到一个温柔的男子对她做出友善的表达。

太任从梦中醒来，就去猪圈方便。忽然感觉身体一阵轻松，就听见圈里的猪崽们齐声尖叫起来。太任定睛一看，也吃惊地大叫起来。

猪圈里，有个婴儿哇哇地啼哭。婴儿虽然是婴儿，但怎么看，都和正常人类有着差距——这是个男婴，却长着四个乳房。长了四只乳房，数量确实有点多。但考虑到他是周文王，要胸怀天下，哺乳苍生，四个乳房还未必够。

周文王这个奇异的生理特征，让后世的画家难为死了。这么明显的特征，却不好付诸笔下。可要是不画出这四只乳房，谁又知道你画的是周文王？

总之，伤脑筋。

此后，有关周文王的消息主要集中于善良厚道这方面。比如说地震了，官员解释说这是因为文王太厚道，对老百姓太好的缘故，必须要大兴土木，折腾老百姓，地震才会停止。此建议理所当然地被文王驳回。

再比如说，文王大兴土木，盖楼台时挖出具尸体来，文王就让人替尸体准备棺木，把尸体好好地掩埋。

再比如说文王大兴土木，建造了游乐的园林，起名叫灵圃；然后他继续大兴土木，建造了个水上公园，叫灵沼；接着他继续大兴土木，建造起一座高台，叫灵台……实际上，周文王才是个穷奢极欲的主儿，关于武纣王的负面消息，九成九是周文王干出来的。但世界就是如此地不公道，文王穷奢极欲，大兴土木折腾百姓也没事儿，照样取得天下。而武纣王不管如何表现，注定了被周部落消灭。

如果把周部落与商王朝比作两条船，那么，周部落就是条刚刚试水的新船，技术先进，装饰一新；而商王朝则是条年久失修的破船，四处漏水，哪怕刮来一阵轻风，都会立即散架沉没。周文王就是乘坐在这艘先进的快船之上，而商纣王抽到霉签，坐在马上就要沉没的漏船上。

史书上，武纣王众多罪名中的一项，就是建造了鹿台。但实际上，这有可能是周王朝把文王的灵台，栽给了武纣王。虽然史家一再解释，周文王建灵台，百姓欢欣鼓舞，这就是瞪眼珠子说瞎话了，我流汗卖命你享受，我还欢欣鼓舞，这把老百姓说得多缺心眼？

但周文王还是有资格建造灵台的，因为他有一双识人的慧眼。他赴朝歌面见武纣王，闲时就在集市上闲逛，遇到个卖肉屠户，只是随意地问了问肉价，文王就意识到自己遇到了贤才。但在纣王的地盘，他不敢过于流露痕迹，等走开后，才悄悄地派人打听屠户的来历。

这个屠户，就是历史上赫赫有名的姜太公姜子牙。初遇文王时，正逢他走背字的时候。他因为衣食无着，没有生计，就入赘一个老太太家当女婿，却因为吃得太多干得太少，被老太太乱棍打出门外。

史书中，姜子牙干过当时几乎所有的行业，并全都神奇地失败了。他当小贩，破产失败；当过店小二，又遭辞退；他贩卖饮料——当时叫浆，仍然是破产失败。当周文王初次遇到他时，姜子牙正信心十足地迎接他屠夫生意的失败。但周文王与他闲聊时发现，姜子牙虽然干啥啥不行，吃啥啥不剩，但他走南闯北，收集了极为丰富的历史资料。历史就是智慧，要想取商天下而代之，这样的人才是不能放过的。

最终，周文王成功地将穷途末路的姜子牙挖到了手。而姜子牙加盟周部落阵营后，不负文王所望，帮助周文王出了许多坏主意，折磨商纣王。

拓展阅读

文王演周易

周易，是人类历史上最为古老的知识体系，也是中华民族智慧的源头。当《周易》传入西方，莱布尼茨就是受到八卦图的启发，从二进制入手，发明了世界上的第一台计算机。

《周易》之所以称为周易，意思是周文王所演之易。史称，周文王因为道德高尚、温柔善良，被残暴的武纣王囚禁于羑里，他人在监牢，创意不止，演周易而传之天下。

这个说法有可能是真的，但易经却非周文王所创，实际上，易经早在初民时代，就已经存在。夏朝时的易经，称之为连山，以艮卦为首。商朝时代，连山改名为归藏，以坤卦为首。而到了周王朝，易经改为以乾卦为首。据专家研究，夏之连山，标志着那是一个穴居时代，文明技术非常之落后。到了商之归藏，则是以农耕技术为主，农业生产已经非常发达。等到了文王演周易，以乾卦为首，则是赤裸裸地向世界宣称：弱肉强食的暴权时代，已经来临。

无论是夏之连山、商之归藏，抑或是周之周易，这门玄妙的知识体系，其实用价值究竟如何，时至今日这仍是一个难解之谜。但我们很清楚的是，易经中的阳爻与阴爻，与二进制的数学符号丝丝入扣。如此一来，周易学者可以用易经轻易地解释任何已经发生的事情。但在未知领域之中，这门神奇的知识体系始终未展示出更具说服力的证据。

把自己忽悠糊涂了的周文王

史书上记载了这样一件事：

周文王声称，自己手中有一块价值连城的玉版。这个消息很快传到了商纣王耳中，商纣王就派了有能力的贤臣胶鬲来索要。周文王把玉版藏得好好的，就是不给，就不给，胶鬲只好无功而返。

武纣王又派了奸臣费仲来索要，周文王却盛情款待，恭恭敬敬地把玉版奉上，让费仲载誉而归。回去后，武纣王就会说：谁说胶鬲是能办事的贤臣，你看看他连个屁大的事儿都办不了。看看人家费仲，执行力就是强。

武纣王因而信任执行力强的费仲，冷落胶鬲。周文王趁机四处宣传：看见了没有？你们看见了没有？纣王他冷落贤臣，重用奸臣，这样的人，有资格做君王吗？该不该下课？

周文王这样做，就是为了抹黑武纣王。但除了抹黑，还必须美化自己，这就需要美容神器：神话。

周文王宣称，甲子日的那一天，有只红色的麻雀，叼了张丹书——红色的喜报，送到了自己的窗前。丹书上写的是：姬昌苍帝子，亡殷纣王者。

这明摆着瞎编的段子，在神州大地不胫而走，很快又演绎生成了新的版本。故事说，有只红色的鸟，叼了块宝玉，降落在岐山之南，开口说人话。鸟说：天命周王，伐殷有国。河出绿图，地出乘黄。更有传说称凤凰聚集于岐山之上，欢跳舞蹈。最后这个说法得到了周文王权威性确认，他专门作了首曲子，叫《武象》，以证明确有其事。

就这样忽悠来，忽悠去，别人是否被忽悠住不清楚，但周文王把自己忽悠糊涂了。

史书记载说，周部落用兵攻崇国，灭亡了这座横亘在周部落与朝歌之间的障碍，就准备长驱而入，灭亡商王朝。但在用兵之前，周文王心神不定，不敢轻易拍板，就让大夫散宜生占卜。

散宜生占卜后，解释说：危险，大大的危险，卦象显示出四大凶兆，万万不可用兵呀。

周文王吓呆了，就问姜尚。姜尚却说：大王，连这东西你也要信，脑壳得进多少水呀？赶紧的，赶早不赶晚，趁这工夫把商王朝灭了吧。

但是周文王疑心不定，迟迟不敢动手。就这样拖了段时间，文王的寿命走到了尽头。死前他可能是极度后悔，后悔没有灭亡商王朝。于是他吩咐儿子姬发，一定要听姜尚的话，赶紧把商王朝灭了，别瞎耽误时间了。

周武王姬发继位之后，厉兵秣马，积极准备，到了公元前 1122 年，时机已经成熟，于是决定起兵伐纣。

拓展阅读

文王灭崇国

周文王意欲灭亡商王朝，最大的障碍就是崇国。崇国横亘在周部落进军朝歌的道路前方，据守险关，而且对商王朝忠心耿耿。

崇国的国君，就是神话《封神榜》中的崇侯虎，他早就发现了周文王的企图，所以据守险关，让周军无法通过。

周文王很生气，就先行进行政治攻势，抹黑崇侯虎，声称崇侯虎侮辱父兄，不敬长辈，政治腐败，贪婪成性。然后组织联军，前来攻打崇国。

崇国地势险要，又有高大的城墙，而且守军顽强地抵抗。这使得这场战争演变成漫长的消耗战，攻守双方都是苦不堪言。但令人惊讶的是，在文王的联军长达三个月的攻战之中，朝歌方面未发一兵一卒救助崇国，竟重演夏桀时代坐视成汤逐一消灭自己的支持者而不吭一声。结果，三个月后，崇国被攻克，商王朝最后的支持者崇侯虎被乱军杀死，文王扫清了伐纣道路上的障碍。

开弓没有回头箭

武王在起兵前，照例是要占卜的，不承想卜筮的结果，是大凶。周武王犹豫了。这时候姜尚火了，冲上前来，一脚把乌龟壳踢飞，说：一只笨乌龟，笨到让人捉住当烧烤，这么笨的东西也敢说知道吉凶？大王，你是听死乌龟的，还是听我的？

周武王：我听……你的。

姜尚：听我的，咱们就立即起兵。

可当时的日子非常奇怪，就在周武王会师诸侯，准备于孟津渡河之时，忽然间狂风大作，飞沙走石，河面上巨浪滔天。周武王急了，一手拎青铜斧钺，一手挥牦牛尾大旗，大叫道：是我，我是武王姬发呀，河里是哪个神在捣乱？你出来！出来看我不打死你才怪。

过了一会儿，狂风过去。众人喘了口气，都以为是河里的神灵怕了周武王，于是渡河进军。当军队行至怀城——这个地方在现在的河南武陟县西南，正当军队列队走过的时候，城墙突然毫无预兆地坍塌，差点把联军砸在下面。

看这情形，武王心里直犯嘀咕，莫非是伐商真的激怒了老天？想了想，开弓没有回头箭，再试试吧。于是武王命令绕路而行，行至共头山下，远远地就见那座山有点不对劲，好像是在摇晃的意思。突然间就听石破天惊，巨大的轰响声中，山坡崩塌，山岩形如流水狂涛，浩浩荡荡向着联军冲击而来。

联军骇得魂飞魄散，丢了武器掉头狂逃。逃至安全地带，众人喘息未定，看着武王，这事儿，分明就是不对劲，还要不要继续伐商了？要不要？

武王一咬牙，这可能是意外的巧合吧？大家不要迷信，继续前进。

继续前行，就见密云从四面八方络绎不绝而来，顷刻间天色黑如锅底，就听一声霹雳，伴随着战马的悲鸣，武王一头栽到车下。战车的辕马，竟被雷电活活劈死了。

到了这一步，武王是真的害怕了，不敢再前进了。这时候姜尚过来了，说：辕马被劈死算什么，你好好看看，你车上的战旗已经折断，还有你的车盖，也被掀翻了。

武王问：那我们……是不是先回去再说？

姜尚冷笑道：回你个头，千里行军，什么怪事都能碰到，甭理老天那个棒槌，咱们继续前进。

于是在姜尚的鼓励下，联军硬起头皮，继续前行。抵达商都南郊的日子，是二月甲子。据记载，联军行进途中，怪事奇事层出不穷，如果不是姜尚替大家打气，这次征伐注定了半途而废。

拓展阅读

姜子牙的迷魂药

当武王伐纣时，锋指朝歌的军队只是一路人马，但老谋深算的姜尚，至少还布下了两道暗兵。

一道是宫中的内应，目的是堵塞商纣王的耳朵，让他对外界发生的事情一无所知。事实上，当联军向朝歌挺进时，商纣王始终也未曾接到消息。

第二路暗兵，是姜尚早年落魄江湖时学来的伎俩。他秘密配制了一种神秘的药丸，派人拿给殷地的孩子吃。小孩吃下这种药，就会全身发红。然后喂药给孩子的密探再说，如果想治好病，孩子就必须见人就说“殷亡”两个字。

于是，就在联军挺进朝歌郊野之时，朝歌城里，突然出现了许多红色的小孩，两眼直瞪瞪地看着人，口中不停地说“殷亡”。朝歌的百姓骇得魂飞魄散，以为这些红小孩是神鬼下凡，来警示大家殷商要灭亡的消息。

事实上，这也是联军一路行来，不停遭遇奇凶异兆，姜尚却强迫大家继续行军的因由。因为姜尚已经算计好了时日，在预定联军抵达的日子，事先潜入的间谍就喂食小孩丹丸，可如果联军半路撤回，整个计划就失败了。

单看喂食小孩丹丸这件事，姜子牙不愧是迷魂药的鼻祖，这也就难怪他在民间有如此之大的名气和威望了。

情报系统是个大问题

据记载，武王的联军已经抵达了朝歌的近郊，商纣王竟然一无所知。可见这个帝王是个地地道道的糊涂蛋，盘踞朝歌600多年，竟然连个情报系统都没有。简单地说，商纣王根本不知道有人来讨伐他。这种糊涂帝王，不讨伐真是没了天理。

最先发现联军的，是贤臣胶鬲。他出门办事，看到城郊暴土扬尘，几万人乌乌泱泱地挤在一起，就诧异地过来问：你们哪里来的这么多人呀？来朝歌做什么呀？

联军告诉他：我们是来讨伐商纣王的，快点回去告诉他，让他的军队来和我们决战。

胶鬲吓了一跳，赶紧回去报信。值此商纣王如梦方醒，才知道讨伐大军已经到了门外。情急之下，商纣王急忙把朝歌城中的男丁全部集合起来，一股脑儿派上战场。虽然他派出来的人数较多，但事出仓促，没有什么准备，更无战前的动员或是训练，与武王精心训练的精锐部队根本没有可比性。

牧野之战的结果，丝毫也不意外。商纣王临时拼凑出来的奴隶军临阵倒戈，联军气势汹汹涌入朝歌。商纣王悲愤自焚，而殷都朝歌的百姓们，在大臣商容的率领下，手挥小旗，热烈欢迎占领军。

但是武王并不知道商容的积极表现，他在箭射纣王尸体之后，先接见纣王的大哥启，然后接见贤臣胶鬲，要求胶鬲继续担任原来的职务。这些都没商容什么事。商容急了，就托关系找武王说情，说：商容也是积极表现的，那天你们侵略军入城，欢迎的人群之中，就有商容的。

武王大喜，维持会正人手不够呢，商容是老臣子，有威望，他肯出面主持维持会，那是最好不过的了。于是以商容为三公，搭建起临时的政权班子。

接下来武王要考虑一个重大问题：殷商的贵族们，怎么处置呢？这个问题比较大，他一个人拿不定主意，就招姜尚、弟弟周公旦商量。

姜尚的态度很明确：前朝余孽,留下来迟早是祸害,干脆统统杀掉,省心。

周公旦有条件地支持这一提议，说：应该先行审判，有罪者杀，无罪者嘛，就没必要非杀不可吧？

周公旦就是人们还在说的周公，是周王朝中脑子最为清醒的人，在他的反对下，殷商的大部分贵族没有被杀掉，但多半被剥夺了财产，贬为了奴隶。

接下来，英明神武的周武王，大概是因为胜利冲昏了头脑，一下子暴露出了他智商不足的致命缺陷。

周武王准备登位做天子，但是他又害怕落得个纣王同样的命运，被崛起的诸侯新势力攻击。于是他就琢磨出一个万全方案。

他准备做了天子之后，就躲藏到五行山——太行山上，再派亲信护卫，把守住上山的几条险关要道，这样的话，诸侯就无法找到他，想要攻打他也是不可能的了。

周武王认为这是个天才的好点子，就兴奋地和弟弟周公商量。周公听了，欲哭无泪，就问了一句：你躲到山上藏起来，这固然是安全了，可如果诸侯要向你进贡表忠心，上哪儿去找你呢？还有，如果被诸侯掐断上山的道路，吃的喝的运不上山，那你岂不是死定了？

周武王听了，呆怔半晌，说：弟弟你说得……好像有点道理。

如果周武王不是因为这个蠢念头暴露出他的智商的话，他在后人的心目中，永远是英明神武的形象。可现在看起来，他的智商根本靠不住。

但这样一来，问题就严重了。如果周武王智商靠不住，那他怎么能够灭得了商王朝呢？

事实上，商王朝之灭亡，远非如古代儒生所讲的纣王失道、武王德高之类的理由。真正的原因，是周文王一家和商纣王一家三代人的比拼与竞争，比拼的是赤裸裸的智商，商纣王一家在这个比拼之中连续惨败，最终国破人亡。

拓展阅读

武王与间谍订盟

当周武王的联军进入朝歌之时，两个反对者，让周武王伤透了脑筋。这两个反对者，就是孤竹国国君的两个儿子，伯夷和叔齐。这两人脑子不是太够用，误听了周部落的政治宣传，以为周部落盘踞的岐山是理想世界，就赶来投奔，他们抵达的时候，恰好遇到周武王正在与一个准备入商的间谍订立盟约。

周武王对间谍说：你们此去商都，如果当间谍有功，帮助我灭亡商王朝，我就给你们加富三等，就官一列。

间谍说：你口说无凭，必须要在盟书上签字画押。

周武王说：没问题，我们马上可以写盟书。

然后间谍就兴冲冲地出发，去商都潜伏了。

伯夷和叔齐看到这情形，说：咦，奇怪呀，这哪里是什么理想世界，分明又是一个暴力中心。

不久周武王出师伐纣，伯夷和叔齐拦在马前劝阻。士兵当场要杀掉这两个扫兴的家伙，可是姜尚阻止士兵，说：这是两个讲仁义的贤士。于是命人把伯夷和叔齐搀到一边，军队继续前进。

伯夷叔齐很悲愤，他们发誓不食周粟，登上了首阳山，唱起了悲凉的《采薇》之歌，没多久就活活饿死了。

战国年间的孟子高度评价伯夷和叔齐，但后人却嘲笑他们食古不化。不同的评价，标志着国人对不同的社会规则的认可。是选择以暴易暴，胜者王侯败者贼，还是期冀于一种更为公正的社会游戏规则，这是国人千年来未曾解决的基本课题。

二轮智力大比拼

现在我们将谈到此前史书回避的问题：商王朝灭亡的真正因由。

我们可以注意到，早在周文王的父亲季历时代，周部落就与商王朝展开了激烈的竞争。这种竞争延续了三代人之久，最终是周部落取得了胜利。

第一代人竞争，是周武王爷爷季历，与商纣王爷爷文丁的激烈竞争。此前周部落只是个弱小的部族，但在积累了足够财富之后，又通过长期与戎狄的战争，迅速强大起来。商王文丁敏感地意识到了威胁，就囚禁了季历，结局是季历被活活气死。这一局商王朝胜出。

第二代人竞争，是周武王父亲文王，与商纣王父亲帝乙之竞争。此时，商王朝持续衰落，而周部落持续强盛，双方的实力对比此消彼长，已经是势均力敌了。商王朝没有能力消灭周部落，周部落也没有把握灭亡商，所以最后的结局，是商帝乙把自己的漂亮妹妹嫁给了周文王，双方算是个平手。

第三代人竞争，是周武王对商纣王。武王虽然有时候会脑壳突然进水，想出来躲到太行山上藏起来的怪异点子，但相比之下他还算个有大智慧的人，至少他能够谦恭地听从智者姜尚的教导。但纣王的智商就让人怀疑，武王的联军已经打到门口，他居然懵懂无知，这智商绝对有问题。

这三代人的比拼，除了各方势力自然增长或消退的不可抗因素之外，每代人的智商是最关键的因素。古人说富不过三代，这话的原意是说连续三代人都是高智商的优秀人才，其概率是极低微的。但是周部落就偏偏遇到了这种小概率事件。相反，商王朝却没有出现这种情况，这就导致了商王朝在这场智商接力大赛中最终败北的结局。

为什么灭亡了商王朝的是周部落而不是其他部落？仍然是同一个理

由，连续三代人都非常优秀的概率是很低的，诸部落或许会出现一代优秀的人才，又或是连续两代人都很优秀，但到了第三代，平庸者出现，从此就止步不前了。

再回顾周部落的季历时代，季历本来是老三，没有资格继承部落首领之位。但由于季历生下个聪明儿子姬昌，被部族人看好，认为姬昌是部族兴旺的关键，所以季历的两个哥哥为了给姬昌让路，自动离家出走。这表明培养优秀人才的理念，在周部落已经形成共识。

相反，在商帝帝乙时代，大儿子启及二儿子箕子，都比老三更优秀。但是商王朝没有打算跟谁比拼智商，而是咬住庶子正妃这些莫名其妙的概念不放，非要把智力最靠不住的三儿子放在帝王之位上，这就给了周部落以最好的机会。

总之，在历史上，一个王朝取代另一个王朝，往往要经过几代人的努力，一旦在这个过程中出现平庸之辈，又或是不肖子弟，此前的努力就会付诸东流。这里比拼的是家族的连续性智商传递，与道德属性毫无关系。至少，在商王朝取代夏王朝，以及周王朝取代商王朝的两次改朝换代中，体现的是这么个无聊的规律。

拓展阅读

周王朝的社会结构

从周王朝建立的那一天，部落及方国这些组织形态就彻底消失，真正意义上的诸侯国出现了。此前的诸侯国，多不过是荒野中的一间窝棚，三五个人提根木棍，就算诸侯方国了。这种情形导致了八百诸侯会孟津，也只不过拼凑出四万人，平均每个诸侯国不过50人而已。许多诸侯国不过是父亲带着儿子来，这就差不多是全国人都来了。

到了周王朝，诸侯国的规模有所增加，但仍然小到了让人难以置信。但无论如何，真正意义上的社会等级，就在这时得以确定。

周王朝的社会结构，分为四个阶层：天子、贵族、平民及奴隶。这其中贵族又严格地分为四个等级。

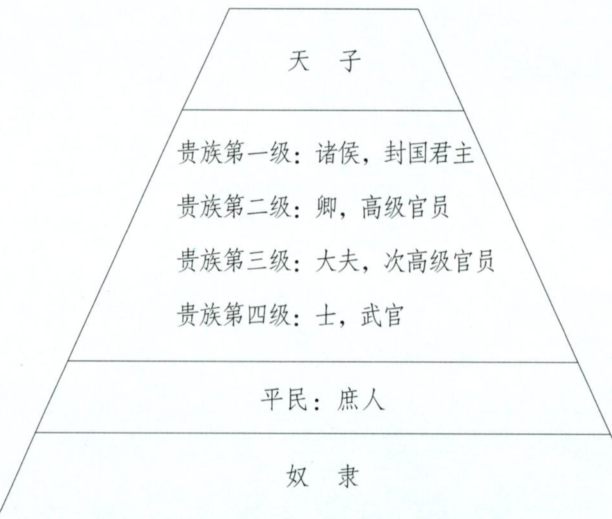

周王朝在分封中，首次出现了王畿的概念。所谓王畿，就是国都周边的大面积土地，由天子直接统治。王畿的面积很大，比二十几个甚至三十几个诸侯国的面积还要大。这种权力结构决定了诸侯国没有可能威胁到最高权力。

诸侯封国有大有小，大小取决于封君的爵位。爵位也是周王朝始创，通过公、侯、伯、子、男五个等级，把诸侯国分为五级，五级之下，又有第六级叫附庸国。

不同等级的诸侯国，分封到的土地面积是不同的，举例来说：

第一级：公国，土地面积 50 平方公里，如宋国、陈国、杞国、齐国；

第二级：侯国，土地面积 35 平方公里，如晋国、燕国；

第三级：伯国，土地面积 35 平方公里，如郑国、申国、卫国、曹国；

第四级：子国，土地面积 25 平方公里，如莒国、楚国、祝国、温国及滑国；

第五级：男国，土地面积 25 平方公里，如许国、蒋国；

第六级：附庸国，土地面积不足 25 平方公里，如极国、鄣国。

此外，周王朝严格制定了权力传承制度，王权世代传嫡长子，庶出的儿子就算是年龄大，也没资格继位，纵然再聪明、再有本事也没资格。事实上商王朝正是依据这条规则选择了商纣王，但周王朝仍然沿用这个办法。可见，周武王比任何人都清楚，武纣王根本不是什么亡国之君，他只是赶在王朝灭亡的节骨眼上出任国君，是他霉催抽到了下下签，跟他个人的品德无关。

两个历史任选择

必须承认周武王是个厚道的帝王，他虽然推翻了商王朝，砍了自焚的武纣王的脑壳，但是并没有杀掉纣王的儿子，而是给了这孩子一个封国。

纣王的儿子叫武庚，他的封国距离老家不远，就在殷都附近一带。虽然封了国，但武王心里明镜似的，自己弄死了武庚的亲爹，夺走了天子之位，武庚心里决不会高兴。虽然现在武庚屁也不敢放一个，但一旦时机来临，铁定会大闹一气。

怎么办呢？武王想到了妙法。他把自己的三个亲弟弟叔鲜、叔度及叔处，分封在武庚周边。叔鲜分封在管，他就是历史上的管叔了。叔度分封在蔡，就是历史上的蔡叔了。叔处分封在霍，就是历史上的霍叔了。

管叔、蔡叔及霍叔，三个弟弟手握重兵，把纣王的儿子武庚团团包围起来，严密监视，这在历史上又称三监。三监严如铁桶，武庚就没办法反抗了。

把纣王的儿子严密监视起来，武王又花了段时间宣传自己的英明神武，感觉没什么要干的事儿了，就死掉了。他在位时间只有短短的六年，死时才 45 岁，可是灭商是件超高难度的智力活动，消耗了过多的大脑细胞，他差不多是精力耗尽，疲惫而死的。

周武王是周王朝的第一任帝王，他死后，儿子姬诵才 12 岁，继位是可以的，管理能力是没有的。所以他虽然继位称成王，但国事政务，还需要个明白人来管理。于是武王的弟弟周公旦就决定摄政，这个决定，引爆了周王朝的一场大乱子。

如前所述，周武王还有三个弟弟，管叔、蔡叔和霍叔，此三叔正分布于纣王的儿子武庚之间，严防死守，不给武庚死灰复燃、咸鱼翻身的机会。这三兄弟正在繁忙工作，突然听说周公旦那边摄政了，顿时就火了，有没有搞错？周公旦你不就是想篡夺王位吗？当我们不明白你的心思？有我们老哥仨在，你休想！

于是管叔散布流言：周公将不利于王。意思是，周公旦要篡权夺位。

不仅是管叔、蔡叔和霍叔这么想，连成王都这么认为。对于周公旦摄政之事，成王采取了非暴力不合作的态度。反正你势力强横，趁我年纪不大，非要骑在我脖子上摄政，我也奈何不了你。但我不理睬你总行吧？我不认识你这个奸贼总可以吧？有本事你干脆把老子杀了！

12 岁的成王，正处于青春期逆反期，特点就是正在形成自我人格，要在心理上推翻外在权威。周公旦偏要拣这个节骨眼上来摄政，成王的少年倔脾气就上来了，从此板着脸，对周公旦不理不睬。

周公旦发现，这个政摄得比较难，成王表现出明显的敌意，工作也没法儿做呀。思前想后，周公旦做出一个艰难的决定。

此后，历史突然变得诡异起来，至少有两个版本，给了我们两个完全相反的历史。到底哪一个版本更贴近现实，这个取决于不同人的不同世界观——简单说就是你相信什么，你怎样理解这个世界，你就会接受哪一个版本。

第一个版本：周公成王大团结，携手并肩向前进，喜大普奔迈小康，叔叔侄子一家亲。这是个喜气洋洋的正能量版本。

第二个版本：周公成王大斗狠，亡命追杀风雷滚。千里奔逃路漫漫，爷娘没有权力亲。这是个充满了悬念冲突、充满了人性暗恶与权力争斗的负能量版本。

第一个版本说，当周公旦摄政激起成王的逆反心理之后，周公旦很痛苦，为避嫌疑，就外出旅游，东奔楚国，受到了楚国人民的热烈欢迎。而当周公旦离开后，成王无意中发现了周公旦写的祷词，这是在成王的父亲周武王病重时，周公旦所写的，内容是情愿以身相代，替武王去死，请求老天不要带走周武王，带走自己吧。

成王看了，被感动得号啕大哭，就迎回了周公旦叔叔，从此叔侄尽弃前嫌，团结一心。正其乐融融地团结着，成王的另外三个叔叔，管叔、蔡叔及霍叔，勾结他们监控的商纣王儿子武庚，联合东夷各国，发动了武装叛乱。

于是周公旦率师远征，于洛邑郊外设伏，全歼叛军主力。管叔见大势已去，自缢身亡；蔡叔被活捉，囚禁了起来；霍叔只是个从犯，贬为庶人。倒霉的是商纣王儿子武庚，他被周公旦抓到后，直接拉过去砍了脑壳。

平定了叛乱之后，周公旦高奏凯歌而还，和成王坐在一起，快快乐乐地大封家族亲戚，凡是和周氏王族沾亲带故的，统统受封成为诸侯，总共分封了五十三国。其中周公旦的儿子伯禽，被封在鲁国，成为鲁国的始祖。姜尚姜子牙被封在齐国，成为齐国的始祖。此后周公旦和成王幸福地生活在一起，周公旦亲切地教导成王，成王虚心地向周公旦等老一辈学习，最后周公旦幸福地老死在成王的怀中，成王悲痛至极，泪飞顿作倾盆雨。

这是第一个版本，现在我们来讲第二个版本。

这个版本说，当周公旦摄政，发现侄子成王不配合后，就心生一计，避往东南楚国。他走了，撂下一堆烂摊子，12 岁的成王根本不知如何摆弄，万般无奈只好认瘪服输，又把周公旦请了回来。

此后管叔、蔡叔、霍叔勾结商纣王儿子武庚叛乱，周公旦出征，平定叛乱而返，继续把持朝政。但成王也在暗中积蓄力量，堪称蓄势待发。

不久，周公旦分封天下，首先把自己的大儿子伯禽分封在鲁国，并亲自指导伯禽治理，把鲁国打造得铁桶一般安全。

这个版本声称，周公旦封大儿子伯禽，是在公元前 1108 年，但在次年，也就是公元前 1107 年，成王突然发难，欲捕杀周公旦，以泄被骑在颈子上的一口恶气。周公旦星夜出逃，一口气狂奔到鲁国，两年后，也就是在公元前 1105 年，周公旦卒。

由于这段历史资料不足，其取舍完全取决于史学家的世界观。有的史学家坚持认为，封建时代的统治者善良又厚道，温柔又可爱，所以他们之间肯定是携手并肩奔小康，决不会不顾体面地厮打成一团。这类史学家目前采用第一个版本，并把此视为正能量，向全社会推广。

而有的史学家则认为，统治者都是权力动物，权力面前连爹妈都不认，叔叔侄子又算得个卵蛋？想象周公旦与周成王在权力争夺之时还推心置腹，热情拥抱，这纯粹是痴人说梦。这一类史学家，理所当然地采用第二个版本。

到底哪个版本更符合实际情况，我们不要急于下结论，再等上个三五百年，说不定有新的证据挖掘出来，那时候再下结论也不迟。

王后偷情，其乐融融

周王朝第二任帝王成王，在位 37 年，于公元前 1079 年卒。他的儿子康王继位，在位 26 年，始终是风平浪静，风调雨顺。

公元前 1053 年，周王朝第四任帝王周昭王出场，这厮是个热闹人物，为寂寞的周王朝平添了许多花絮。

据说，周昭王娶了房国之女为王后，称为房后。但昭王的美貌妃子极多，周昭王抽不出空儿来和王后同床，但没过多久，昭王惊讶地发现，王后肚子大了。

是谁干的？

昭王追问，王后告诉他：有一天夜里，她感觉到有个神，还不是什么正经神，是早年帝尧的儿子丹朱，名声很坏的，这个坏神生前最喜欢组织青年男女玩不伦的变态性游戏。那一夜丹朱神突然出现并干了他想干的坏事，于是乎，王后就发现自己有了身孕。

王后已经招了，昭王为难了。他是该不信呢？还是该不信呢？

他爱信不信，反正王后是信了。

可以确信，这件事严重影响了周昭王的心情，让他情绪极坏。于是他就想找个出气筒，宣泄一下心中的愤怒。

他选择了楚国。

楚国的封君叫熊绎，他的曾祖父早年归顺周，为消灭商王朝做出了许多贡献。所以周公旦分封熊绎，目的是想以楚国作为周王朝在南方的屏障。但熊绎可不想当什么屏障，那有什么意思？不如利用南方富饶的土地强盛起来，然后推翻周王朝，那才叫真正的好玩。

楚国开始反叛，于是周昭王就想，唉，老婆欺负我，和许多男人胡来，我要不就出门去打楚国吧？如果打败楚国，说不定老婆会害怕，从此交出她的情夫名单，也未可知。

为了解决家庭矛盾，周昭王勇敢地转战于荆楚之地，公元前 1002 年，周昭王于汉水征集民船，运送大军。当他乘坐的船行至中流，突然间哗啦啦散开了，原因是船夫们欺负可怜的周昭王，弄了条用劣质胶水粘的船给昭王，昭王不察，结果落入水中。

当士兵手忙脚乱把周昭王捞出来时，他已经停止了呼吸。

史书记载，这一夜，有五色光环贯穿于紫微星座，向整个宇宙宣布王族世系那不靠谱的智商。周昭王的一生，是霉催的一生，老婆背叛他，楚国背叛他，船夫背叛他，身为帝王而一生遭人戏侮，并最终丢人现眼地被戏侮而死。倘周文王地下有知，一定会钻出来大声疾呼：我是不是有病啊？好端端的干吗要灭楚？就为这不靠谱的后代？

后面还有更悲催的。昭王溺死于水，举国大惊，官员急忙去向王后报告：王后王后，不得了了，大王他他他被人玩死了……

猜猜王后怎么回答？

王后说：少来烦我，我这儿正跟男朋友困觉呢。

每本史书上都这么写：因为房后生活放荡，行为不轨，对国事不管不问，官员们没得法子，只好把她生下的那个孩子牵出来，唉，这孩子的爹到底是谁呢？算了，不管这闲事了，反正王朝需要的只是个帝王，谁在那个位置都一个德行！

于是，周王朝第五任帝王周穆王，闪亮登场。

拓展阅读

大卫与巨人

就在周王朝的第四任帝王周昭王遭受到来自王后、臣属、楚国及船夫们的合力戏侮之时，在迦南，在巴勒斯坦的希伯来部落，政治与宗教终于分家。公元前1025年，扫罗被推举为国王，建立起希伯来王国。

扫罗是个全能的勇士，在迦南极富声望，他建立起一支骁勇善战的部队，与敌人作战并持续取得胜利。但是据《圣经》记载，扫罗很快就面临着麻烦，原因大概是权力的腐蚀，《圣经》中这样写道：……他（扫罗）失去了一位朋友——大卫。大卫有美好的灵性，当神的灵离开扫罗，恶魔的灵进入他心里，他心中不得安宁。大卫就为他弹琴，他的琴声令扫罗满心畅快。大卫有勇有谋，又有胆色，为以色列人击败巨人哥利亚之后，本来可以成为扫罗的好助手，可惜，扫罗只顾巩固自己的权位，未能见容于大卫。

这里说的哥利亚，是《圣经》中极为可怕的敌人。他身高三米多，穿着的盔甲就重一百四十多斤，单单一个枪头也有二十来斤。面对这几无可能取胜的对手，大卫把绳子拴在石头上，在手中抡呀抡，突然一松手，石如流星，把哥利亚击倒。

大卫发明了流星锤，于是在公元前1010年，希伯来王扫罗进攻腓力士人，兵败身亡。智慧的大卫成了新一届的国王。新国王持续对腓力士人的战争，进一步扩充国土面积。

周穆王绕着地球去旅行

神奇的穆天子时代来临，公元前 1002 年，周王朝第五任帝王周穆王出场。

或许可以这样说，伟大的周穆王，历史上从未有第二个玩得像他这样爽。他是传说中最古老的驴友，足迹遍布天下，怀着对祖国壮丽河山的向往，他找来一个叫造父的驾车能手——那年月，马车由于设计得不合理，驾车需要极高的控制技术，这个造父因而成为赵国的先祖。此外周穆王拥有八匹非凡的骏马，一名绝地，足不践土；二名翻羽，行越飞禽；三名奔霄，夜行万里；四名超影，逐日而行；五名逾辉，毛色炳耀；六名超光，一形十影；七名腾雾，乘云而奔；八名挟翼，身有肉翅。

另有一个版本称，穆天子的八骏分别是赤骥、盗骊、白义、渠黄、骅骝、觎轮、騄耳、山子。总之，穆天子是个喜欢游玩的天子。记载称，穆王东征天下，二亿二千五百里，西征亿有九万里，南征亿有七百三里，北征二亿七里。简言之，如此广泛的穿梭奔行，这么点的小地球真不够他老人家逛的。

传说穆天子曾到过终北国，这个国家人人平等，没有疾病，土地上庄稼自然生长，神奇的泉水解渴又美容。当地的男女青年自由欢爱，穆天子陶醉其中，流连忘返。

穆天子最有名的出访，是于瑶台会见西王母。据记载，西王母的容貌有点另类，其状如人，豹尾虎齿，善于呼啸，蓬发戴胜。可以确信，西王母大概是哪个原始部落的女性酋长，她披着豹皮，所以有豹尾；颈戴虎齿，所以有虎齿；善于呼啸非常正常，原始部落的女酋长，肺活量小不了。此后这位女酋长被奉为统领天上地下、三界十方所有的女性的神仙。事实上后人的想象与历史原型比较贴近，总之西王母是最早的女神，修短得中，天姿掩蔼，容颜绝世，真灵人也。

此外，周穆王在遥远的旅途中，遇到了一位自称退休工程师的人，也就是偃师。偃师的身边跟着一个随从，偃师对周穆王介绍说，这其实是个木制的偶人，能够像真正的人类一样行走歌唱。周穆王很惊奇，就让那个木偶人表演歌舞。木偶人一边舞蹈歌唱，一边偷偷向周穆王身边的美貌宠姬抛媚眼，明目张胆地勾引。周穆王大怒，下令推出斩之。

偃师急忙上前，当场将勾引美姬的木偶人拆开，发现这东西只是由皮革、木头、胶漆、黑白颜料组装起来的。

周穆王仔细观察，木偶人体内器官俱全，外边则是筋骨、关节、皮毛、牙齿、头发一应俱全。虽然都是仿照物，可组合起来，就是个能蹦善跳会歌唱的偶人。如果将偶人的心拆走，偶人就不会说话了。拆掉肝，偶人就看不到东西。拆掉肾，偶人就失去行走能力。

这是人类历史上首次出现机械人的记载，或者这只是有关周穆王观赏木偶戏的夸张性记载，或者是一篇非常优秀的科幻小说，两种情况都不能排除。

周穆王的一生，是快乐的一生，游玩的一生。后世的史家意识到，单是公布周穆王的旅游线路，尚不足以引发人民群众的衷心爱戴。于是史家编造了一段寒日哀民的记录，说周穆王在游玩途中，天气寒冷，他想起子民们还吃不饱、穿不暖，忍不住落下泪来。史官说：他的人走遍河川大地，他的心时刻装着人民群众，他一边游玩一边关心着替他掏路费的百姓，因此他是一位永远值得怀念的好帝王。

拓展阅读

创世之说

公元前1000年，就在中国的周穆王恣玩无度、乐不思归之时，创世说在波斯出现，智慧大师琐罗亚斯德整合并创建了祆教，这是人类历史性地追溯宇宙开端的里程碑。

此前，世界各地的人类思想仍然停留在原始崇拜阶段，这个阶段的特点是对外部环境的恐惧，而不是理直气壮地对天地万物本原的追问。要从无知的恐惧走向理性的追问，一神教义的出现是必由之路。在当时的波斯，流行的也同样是多神崇拜。但是，米底王国的一个贵族子弟琐罗亚斯德，他20岁那年为了追求真理避世隐居，经过10年的苦苦思索，30岁那年破壁而出，先行创立了琐罗亚斯德教。该教义认为，智慧之主是宇宙之中的创造者。

理所当然地，琐罗亚斯德的新教义遭到了祭师势力集团的迫害与打压，此后12年，琐罗亚斯德的教义为他赢来了一个最富价值的女信徒，大夏国宰相的女儿。大夏国毗邻中国新疆和青藏高原西北部，在今阿富汗一带。大夏国宰相的女儿嫁给了琐罗亚斯德，于是新教义迅速传播开来。

77岁那年，琐罗亚斯德在一次局部冲突中，于神庙中被杀。但波斯拜火教终得以世代延续。2300年后，这支古老教义在中国最优秀的信徒朱元璋，创建了大明帝国。当然，权力帝国的出世也标志着智慧教义的死亡，明帝国建立初始的第一件事，就是剿杀了这支教义在中国的延续。

神州从此无节操

周穆王虽然以游乐出名，但他也命大臣吕侯制定了一部成文法典，史学家称之为《吕刑》，比之于世界上最早的《汉谟拉比法典》晚了 1200 年。

周穆王死后，周王朝第六任帝王周共王出场。此人不务正业，唯一的历史成就，就是他和诸侯密须国的康公，在西游泾水时，遇到了三个极美貌的女子，密康公上前搭讪，劝说女孩上他的车兜风，然后驱车狂奔，把女孩带回了自己的都邑。

周共王认为，女孩是大家一起发现的，而且自己又是天子，密康公肯定会把最美丽的献给自己，就耐心地等待着。可等了好久才知道，密康公把三个美女全部占有，并不再露面了。

对密康公吃独食的无耻罪行，周共王采取了强烈的惩罚手段，发动军队，灭亡了密须国。完成了这项工作之后，周共王就退出了历史舞台。

此后是公元前 935 年，周共王的儿子即位，是为周王朝的第七任帝王周懿王。

周懿王生不逢时，经过爷爷周穆王的恣玩无度和父亲周共王的不务正业，到他这时候，周王朝分明是没什么后劲了。戎人趁机杀奔而来。面对戎人的凶猛攻势，周懿王正气凛然地发出号召——搬家，惹不起还躲不起吗？搬家走人！

为避戎人之侵，周王室把国都从镐京迁到了犬丘。搬家是桩很麻烦的事儿，千头万绪，所以周懿王就没时间再做什么正经事儿，就退场了。

公元前 910 年，周懿王的叔叔辟方接了侄子的班，是为周孝王，为周王朝的第八任王。他在位九年，也没来得及做什么事儿就退场了。然后轮到前任天子周懿王的儿子，是为周夷王。理论上来说，既然周夷王是周懿王的儿子，周懿王死了，就应该轮到周夷王继位，但是周懿王的叔叔却见缝插针，硬是挤了进来过了把帝王瘾，这里边一定有名堂，但资料缺乏，无法评析。

但是这个周夷王，他确实有问题。此人首开周王朝混乱之先河，引领着历史向着一片乱局中行进。

当时齐国的国君叫吕不辰，他和邻居纪国闹了点小矛盾，于是纪国就来上访。见到周夷王，纪国却不说自己的事儿，撒谎说齐国吕不辰蔑视周王，准备叛乱。周夷王一听就火大了，当即下令召集诸侯大会，把齐国的国君吕不辰给骗来，当场剥掉衣服，丢进鼎里，下面添柴加火，咕嘟咕嘟，把个吕不辰给煮了。

可怜这位吕不辰，如果他知道和邻国吵架的后果如此严重，他肯定会表现得更理性些。因为他死得惨而悲哀，荣获谥号齐哀公。

齐哀公吕不辰莫名其妙地被煮了，他同父异母的弟弟吕静继位，但齐哀公同父同母的弟弟吕山对此表示不满，于是率营丘人杀死吕静，自己继位。但没过多久，吕静的儿子又带领一支外国特种部队潜入，再掀起一起血腥乱局。总之，就因为煮了齐哀公，齐国再也没一天的安稳日子了。

周夷王的行为，相当于打开了潘多拉的盒子，释放出了所有的暴力因子。但是他的行为也仅限于此。可等到他的儿子出场，历史突然变得异常混乱而鲜活。

因为有了文字记载——半信史时代结束了，有清晰文字记述的信史时代，就在周王朝走向晦涩之时到来了。而文字记录的开端，却始于一个言论遭受到暴力管制的时代。或者更明确地说，正是因为言论管制，使得国人深切地意识到历史的记载之于思想自由的价值。

从一开始，中国的历史就以记载专制暴政的形式，承载着与暴权相抗争的沉重使命。

拓展阅读

同一时间的世界史

公元前937年，中国周王朝第六任帝王周共王在位，因密康公独占三位美女而愤然兴兵。就在这一年，希伯来人的智慧之王所罗门逝世。伴随着他的死，智慧似乎也随之而去，希伯来王国一分为二，希伯来南部成为犹太王国，建都耶路撒冷，由所罗门的儿子波罗安为国王；希伯来北部则成为以色列国，建都撒马利亚，以耶波罗安为国王。此后两国互相攻击，战斗不止。

公元前933年，中国周王朝第七任帝王周懿王在位，因王朝衰微，受戎人凌侵，被迫迁都。但由希伯来王国分裂的南部犹太王国更惨，该国遭受到埃及王示撒的攻击，王国都城耶路撒冷被攻陷，示撒大掠而去。

公元前900年，周王朝第八任帝王周孝王在位，这一年，希腊吟游诗人荷马出生，他将走遍希腊诸岛，向人们唱颂此前已经遗忘的历史。

公元前885年，周王朝第九任帝王周夷王在位，这一年腓尼基人所创造的字母传入希腊。

公元前884年，希腊伊里斯国王伊非度司，议办奥林匹克运动会。时至今日，国王伊非度司的名字已经极少有人知道，但奥林匹克精神却无人不知。可见转瞬间的权势之显赫，永远无法与人类的挑战精神相比拟。

第七章

西周在延续，历史更精确

（信史开端）

卫国巫人密探风云

中国有文字记载的信史时代，始自于周厉王的言论管制期。

周厉王，名姬胡，他是周王朝的第十任帝王，是周夷王的儿子。周夷王因为烹煮了无辜的齐哀公而载之于半信史，周厉王则表现出更为明确的暴君风格。

周厉王于公元前 879 年继位，继位后就找来荣国的封君荣夷公，商量有什么办法可以迅速发财。荣夷公在历史上首创专利之概念，于是周厉王采纳之，方法就是把王畿一带的山林川泽统统封锁起来，如果百姓想要打柴、采集、捕鱼、打猎，就必须先行缴纳高额的税金。于是周厉王迅速暴富，百姓却是苦不堪言。

百姓议论纷纷，表示不满。于是周厉王建立起以卫国巫人为主体的密探体制，密探们在人群中钻来钻去，把对周厉王表示不满的群众报告给官方，抓捕后杀掉了。于是国人大恐，再也不敢公开表达反对意见。走在路上连话都不敢说，道路以目，这个成语就是出现在这个特定时代。

没有人再敢说话，周厉王心清气爽，曰：要狠狠地打击那些不负责任的言论，这样才能实现长治久安嘛。

如此“道路以目”了整整三年。三年后，突然有一天，数不清的国人、工商业者和军人聚集在王宫门前，守宫卫队杀气腾腾赶来，与群众对峙，并高声喊话，喝令群众解散离开，否则予以严惩。守宫卫队发现这样只能激怒群众后，又改喊请大家不要上了一小撮坏人的当，要和谐，和谐才是最重要的，如果大家解散的话，保证不秋后算账。而此时，密探们就混迹于人群之中，紧张地搜集着资料，准备群众解散后立即抓捕杀戮。

幸好周王朝时代的国人没有上当，他们发出愤怒的吼叫，打倒卫队冲入王宫。周厉王见此情形，丝毫也不犹豫，立即跳上马车，驾车从后门逃出，向着东北方一路狂奔，渡过黄河，来到了彘邑，也就是现在的山西霍州市东南。确信国人不太可能抓到他之后，这才喘了口气，从此躲藏了起来再也没露过面。

周厉王逃了，但是他还有个儿子，名叫姬静。愤怒的国人开始追杀太子，可怜的小太子疯了一样在街上狂奔，数不清的人在追杀他。姬静一口气逃到素有贤名的召穆公门前，冲进去请求庇护。暴动的群众追杀而来，包围了召穆公的王府，要求召穆公交出太子。

召穆公壮着胆子与群众对话，请求放过无辜的太子，却被愤怒的群众拒绝。日后太子如果登位，肯定会为他爹报仇，群众不想冒这个风险。见劝说无效，召穆公只好退回，忍痛让自己的儿子穿上太子的衣服，推出门外。这可怜的小东西，没招谁没惹谁，被门外的群众一拥而上，活活打死了。

召穆公以自己的儿子替代太子，让后世的统治者乐不可支，立即将召穆公树立为典型，宣传人命不等价的观念，并希望更多的人能够被忽悠，应该说，这个忽悠的效果是极为显著的。

最重要的是，召穆公牺牲了自己的儿子，换来了个非常不值得的结果。日后这个太子继位，秉袭的仍然是周氏王族惯有的混账风格。

短命共和国

周厉王逃遁，共和国时代到来了。

据司马迁《史记》载，周厉王逃走之后，周王朝由召公和周公共同执政，他们和衷共济，推心置腹，亲密无间，不分你我，所以号称共和。

但是据后世史学家研究，司马迁老先生写史不认真，弄错了。实际上，共和是一个人的名字，是有个诸侯姓共名和，这个人品德比较可靠，老百姓信任他，于是诚邀共和先生来都城执政。执政期从公元前 841 年开始，14 年后，周厉王那没死掉的儿子突然钻出来，共和时代才草草结束。

共和执政时期，实行的是无为而治、顺应民心的政治，所以这段历史非常平静。到了公元前 827 年，传来了逃亡在外的周厉王死掉的消息。这时候朝中有心术不正的大臣，开始密谋推举周厉王的儿子继位，自己也好以拥戴之名获得利益。家天下时代，拥戴者的私心和险恶隐藏在冠冕堂皇的口号之下，所以新君继位一帆风顺，共和从此彻底消失。

平心而论，新君周宣王即位之初，还是很想有一番作为的。毕竟他的身世经历太过于惨烈，国人暴动，父亲逃亡，自己被追杀，为了救他，召穆公又献出了自己的儿子。如果他不好好地干一番，委实对不起这些拥立他的人们。

所以周宣王努力表现，任用贤士，选拔人才，清明政治，安抚诸侯，就这样玩过了一段时间后，他不无沮丧地发现，他真正想要的，不是这个。

他最喜欢的，是胡作非为。正儿八经治理好国家，这明显违背他的天性。

于是宣王说：人生何其短暂，为什么要为别人而活？

周宣王说：我要做回我自己。

于是他开始不理朝政，于后宫中过上淫乱而快乐的生活。王后姜氏看到他露出本来面目，心里很担忧，就脱下头上的簪和耳环，待在后宫的永巷之中，声称国君荒淫好色，都怪自己没当好王后，请国君治罪。与此同时，姜氏大骂宣王宠爱的后夫人是淫妇。

史书上说，周宣王深受感动，于是励精图志。但这个说法是瞪眼睛说瞎话，实际上周宣王根本没理姜后个槌子，而且是变本加厉。周宣王是个不甘寂寞的人，和平安康的日子让他痛苦，他巴不得天下大乱，所有人都活在痛苦之中，这样他才有得玩。

可是天下不乱，人民不痛苦，怎么办呢？

有了！周宣王想，思路决定出路，办法总比困难多。天下不乱，我把你搞乱，人民不痛苦，我让你痛苦。

就在周宣王琢磨这事的时候，好死不死的鲁国封君鲁武公，带着大儿子姬括和小儿子姬戏，来都城见周宣王。周宣王一看这爷仨，眼珠一转，计上心来。

于是周宣王问：你们这俩孩子，哪个被立为封君继承人了？

鲁武公回答：按照武王时代的律令，必须要立大儿子的。

周宣王摇头：为什么非要立大儿子？小儿子也是亲爹生亲妈养，凭什么就没有继承权？这对小儿子不公平。现在我宣布，你们鲁国，改立小儿子为继承人。

鲁武公慌了手脚：这么搞，会闹出乱子的呀。

周宣王道：乱讲，怎么会出乱子？你不听我的吩咐，是蔑视天子尊严吗？

鲁武公没办法，只好任由周宣王胡来，取消了大儿子姬括的继承权，让小儿子姬戏继承鲁国封君。可是大儿子姬括窝囊啊，他不过就是跟父亲来国都一趟，没犯错没惹事，却莫名其妙地被剥夺了继承权，为什么会这样呀？为什么？

姬括想不通，咽不下这口窝囊气，活活窝囊死了。而小儿子姬戏，他在父亲死后，幸福地成为了鲁君。

失去继承权的姬括虽然气死了，可是他的儿子没气死。姬括的儿子叫伯御，他还在耐心等待接班呢，没承想封国被叔叔霸占了。伯御不甘心失去的天堂，于是就秘密组织了一伙亡命之徒，于一个月黑风高之夜，呼哨一声，杀入王宫，斩杀了叔叔姬戏，夺回了国君之位。

可是自打周宣王为搞乱鲁国，埋下这枚定时炸弹之后，就天天伸长脖子往这边看，等着热闹看。闻说伯御杀姬戏，周宣王大喜，立即声称伯御杀掉了自己指名的封君，是对自己天子尊严的蔑视，于是率领大军，杀奔鲁国，把个愣头青伯御杀掉了。

周宣王终于如愿，引领着王朝走向了大混乱时代。

妖鬼杀人事件

弄乱了鲁国，接下来周宣王想玩个大的，就驱师杀奔太原，去打那里的戎人。可是他哪里是戎人的对手？反被戎人打得丢盔弃甲，大败而逃。

周宣王不甘心，又集结大军，再一次杀回去，不想戎人早就看透了他的草包本质，设下伏兵，竟然把周军全部歼灭。幸亏周宣王逃得快，才保住老命。

逃回来后，周宣王反思这两次失败，恍然大悟，说：唉，打错了，就不该打戎人，戎人那伙子煞星会还手的，要打就打不会还手的，这样才能赢。

打谁才不会还手呢？

当然是打老百姓，于是周宣王增设官员，增加赋税，老百姓们果然是哭叫连天，却无力抗拒。周宣王的心里，顿时感到说不出来的快乐。

然后周宣王又开始杀戮大臣，大臣也不敢还手。第一个挨刀的是大夫杜伯。关于杜伯这位霉催蛋的死因，史书上存在两种说法。

一种说法称，当时民间有流言："月将升，日将没，桑弓箕袋，几亡周国。"意思是说将有女子乱政，操桑弓箕袋的人将灭亡周王朝。于是周宣王下令禁止弓矢，并派大夫杜伯负责此事。不久杜伯捉到一个入城卖弓矢的女人杀掉，这条禁令就取消了。但不久周宣王又梦到一个美貌女子自西方而来，进入太庙，拿走周氏祖先灵牌，于是周宣王判断谶言仍在生效，认为都是杜伯执行力不够，就杀了杜伯。

另一种说法称，周宣王有个美貌的宠姬，叫女鸠，她爱上了杜伯就要求和杜伯欢好。可是杜伯拒绝了，女鸠爱不成，恨意生，就向周宣王投诉说杜伯企图污辱她。周宣王大怒，杀杜伯。

两种说法在历史上都存在，而且相互之间并不排斥，可见杜伯之死，或是多种因素凑合而成。据记载，当杜伯被处死时，他大喊大叫：冤枉呀，我好冤枉呀，如果我死后无灵，我就认了，如果有灵，不出三年，我一定会回来找你，你等着，我会回来的，会回来的……

果然，三年后，灵异事件就发生了。当时周宣王正在外边打猎，忽然看到杜伯驾一辆由白马拉着的白色车子，头戴红帽子，向着周宣王疾冲过来。周宣王急忙想逃，但为时已晚，只听嗖的一声，杜伯一箭命中周宣王的心脏，力道之大，甚至连宣王的脊骨都给射断了。

事件发生时，朝臣与卫士们全都在一边看着，但没有人敢跟鬼魂过招，只能是眼睁睁地看着宣王被杜伯鬼魂射杀。

事后有人分析，这个杜伯鬼魂有可能是痛恨周宣王倒行逆施的刺客，扮作鬼魂来行刺。这种可能性不能排除，但是有关"月将升，日将没，桑弓箕袋，几亡周国"的谶语，仍然在释放着强大的能量，并将周王朝迅速推向破碎的末路，这就不好解释了。

拓展阅读

秦王朝崛起

周穆王时代，有个善于驭车的造父，替穆天子驾车巡游天下。于是穆天子把造父封到了赵城，造父就是后来赵国的先祖。

造父到了赵城，天下对驾车或对马有研究的人都赶过去凑热闹。早间商纣王的亲信恶来，在周王朝建立后被列为奸臣，结果恶来的后人就沦落为养马人。这支部落的首领名字叫大骆，他也带着部族来了。大骆有个儿子叫非子，他在这苦寒之地，流露出养马的天分，他养的马膘肥体壮。

马是周王朝最重要的财富与战略物资，造父发现了非子这个人才，就急忙报功。这时候穆天子已经死了好久，在位的是周孝王，孝王亲切接见了养马劳模非子，鼓励他多养马，养好马，为天子多做贡献。又把非子封到了秦邑，让他负责不知何故死绝了的嬴氏的祭祀。这样做的目的有可能是"去恶来化"，和声名狼藉的祖先划清界限，开始全新的生活。

于是非子从此改称秦嬴，彻底剥离了商纣王时代的负资产。

此后非子家族延续三代人，到了周厉王引发暴乱之时，戎人趁乱进攻，消灭了大骆部落。此后，商纣王时代的奸臣恶来，就只剩下非子一支了。到了周宣王时，他是个吃啥啥不剩、干啥啥不行的天子，又好大喜功，鼓动秦嬴的第三代封君秦仲进攻戎人，秦仲就信了。结果秦仲去了就没回来，被戎人打死了。

秦仲虽死，却留下五个强悍的儿子，这五个儿子与戎人拼了老命，稳固住了自己的封国地盘，也成了周王朝北方最有力的屏障。

周幽王的幽灵王朝

一个无可争议的事实是，早在大禹始肇家天下，权力私有化之时，就已经埋下了后续王朝覆灭的种子。

据《国语》及《史记》等严肃的史书记载，夏王朝末年的时候，忽然间有两条神龙，摇摇摆摆地来到了夏宫，很高调地宣布道：我们是褒国以前的两个国君，以后就留在这里，和你们在一起，在一起。

史书没有提及神龙长什么模样，是穿着衣服还是袒露着鳞甲肚皮，史书只是简单地叙述道：褒人的神灵“化为二龙，以同于王庭”。给我们的感觉，这似乎是一个神人杂居的混沌时代，街道上人来龙往，两条神龙到王宫拜访，是很正常的事情。

但是夏帝很害怕，就烧乌龟壳占卜，问：家里来了两条龙，是红烧好，还是清蒸味道更佳？

卦象显示：杀了神龙不吉利，留下神龙也不妥当。

于是夏帝就换了个问题问：请神龙留下唾沫，收藏起来如何呢？

卦象显示大吉。

于是夏帝就命人奉上玉帛财物，把请神龙吐口水的祈求写在竹简上，向两条神龙求拜。两条神龙冲夏帝吐了会儿口水，就飞上天空，不见了踪影。夏帝命人把神龙的唾沫装在一只精美的匣子里，郑重地收藏起来。

不久夏朝灭亡了，商王朝就把装神龙唾液的匣子收归己有。很快商王朝也灭亡了，这只匣子就成了周王朝王宫的私藏宝物。整整一千多年过去了，匣子也未打开过。

到了周厉王时代，他在宫中藏物中发现了这只匣子，问清楚详由后，心里就忍不住好奇：神龙的唾液是什么样子的呢？又有什么功效呢？

好奇心害死王，周厉王下令：打开这只匣子看看。

匣子一打开，意想不到的事情发生了。就见打开的匣子里边，哗啦啦地流出大量的液态物，这应该就是神龙的唾液了。唾液浩浩荡荡，汩汩滔滔，在王宫里四处流淌，无法止住。眼看整个王宫就要淹没在唾液的海洋之中。

周厉王慌了神，想出来个奇妙的怪主意：以邪止邪。

周厉王命令所有的宫女集合，统统把衣服脱掉，光着身子冲着唾液海连蹦带嚷。据说周厉王的这个办法是有讲究的，神龙唾液，就是龙精，龙精遇到赤裸身体的女人，就会化为大鳖。不太明白这种变化的科学原理，但史书上说，那些唾液果然消失了，化为一只黑色的大甲鱼。

甲鱼在王宫里爬呀爬，爬到了厉王的后宫。后宫有个 7 岁的小女孩，她在宫里的职务是“童妾”，意思是周王还没成年的老婆。记载称，甲鱼爬到了 7 岁小女孩身上，感觉当时只是一场惊吓，也没什么可怕的事情发生。

此后又过去好多年，周厉王的儿子周宣王在位，那个早年被甲鱼爬过的童妾，已经长大成人了。有一天她发现自己莫名其妙地怀孕了，并生下一个女儿。可是童妾并没有接触过男人，怎么会生下孩子呢？她害怕周宣王追究，更害怕这孩子是个妖怪，就偷偷把孩子扔在了路边。

这时候，恰好国都流传着“月将升，日将没，桑弓箕袋，几亡周国”的民谣，周宣王断定，如果有拿桑弓、背箕袋的人出现，周王朝就会灭亡。于是周宣王禁止制造弓矢，民间凡有售卖弓矢者，格杀勿论。

正好有一对夫妻，靠卖弓矢为生，因而遭到追杀。夫妻二人只好逃亡。他们在路上听到有孩子的哭声，过去一看，发现了被童妾抛弃的婴儿。于是夫妻二人抱起这个婴儿，逃亡去了西南的褒国。

很快周宣王死了，他的儿子周幽王继位。这时候，被抱到褒国的小婴儿，已经长成了绝美的少女。不久周幽王攻伐褒国，抓走了封君，褒国人就把这个美丽的姑娘献给了周幽王。从第一眼看到她起，周幽王就深深地爱上了她。由于这个姑娘来自褒国，褒国姓姒，所以史书上称这个姑娘为褒姒。

历史记载称，自从周幽王得到褒姒后，为其美色倾倒，宠爱无比，日日夜夜不肯分离。很快他就为讨取美人欢心，烽火戏诸侯而步步走向灭亡了。

后世的学者们，对古人把这件事写入历史，表示出极大的愤慨，这都什么乱七八糟的，神龙、唾液、赤裸身体的宫女……历史是严肃的，怎么可以写成灵异故事呢，嗯？古人治史，真是太不严谨了！

实际上，古人治史是很严谨的，褒姒的故事也没什么问题，这实际上是在历史原型上衍生出来一个哲学故事，或者叫寓言更为恰当。故事已经讲得很明白，周王朝灭亡的根由，在于获得权力的暴力法则，在于后宫中童妾这种邪恶而变态的制度。由于国人的政治智慧匮乏，视暴力为获得权力的唯一通道，导致了弱肉强食、成者王侯败者贼的观念流行。这种观念决定了，当一个王朝走过上升期，强者的挑衅就成为一个必然。这个规律，在春秋时代得到了精确的验证。

拓展阅读

此时的世界

公元前800年，周王朝周宣王在位，而在印度，从公元前3000年前就开始积累的文化喷薄爆发，《吠陀经》在这一年完成。

《吠陀经》，是印度古文明中最为重要的经典，吠陀的本义是知识、学问。《吠陀经》记录了各式圣歌、宗教、礼仪、风俗、思想和哲学，在这里，印度神话初次较为系统地组合起来。

第八章

真正的封建时代

（春秋开端）

笑神经不发达的褒姒小姐

春秋，中国历史上最宏大的时代，始于公元前722年，终于公元前481年，总计242年。这是一个错乱纷杂的城邦时代，一个又一个霸主出现，还未等人们看清楚其面目，就已经惨遭淘汰淡出。这也是封建鼎盛的时期，虽然很快走向末路，但古老的宗族关系还在，诸侯们在相互吞并时，还偶尔会爆一下人性的光辉。一旦这个时代过去，残暴的法则就成为主旋律，所以后人总是在惋惜这个逝去的黄金季节。

按照传统史学观点，这个时代由笑神经严重不发达的褒姒姑娘拉开帷幕。但这一观点已经被唾弃，褒姒姑娘是无辜的，她只是偶然出现在历史上的14岁孩子。而这个时代的来临，却是一个必然。

周王室彻底失去尊严与威信，始自褒姒姑娘不爱笑，周幽王为了讨她欢心，就点燃烽火，诸侯以为戎人来侵，纷纷赶来勤王。史书上说褒姒姑娘因此而笑了。老实说，这件事还真看不出有什么笑的理由。如果她是真的笑了，她一定是笑世上居然有如此低智商的男人，而这男人却有权操纵她的命运。

烽火戏诸侯并非是周幽王的原创，早在夏王朝的末年，智商低下的夏桀就曾经玩过烽火戏九夷。当时夏桀下令九夷集结，攻打拒绝进贡的商部落，商部落立即假装臣服，于是夏桀命令九夷部落的军队返回。此次事件导致了后来当商汤起兵攻夏时，夏桀发现，已经无人听从他的命令了。

戏诸侯这种事，与漂亮女人毫无关系，只跟帝王的智商直线相关。智商太低的帝王，总是抵制不住恶作剧的心态，拿军国大事来玩。当然玩的结果就是，周幽王和他的周王室，从此没得混了。

一切都已经注定，在周幽王继位的第二年，周王畿附近的三条大川，无缘无故地枯竭了，岐山也发生了崩裂倒塌现象。更可怕的是连续性的强地震，山丘坠为峡谷，沟堑隆为丘陵。岐山已经不再是过去的岐山，地形地貌完全变了。居于深宫的周幽王，相信他对周边的环境，一定产生了强烈的陌生和疏离感。

周幽王没有能力处理如此离奇的国变，这超出了他的智商理解范畴。他选择了和 14 岁的褒姒在一起，借此弥补他因为智商不足而带来的挫折感。

五年过去了，褒姒已经 19 岁，她为周幽王生了个儿子，叫伯服。

伯服的意思就是：老大你要服我，不服就死定了。

之所以起这么个怪名字，是因为伯服并不是老大。早在周幽王宠爱未成年的褒姒之前，他已经和王后申氏生下了太子宜臼。臼是舂米的器具，用石头或木头制成，中间凹下。太子的名字叫宜臼，大概意思是适合用来碾磨玩。

宜臼和伯服，一个适合挨砸，一个适合砸人。这两个名字是不是特意这么起的，很难解释。总之周幽王就想让两个孩子名符其实，要废掉宜臼的太子位，让小儿子伯服做太子。

宜臼很悲愤，他走在路上，唱起悲凉的歌，逃到了申国。他的母亲申后，是申国国君的女儿，宜臼此去，是向姥爷投诉。

发现大儿子逃走了，周幽王很恼火，命令申侯交出宜臼，被申侯断然拒绝。于是周幽王调集兵马,准备攻打申国。这时候的申侯,只能是一不做,二不休，干脆联合犬戎部落，杀奔周都而来。周幽王急忙点起烽火，诸侯却拒绝陪他玩这无聊的游戏，没有人赶来帮忙。结果国都被打破，周幽王被杀死，褒姒成为了戎人的战利品，掳走之后失去消息。

而不甘碾磨的宜臼，就成为了新一任的周王朝天子，是为周平王。但这时候，周王室对诸侯的影响力，已经形同于无了。

拓展阅读

此时的世界

公元前776年，周幽王四年，希腊人于奥林匹克平原举行赛跑等竞技运动，以纪念天神宙斯，这是世界奥林匹克运动会的开始，古希腊从此开始有文字记载的历史。但这时候吟游诗人荷马已经去世百年之久。人们传唱他的古老史诗，却无法甄别真假。

郑庄公扮猪吃老母

周平王时代，也曾有那么一段时间的风平浪静，但不久郑国最先打破寂静，吸引了历史的眼球。

早年周公旦分封天下，并没有郑国这个国家。郑国的出现源自一个高明的观察者，这个人叫姬友，是周厉王的小儿子，周宣王的小弟弟。

周厉王因为征敛而激起民变，被迫逃亡。他死后，周宣王即位。姬友非常聪明，宣王很喜欢他，就在陕西封了块地给他，于是就有了郑国。姬友也有了个新的称呼：郑桓公。

但周幽王时代，郑桓公敏感地意识到不对头，这个周幽王智商短缺，心眼不够，恐怕这操蛋国家没几天了。倘若周王室灭亡，自己的郑国近在咫尺，势必也会遭连累。

于是郑桓公把家里所有的财宝找出来，拿着财物去了河南。那里有两个小封国，虢国和郐国。郑桓公对他们说：两位，一家人不说两家话，你看你们这儿挺宽绰的，能不能挤一挤让一让，让我把郑国也搬过来？

虢国和郐国见到财物，大喜，果然就挤了一挤，一家让出一个邑给了郑桓公。于是郑桓公就把郑国搬了过来，建立新郑。

郑国大搬家，这在历史上也是极新鲜之事儿。而郑桓公的搬家很快就被证明是明智之举。犬戎很快杀了过来，西周灭亡，如果郑国没有提前搬走，也必然于当时被除名了。郑桓公的前瞻眼光，不能不让人惊讶。

郑国虽然搬走了，但郑桓公还在国都做司徒，他大战犬戎，结果于骊山战死，儿子郑武公即位。

当时郑国的地盘，只有花钱买的河南新郑那么一小块，相隔百里的漯河，是胡国的地盘。郑武公把自己的女儿嫁给了胡国国君。到了周平王八年，公元前763年，郑武公主持军务会议，言及郑国地盘太小，应该扩土开疆，可要是这样的话，应该攻打哪个国家呢？

大夫关其思抢着说：打胡国打胡国，胡国小，距离又近，最适宜用兵。

郑武公勃然大怒：关其思，你此言何意？难道你不知道胡国是我的女婿之国吗？你想让我攻打女婿，心肠何其毒也？你这种坏人就不能留下，推出去斩了。

关其思因为心术不正，心理太阴暗，当场被杀。消息传到胡国，胡国国君感动得泪流满面，曰：我老丈人对我真是太好了，郑胡两国的友谊，是牢不可破的。话未说完，就听见外边杀声冲天，有人冲进来报告：不好了，郑兵已经杀进宫里来了！

不会吧？胡国国君惊呆了。

不会才怪。郑武公于会议上杀关其思，只是为了麻痹自己的女婿，趁其无防之际一举端掉。胡国就这样消失了，从此并入郑国的版图。

郑武公不愧是遗传了郑桓公的基因，脑细胞密度，比之其他诸侯更发达些。这就难怪他们最先出来唱主角。如此优厚的智力资源，倘得以延续下去，这个春秋时代，岂不成了他郑家的天下了？

雄厚的智力资源，真的在郑家延续。但延续到第三代，战场就由疆域转入厅堂，呈现出一片窝里斗的大好局面。

奸诈的郑武公娶的是申侯之女武姜，武姜生了大儿子，可这孩子出生时难产，武姜讨厌他，就给孩子起名叫寤生。此后武姜又生了小儿子叔段，非常疼爱。按武姜的意思，应该让小儿子叔段继承封君之位。但早在周武王时代就已经为这事立了规矩，封君之位由嫡长子继承，这事没得商量。

于是在郑武公死后，大儿子寤生继位，是为郑庄公。母亲武姜不喜欢这个结果，就替小儿子叔段向庄公讨要封地，庄公不敢拒绝。

此后武姜步步紧逼，庄公步步后退，叔段获得的权力越来越大，已经严重影响到郑国的政治格局。大臣们劝说郑庄公，于是郑庄公创造了一个成语：多行不义必自毙。

果然，没过多久，母亲武姜与小儿子里应外合，准备发动叛乱，要一举推翻郑庄公，让小儿子当封君。可是郑庄公就等着这一天呢，为了引诱弟弟走上不归路，他假称前往周朝辅政，并告诉母亲。母亲大喜，立即写信告诉小儿子，可是信使被郑庄公截获，同时也获知了弟弟叛乱的具体日期。

到了叛乱日子，叔段率叛军奔袭郑都，就立即掉进了哥哥为他设下的罗网，悉数被歼。而当叔段被迫在共城自杀后，郑庄公抚尸大哭，如果说他是虚情假意，这也没什么依据。但他在历史上首创欲擒故纵的高明兵法，却只是用来和母亲弟弟玩，这也实在是让人气沮。

虽然赢了这场窝里斗，但母亲的偏心却让郑庄公心寒。他把武姜囚禁在城颍，发誓说：不及黄泉，无相见也。但很快他就意识到了自己的失策，武姜毕竟是他的母亲，如此绝情，与封君的心胸是不相称的。于是他建了座望母台，天天站在台上发愁。

大夫颍考叔明白郑庄公的心事，就出了怪点子，说：你要不挖条地道吧，挖出水来，在地道里见你母亲，那就是黄泉下相见了。既不违背你的誓言，又成全了你们母子亲情。

郑庄公大喜，立即采用了这个办法。史书上记载说，他在地道里谱写了一首歌，歌词是：大隧之中，其乐也融融。

拓展阅读

罗马帝国的创建

公元前753年，两个由母狼养大的孩子筑罗马城，建罗马帝国。这个极尽辉煌的帝国，此后将延续2206年，至公元1453年灭亡。

埃涅阿斯的后代统治当地300年之久，到了第15代国王时，出乱子了。国王的弟弟篡夺了王位，杀死了侄子，并强迫侄女西尔维娅去做不许结婚的女祭司。他以为哥哥家不会再有后代，自己的权势就坚不可摧了。可未承想，战神玛尔斯跑来向西尔维娅求爱，还让这个女祭司怀孕生下了一对双胞胎。

发现侄女儿怀孕生子，篡位的国王气急败坏，他下令处死西尔维娅——在这个时刻，战神玛尔斯显然无意营救他的情人——新国王下令，把西尔维娅生的两个孩子丢到河里去。

孩子在水面上漂浮，被河水冲到了岸上。一只母狼听到孩子的哭声，循声找来，它舔干孩子身上的水，把孩子叼到狼窝里喂养。

两个孩子吃了段时间狼奶，不久被一个猎人发现并收养。此后两个孩子成长为雄健的武士，他们带着自己的朋友们杀掉了害死自己母亲的叔叔，然后决定再创建一个新的国家。而新国家地址，就选在他们出生时就遭抛弃的帕拉丁山丘。

新帝国建立了起来，但由谁来做主宰呢？兄弟俩争吵起来，最后，哥哥赢了——他杀掉了朝夕相处的弟弟，成为罗马帝国的首任主宰。

罗马的城徽，是一只母狼照看着两个小男孩。吃狼奶长大的孩子，他们注定了要在长大后自相残杀。

杀个儿子练练手

春秋开局的第一战，是郑庄公欲擒故纵，扮猪吃老母，打掉了以妈妈、弟弟为首的叛乱集团。这表明，这个时代的战争，带有浓烈的家庭纠纷的味道。

历史也正是这样，春秋第二年，莒国和向国就打了起来，起因就是莒国的封君娶了向国封君的女儿向姜，向姜回娘家之后，就不肯回来了。莒国封君大怒，就率军队攻入向国，俘虏了老婆后带回家，继续过日子。

春秋第四年，卫国封君卫桓公，准备赴周都洛阳，觐见天子。弟弟卫州吁为哥哥饯行，然后在宴席上扑哧一刀，把哥哥宰掉了。这是中国历史上第一次有文字记载的政变，整个刺杀过程由卫州吁的智囊石厚负责执行，刺杀成功后，卫州吁兴高采烈地升任封君。

但是石厚的父亲石碏提醒儿子：喂，你帮助新封君立了大功，这是好事。可你考虑过没有，你现在这个封君，压根未经过天子认证，诸侯们会承认吗？

石厚说：对呀爹，我咋就没想到这茬呢？那现在怎么办？

父亲石碏说：这事，你的封君必须要经过天子认证，可是你们杀了经过天子认可的哥哥封君，恐怕天子不会承认你们。除非走走后门，拉拉关系，才能够解决问题。

石厚听呆了：这种事也能走后门？怎么走？

父亲石碏说：陈国的封君跟天子交情最好，只要他说话，没有不通过的。我建议你们俩立即去陈国，先跟陈国的封君套交情，让他帮忙在天子面前说说情，就一定能获得天子认可的。

石厚大喜：姜到底是老的辣，爹这主意太棒了。

于是石厚和弑君自立的卫州吁就去陈国友好访问。等到了陈国见到陈国封君，正要热情地打招呼，却见陈国封君脸皮一翻：与我把这两个缺心眼的拿下，实话告诉你们，石碏已经派人送了密信给我，指控你们杀害封君，要求我立即判决你们两人的死刑。

不会吧？石厚万难置信：石碏那可是我爹呀，这世上哪有老爹杀亲生儿子的？

陈国封君笑道：爹杀儿子怎么了？怎么了？你弟弟能杀哥哥，亲爹为什么不能杀儿子？给个不能杀的理由？

石厚还没来得及给出理由，那边刀已经砍下来，当场被杀。

因为政治派系的不同，身为父亲的石碏杀掉亲儿子。这段历史述之者多评之者少，因为这里边出现了两个人伦标准：对政治领袖的忠诚和对家人的关爱，哪一个更重要？

统治者的选取是毫无疑问的，他们希望把自己排到人伦的最前位，所以史书的记载上，对石碏的行为持赞同态度。只有孔子从侧面角度，认为父子人伦更重于对政治首领。对此孔子说：子为父隐，父为子隐，直在曲中矣。孔子的意思是说：父亲要保护儿子，哪怕儿子错了。儿子也要保护父亲，哪怕父亲错了。这样做看似不明是非，但实际上，人世间的亲情与爱，是压倒一切是非的。

政治一旦压倒亲情，就是邪恶。这大概是孔子的观点。

但是孔子的观念最终未成主流。相反，统治者甚至把孔子也打了包，重新对人伦关系进行排序：天地君亲师。照这个排序，统治者把自己排为第一，甚至比爹妈妻儿更重要，这就更让人莫衷一是。

这世道已经很艰难了，被统治者再这么恶意一搅闹，大家的脑子更加不够用。要知道，统治者因为权力在手，人性之恶更容易爆发出来。比如说在鲁国，就上演了这么一出人性大戏。

拓展阅读

为什么说只有周王朝才是严格意义上的封建社会

时常有人说：中国经历了几千年的封建社会……严格意义上来说，封建一词在这里滥用了，只有周王朝才是真正意义上的封建社会，自秦始皇而后，中国的历史是极权专制社会，并非是封建社会。

封建社会的要素是这样，顶层是王室，依次而下是宝塔式的封君。每一个封君，虽说对天子称臣，但在自己的势力范围内，是拥有军政裁量权力的。所谓天子的军政及司法权力，只有在王畿范围内生效。例如周王朝实际统治的区域，其范围不过是以镐京及洛邑为中心的两个小地盘，北不到黄河，南不到汉水，东不到淮水流域，西边则干脆与边陲接壤。周王室的权力行使，不过方圆千里之内，众多的诸侯国只是象征性地对天子表示臣服，其义务不过是按期朝贡，按期进觐，出兵帮助天子讨伐，以及王畿若有饥患，诸侯有义务资助其渡过难关。总而言之，周王室对诸侯的控制，不过是名义上的。

自秦而后，为了权力一统，建立起郡县制，皇室拥有对全国范围的管辖权力，直接委派官员进行治理。所谓的封王不过是徒有虚名，军政及司法权力一并收归朝廷所有，这与经济学概念上的封建全然不同。

大哥大哥你死吧

霸王别姬的历史事件中，楚霸王穷途末路之际，虞姬唱了首歌：汉王已略地，四面楚歌声。大王意气尽，贱妾何聊生。这首歌已是尽人皆知的了，但虞姬自称贱妾，又是什么意思呢？

贱妾，是春秋年间王宫中性奴的称谓。周王朝时代是女性的地狱，许多年幼漂亮的女孩被掳入王宫，沦为性奴兼服劳役，这些女孩被称为贱妾——满足统治者的兽欲，但没有任何权利。

鲁国的鲁惠公，第一个儿子就是贱妾生的，起名叫姬息。

贱妾生的儿子没资格继承君位，姬息和他的母亲一样，在宫中受尽凌辱，养成了懦弱卑微的性格。他成年后，父亲鲁惠公说：姬息，你已经长大了，我给你说了个媳妇，是宋武公弟弟的女儿仲子，那可是个绝美的姑娘，你赶紧去洗干净身上的臭味，准备结婚吧。

不久新人迎进门来，在送进儿子洞房之前，鲁惠公过来仔细一瞧，嘿，这姑娘真是太美了，姬息那个王八蛋，有什么资格娶这么漂亮的媳妇？我不如……不如让这漂亮姑娘做姬息的妈妈吧。

于是鲁惠公占有了儿媳妇仲子，等生下个儿子，仲子发现被骗了，就吵了起来，鲁惠公急忙安慰她：别生气别生气，亲，我这也是为你好，你看我大儿子那没出息样，只有我才是真的爱你。我马上立你为后，咱们的儿子，就是太子了，这总行了吧？

就这样，应该是姬息妻子的女人仲子，最终给姬息生了个弟弟，可是姬息已经被欺负惯了，不敢吭声。没多久，鲁惠公死了，仲子生的姬允，年纪还小，朝臣们就要求懦弱的姬息摄政。

姬息的机会终于到来了，权力在手，尽可报仇雪根。可是长年的欺压侮辱，早已养成了他的奴性人格——这种人格，心理学上称之为斯德哥尔摩情结。已经掌握了权力的姬息，仍不敢反抗死去的淫暴父亲。他每天提醒自己：这封君之位是我弟弟的，等他长大，我就归还给他。

很快姬允长大了，但大哥姬息仍不敢有丝毫的夺位之念。

虽然大哥姬息从未有过异心，但所有人都认为他有。权力是多么诱人，你姬息怎么可能例外？既然断定姬息要夺位，那么朝中的大夫们就开始考虑自己的站队，站错了可了不得，家破人亡在所难免。

朝中有个公子翚，他判断局势，认为这场哥弟之战，大哥姬息稳赢，就急忙来表态。对姬息说：古人云，利器在手，不可示人。现在你那讨厌的弟弟已经长大了，对你很不利呀。我请求替你杀掉他，事成之后，请允许我做你的太宰。

姬息大惊，说：你搞什么搞？姬允是我的弟弟，我是替他守护封君之位的。而且我已经建造好别墅，准备退休了。请你不要胡言乱语。

公子翚退出来，自言自语地说：坏菜了，姬息不肯杀他弟弟，肯定会把我的建议告诉别人，我已经是死定了。除非……

于是公子翚跑去找姬允，说：我敬爱的君主呀，你的大祸临头了。你大哥姬息，为了夺取权力，竟然命令我杀掉你。我怎么会干这种弑君求荣的坏事呢？我死也不会干！

姬允感激地说道：幸亏是你警告我，否则我一定会被坏大哥杀害。等我夺回君位，你就给我当太宰吧。

于是姬允召集自己的死党，打听到大哥此时正在斋戒沐浴，没有防备，就一声呼哨，群涌而入，杀掉了姬息。

于是姬允登上封君之位，就是鲁桓公。而他的大哥对权力从未有过觊觎之心，却如此悲惨地死去，人们怜惜他，称他为鲁隐公。

鲁隐公如此轻易地被杀，固然是个悲剧。他不知道，权力是面邪恶放大镜，能够放大人心人性中的邪恶，而鲁隐公心中的善良，只能被权力的邪恶洪流所淹没。总之一句话，善良更需要智慧的护佑，没有智慧的善良，不过是懦弱。

权力逆淘汰

各诸侯国的权力格局是雷同的，利益结构与人的欲望更是相同的——这意味着，同样的事情，在春秋时代会频繁发生，诸如母子相斗、兄弟相残以及父子争夺美色事件等等。

鲁惠公首开霸占儿媳妇之先河，此后这起事件构成权力社会人伦格局的固有风景。在这方面，小小的卫国最是不甘寂寞，不甘人后的。

卫国已经风光过一把，弟弟卫州吁杀掉了哥哥国君，结果卫州吁又被老臣石碏强力铲除。这样一来，卫国封君的宝座就有了空缺，卫州吁的弟弟当仁不让地成为封君，是为卫宣公。

卫宣公这个人，实际上比哥哥卫州吁更荒唐，卫州吁最多不过是杀哥哥而已，卫宣公却偷偷地和他的庶母夷姜通奸。夷姜这个女人非常了不得，她生下孩子藏匿在民间，居然无人知道。但由于这孩子来得太让人上火，所以起名叫急子，意思是来得太急的娃儿。

卫宣公继位，就对外界宣布了自己的通奸业绩，立卫急子为太子。此事虽然骇人听闻，但卫急子已经长大了，又不好再把他塞回去，大家只好闷头不吭声。

于是卫宣公宣布，派使者前往齐国，聘齐国封君的女儿宣姜做自己的儿媳妇。使者把新娘子迎回，立即来向卫宣公报告，详细解说了宣姜是如何如何美貌。卫宣公一听大喜，立即跑去看，果然是个美绝人寰的少女。当时卫宣公就想，嗯，我已经睡过了老妈，还没睡过儿媳妇，如果再把这个美貌的儿媳妇睡了，那我的人生就圆满了。

于是卫宣公忽悠儿子出国考察，等儿子回来，惊讶地发现自己的妻子已经成了自己的老妈。

这事让卫急子说不出来地别扭，可父亲大权在握，卫急子只有认瘪。

没多久，宣姜给自己的公公生了两个儿子。老大叫卫寿，老二叫卫朔。卫宣公是个有严重乱伦情结的犯罪型人士，而宣姜又遭遇如此古怪婚姻，心理也被弄扭曲了。总之他们俩都不正常，还越看正常的卫急子越不正常。于是两人商量，弄死卫急子，让宣姜的儿子卫寿做太子。

于是宣公再派卫急子出访，并让儿子的船上挂白色的牛尾。宣公却暗中收买了强盗，请强盗杀死挂有白牛尾的船上的人。

这个消息是绝对秘密的，却被宣姜的大儿子卫寿知道了。卫寿越想这事越别扭，他虽然是人伦扭曲的产物，却有一颗正常的人心。对于杀掉大哥让自己继位这事，他无法接受。于是卫寿跑来，告诉同父异母的大哥这桩阴谋。

卫急子看着卫寿，是非常之别扭的，这原本应该是他的儿子，现在却成了他的弟弟。还有，自己原本应该是父亲的弟弟，却成了他的儿子……这个家真的好乱，卫急子感觉脑子不够用，无法接受卫寿告诉他的事情。

见大哥不听劝，卫寿急了，就拿酒灌急子，等急子喝得烂醉，他给急子留了张纸条：我去替你死，你快逃命。然后卫寿自己登上挂有白色牛尾的船出发了。没多久就见强盗们兴奋地杀来了：不好意思，我们是拿钱杀人，失礼了。上来就杀掉了卫寿。

等急子醒来，看到纸条，顿时放声大哭，他不想让弟弟替自己死，就急忙追赶，远远看到强盗杀掉了卫寿，他大声喊：杀错了，你们杀错了，我才是你们要杀的人。

强盗听了，大喜，上来又把卫急子杀掉了。

就这样，卫国权力系统中的两个正常人，卫急子和卫寿，就这样都被杀掉了。如果要挑选一个最能表征权力特质的事件，这起事件是最合适不过的了。

这起事件，体现出极为鲜明的权力淘汰机制——逆淘汰。正常的物种，在这个过程中都会被清除，留下来的，只有卫宣公这类两足兽类。事实上，兽类也不会像卫宣公表现得这么离谱，与庶母通奸，奸淫儿媳妇，他似乎对挑战人伦底线怀有莫可名状的冲动与兴奋。卫急子和卫寿，这两个伦常异变的产物，如果他们也像卫宣公那样心理异常，就会获得无限的变态空间。可他们都是正常人，就被这邪恶的变态规则给淘汰了。

拓展阅读

周王朝时代的奇异婚姻制度

夷姜，本是卫庄公的妾，与庄公的儿子卫晋私通，生下急子。后来卫晋成为卫宣公，奸占了为儿子娶来的媳妇齐国宣姜，夷姜气急败坏，劝说无效，悲愤地自缢了。

夷姜之死，是因为周王朝时代，女性是没有丝毫社会地位的，甚至连王室之女、诸侯之女，也不过是玩物而已。

周王朝时最骇人听闻的婚姻制度，就是诸侯嫁女的时候，她的姐妹甚至侄女儿，有些就要跟了去给新郎做姬妾，当然还包括同去的婢女，新郎对这些女人拥有交配权。这些沦为姬妾的女性都叫作媵。更诡异的是，国君嫁女，同姓或友好的国君，也要陪送本宗的女子去做媵。所以在春秋时代，即使是生在诸侯之家，也难免沦为媵妾之悲。

所以，纵然是封君的女儿，在出嫁之后遭受不伦伤害，娘家人也置之不理。这也从侧面强化了这个异常时代的邪恶风气。

过剩的荷尔蒙

据《左传》记载，公元前 711 年，宋国的太宰华父督在路上遇到一个年轻女人，当时华父督就震撼了，如同狗追逐着骨头的香味，华父督跟在女子身后，走出了很远的路，边走边说：啊，美丽的姑娘，你真是漂亮到了不像话的程度，我爱你，是真的爱你，请你接受……呃？

华父督发现，那个漂亮女子进了大司马孔父嘉的家。这时候华父督才知道，漂亮女人是孔父嘉的妻子。

太宰相当于国家的首相，大司马相当于国防部长。首相看上了国防部长的妻子，这事有点难办。

过剩的雄性荷尔蒙在华父督体内喷涌，刺激着他必须要找到一个法子，得到孔父嘉的妻子。

于是华父督就到处跟人说：那个孔父嘉，我爱死他老婆了……不是，孔父嘉他是个宋奸呀，你看他天天出卖宋国利益，伤害宋国人民美好的感情，如果不除掉这个宋奸，宋国就再也没希望了！

华父督的死党跟着叫嚣，另外一些人根本没有脑子，连华父督说什么都听不懂，但一听宋奸这种词就莫名其妙地亢奋，于是暴徒们纠集起来，在华父督带领下冲入孔父嘉家中，大砍大杀起来。

闭门家中坐，祸从天上来。孔父嘉连发生了什么事儿都不知道，就被暴徒们杀死了。他的妻子被华父督抢走霸占。混乱之中，孔父嘉的家人护着他的子嫡，逃出国都，赶着马车没命似的逃亡。这支逃亡小分队逃到了鲁国，从此孔父嘉的后人就在鲁国繁衍生息。过了几代人后，至圣先师孔子，就在这个家族出现了。

孔子，是霉催的孔父嘉的后人。但对于他的祖祖祖奶奶因为太漂亮惹来灭门惨祸这件事，孔子从未表过态。

不好表态，总之是人性之滥殇，这事太难评价了。

虽然孔子不好表态，但宋国的国君必须要表态的，太宰攻杀大司马，抢走大司马的妻子，这种事是必须要说话的。于是宋国国君严厉批评了华父督：不像话，真是太不像话了……

可问题是，华父督是知道自己干了什么事的，干了坏事的人，最恨别人指责他。一不做，二不休，华父督干脆率领一众暴徒，杀入王宫，把宋国国君一并杀掉，另立了新君。此后华父督把太宰职务改为相。诸侯纷纷效仿，而中国以相主政，自此而始。

为了漂亮女人，杀同僚杀国君，华父督首开风格鲜明的杀戮之先河。此后的乱局中，杀戮者就不再掩饰自己的动机和目的。权力和女人，也成为杀戮者抢夺的明确战利品。

而华父督之所以随心所欲，对国君说杀就杀，那是因为周王室最后的尊严彻底被郑庄公打落凡尘。简言之，春秋时代的开局，是以郑庄公为主角的智力大乱斗，这是周王室所始料未及的。

拓展阅读

“士”：从武士到学士

孔子的先祖来自宋国，宋国本是商王朝末代帝王纣的大哥启分封建立的。孔子的家族可谓江河日下，从王族到贵族，从贵族到公卿，从公卿到士，一路下滑。只不过，孔子的父亲还是个武士，到了孔子却开始教书育人。士这个阶层，也从武士彻底变成了手无缚鸡之力的文士。

从武士到文士，士字的意思彻底反转，为什么会这样呢？

士字意义的转变，恰恰勾勒出周王朝与此后朝代的区别。在周王朝，士是王室或诸侯豢养的职业打手，说好听点叫职业军人。职业军人要上战场厮杀，就必须学习战争技术，不仅要熟练地使用武器，还要掌握战术战略，否则就有可能死得极惨。

所以，中国历史由孔子划开一条分界线。孔子之前的教育，特指对武士的教育，只有武士才需要教育，而且必须要教育。统治者自己坐吃等死，更希望平民百姓保持愚昧。而在孔子之后，教育的范畴转为对文士的教育，只有知识分子才能够适应时代的变化。

士的原意，始终是指受过教育的人，只是因为受教育的目标人群变了，所以士的意思也反转了。

天子大吃瘪

封国的职位向来都是世袭。虽说世袭者的智力一代不如一代，但规则如此，打破规则就必须要付出代价。

郑国的国君，世袭周王室的司徒。早在郑国第一代国君郑桓公，就在犬戎犯境时，战死于骊山。而后桓公的儿子郑武公为周王室卖力拼命，所以郑武公得以吞并胡国而无人过问。接下来是郑国第三代的郑庄公，他和母亲、弟弟组成的反大哥集团斗智斗勇，最终首创欲擒故纵之计，挫败了妈妈、弟弟一伙。

正当郑庄公意气风发，大战妈、弟之时，周王室的周平王无声无息地死去了。儿子姬林继位，是谓周桓王。周桓王和虢国的封君有交情，不认识郑庄公，于是宣布解除郑庄公在周王室世袭的司徒职务，改由虢国封君来担任。

得知消息，郑庄公勃然大怒，他立即率军队杀王畿，把成熟的稻米统统割走了。周王气得半死，却拿郑庄公这泼皮没办法。

割了王室的稻谷，见周王无计可施，郑庄公立即明白了，周王智力商数不足，可以欺之。于是郑庄公装成没事儿人一样，来都城面见天子。

周王室衰微，已经很少有诸侯来请示汇报了，虽然郑庄公调皮，但他既然来了，好歹是给王室面子。于是周王亲切接见了郑庄公，问：郑国收成如何？

郑庄公答：托天子洪福，五谷丰登。

周王笑道：既然如此的话，王畿的粮食，就可以留下来了吧？

周王这番话，是苦心琢磨推敲过的外交辞令，意在含而不露地谴责郑庄公偷割王畿稻谷的无耻行径。敲打过后，周王送给郑国十车黍米杂粮，明确说：你们郑国粮食不够，可以向王室打报告，不要丢人现眼地偷割了。

郑庄公脸不红不白，却心中窃喜。这厮此来周王室，目的就是为了这十车杂粮。离开都城之后，郑庄公用绸缎把十车杂粮包裹起来，大肆宣称：天子赐我十车绸缎，命我讨伐宋国。于是郑军出动，轰轰烈烈地去打宋国。鲁国和齐国被蒙蔽，也跟着组成联军，以天子名义伐宋。

宋国被打得一塌糊涂，完全不明白周王室为什么命令诸侯讨伐自己，就一面吃败仗，一面派使者去找周王说理。等见了周王，才知道郑庄公假传王命，恶搞天下。

周王那个气呀，就下令让郑庄公回都城述职，解释自己的所作所为。郑庄公又不傻，如何肯与周王会面？他只管到处乱说，称周王命他伐宋，继续乱来一气。就这样过去三年，他也没去过周都城。

按周王朝规定，诸侯三年不入都城述职就等于叛乱，天子可以征伐。周王决定履行自己的天子义务，就传令诸侯集结，准备攻郑。但不料诸侯正各自打成一团，根本没人理会周王这个棒槌，只来了蔡国、卫国和陈国三家。三家也差不多了，周王亲自指挥，与郑庄公展开了激战。

可是周王忘了，郑庄公之所以敢如此胡来，那是因为郑国的军事力量最为雄厚，天子亲征，诸侯联军根本不是郑军的对手。结果甫一接仗，天子军就大溃，裹着周王落荒而逃，后面郑国大将祝聪追杀而来，一箭射中了周王肩膀。

见周王中箭负伤，郑庄公急忙鸣金收兵。大将祝聪不开心，抱怨说：君主呀，你干吗这么急着叫我回来？再给我点时间，我就活捉周王了。

郑庄公批评祝聪：你呀你，真没政治头脑。他可是天子耶，我只不过是个诸侯，你说你要是把他抓来，我怎么对待他？

祝聪：说得也是呀……那咱们现在怎么办呢？

郑庄公：怎么办？很简单，周王已经受到了教训，以后再也不敢蹬鼻子上脸了。不过咱们也得给他个台阶下，派人送牛羊过去劳军，要求他赦免郑国。

周王挨了一箭，又收到了郑国送来的牛羊和请求赦免的要求。不答应，难道还想再挨一箭？只能是答应下来，可肚子里那口窝囊气，好险没把周王活活憋死。

这一箭，也把天子威严彻底打落在地，天子威仪及影响力，从此荡然无存。周王室沦落为与其他诸侯平级的地步，往后的日子，将是一天比一天艰难。

但郑国也走过了它的辉煌期。一件出乎意料的怪事让郑国忽然一下子从军事强国的顶峰跌入泥坑里，此后再也没机会爬出来。

这桩怪事，就是郑庄公有两个儿子，大儿子叫姬忽，打仗作战有一手，但脑壳好像有点秀逗，小儿子叫姬突，却极精明。当初郑庄公考虑立精明的姬突为继承人，大夫祭仲劝止，曰：不可，废长立幼，乱之始也。

郑庄公就信了，按宗法立了脑壳秀逗的长子，为郑昭公。郑昭公非常感谢大夫祭仲保护自己，就以国事委之。但是昭公的弟弟对此极为不满，他悄悄地离国出逃，投奔到郑国的仇家宋国那里，央求宋国替自己主持公道。

于是郑昭公就派最信任的大夫祭仲，去宋国进行外交斡旋，看能不能解决这个国际麻烦。祭仲去了不久回来，对郑昭公说：

你个秀逗的脑壳，根本没资格做封君，是我苦苦相劝，才有了你的今天。可你就是不行，非让我出使宋国，结果我一到就被人家抓起来了，逼迫我立誓迎接你弟弟为君。情形到了这地步，已经无可挽回，你弟弟带着宋国军队，此时就在门外，你快点找个没人的地方待着去吧。

不是……郑昭公说不出地困惑呀：到底出什么事了？

出什么事，谁也说不上来，总之就是祭仲出使宋国之后，被宋国胁迫叛变了。郑昭公依依不舍告别君位，看不懂这到底是在玩什么怪游戏。

于是郑昭公的弟弟即位，是为郑厉公。但按照叛乱之初的盟约，国事应该交由大夫祭仲管理，如此过去四年，郑厉公受不了这种有名无实的苦日子，就向祭仲抗议，要求更改盟约。这惹火了大夫祭仲，干脆把郑厉公也赶走了。

郑厉公再次逃奔宋国，此后就与大夫祭仲展开了拉锯战，好久之后终于打回来，但宋国又索要巨额回报，郑厉公不肯，结果又与宋国打成一团。就这样打啊打，打啊打，突然听说春秋五霸之一的齐桓公，已经不客气地崛起了。

郑国，就这样因为内乱，错失了称霸的大好机缘。

跑得快你就赢了

当周天子被打落凡尘，失去了影响力与权威之后，所有的诸侯国全都意识到：自由大时代到来了，是迅速吞并周边列国，拓疆扩土，还是坐等被狼一样的邻国吞掉？选择吧！非此即彼，没有中间道路。失去规则的时代，吞并就是规则。失去秩序的时代，强者就是秩序。

郑国吞并胡国是一个开始，不过是眨眼工夫，周王室那 170 多个封国迅速消失，消失，大多数封国甚至还没混个脸熟，就已经并入了邻国的地盘。实际上，有资格角逐未来的，只有十几个封国，但在这些封国之中，也背负着扭曲或变态的重负，简单说来就是内斗不断，逐君杀君事件，不少于四十余起。

如果人为选择，如卫国卫宣公那种与庶母通奸、奸占儿媳妇的行径，应该在第一时间淘汰——但历史就是这样跌破你的眼镜，变态淫乱的卫国偏偏是所有封国中寿命最长的，卫国的寿命超出了正常人想象，它甚至活到了楚汉争雄时代，直到陈胜吴广起义，卫国还躲藏在一个角落里幸福喘气呢。秦始皇吞并天下之时，没有注意到还有个小小的卫国躲藏着，卫国隐藏得是那样隐蔽，到了秦二世时代，才把它揪出来废黜。

实际上，春秋时代，不过是比拼人的正常程度，如卫国这种非正常国家都有如此顽强的存活力，倘哪个国家稍微正常那么一点点，就会成为时代的赢家。春秋五霸之首的齐桓公，他也不是个正常人，但当他有意识地让自己正常一点时，就发现自己已经会当凌绝顶，一览众山小了。

但齐国的开局，甚至比卫国还要荒淫。齐桓公的爹爹是齐襄公，襄公的妹妹文姜嫁给了鲁国的鲁桓公。于是文姜带着老公回娘家，到了齐国，鲁桓公就觉得不对劲，妻子对他好像没什么感情，不爱他。那么妻子爱谁呢？鲁桓公不无惊讶地发现，妻子文姜，居然与哥哥齐襄公乱伦通奸。

当时鲁桓公就火大了，当即吩咐套车回国。齐襄公兄妹顿时慌了神，担心鲁桓公把事情说出去，就吩咐大力士彭生送鲁桓公上车，在车上把鲁桓公活活掐死了。

单是杀了鲁桓公还不够，为防丑闻暴露，还要杀掉所有的知情者。于是齐襄公开始清理所有危险分子。他的两个弟弟，公子纠和公子小白，害怕被灭口，被迫逃亡。公子纠的母亲是鲁国人，就带家臣管仲逃到鲁国。公子小白则带着家臣鲍叔牙，逃到了莒国。

此后的历史，将由管仲和鲍叔牙唱主角。管仲和鲍叔牙是好朋友。两人一道做生意，赚了钱管仲就拿回家，赔了本管仲就推给鲍叔牙赔偿。管仲也曾上过战场，冲锋时他跑在最后，撤退时谁也撵不上他。别人批评管仲不爱国，管仲说：你晓得个卵蛋呀，我好好值钱哟，当然要保护好自己。

鲍叔牙认同管仲对自己的高度评价，他和管仲商量玩个大的，要玩就得跟对老板，可是公子纠和公子小白，哪个将来能够混出来呢？

管仲建议说：投资这种事，太简单了，就是不能把鸡蛋全放在一只篮子里。所以呢，咱们俩要规避风险，分散投资。我去公子纠那边混，你去公子小白那边混好了。

就这样，管仲和鲍叔牙这一对好朋友，就分散投资了。管仲跟着公子纠逃去了鲁国，鲍叔牙跟着公子小白逃到了莒国。

而鲁国则要求齐国对自己国君被掐死一事，做出说明。齐襄公这边既然敢掐，就早有预案。他回复说：啊，这个事啊，这都是彭生干的，彭生他竟然敢掐死我妹夫，真是太不像话了，我替你们杀了他。

替国君干脏活的彭生，就这样成为了替罪羊。彭生被杀之时，很不乐意，他大吵大闹：封君，你欺骗我，让我替你杀人，又把我像狗一样抛出来杀掉，我死不瞑目。你等着我，我会回来的，会回来的……

彭生说到做到，八年后，他果然回来了。那一年齐襄公正在打猎，看到头野猪，齐襄公连发三矢，都没有命中。突然间野猪人立而起，向齐襄公吼叫连连，齐襄公定睛一看，这哪里是什么野猪，分明就是死了八年的彭生。当时齐襄公吓傻了，一头从车上栽下来。

齐襄公被侍从扶起来，有只鞋子怎么也找不到了，只好光一只脚回宫。

就在这天夜里，齐国驻扎于边境的部队发动了叛乱。

叛乱的将领叫连称，当初齐襄公命他率部驻扎边境，说好了三年轮换。可等到了时间，齐襄公又改主意了，不给轮换。此外，连称的妹妹是齐襄公的侍妾，可是齐襄公全神贯注地和妹妹文姜乱伦，冷落连称的妹妹，这两桩事，构成了连称非叛乱不可的理由。

听到叛军杀进来的声音，齐襄公迅速找地方躲藏了起来。他藏得很隐蔽，确信无人能够找到他。可是当叛军搜索时，突然发现地面上有只鞋子——正是齐襄公在打猎时丢失，怎么找也找不到的那只鞋。依据这只鞋子，叛军把齐襄公搜了出来。

乱刀齐下，变态佬齐襄公，就这样辞别美好人间了。

连称立了齐襄公的堂弟姜无知作为国君。但糟糕的是，这个姜无知先生以前有个仇家，叫雍廪。两人之所以结仇，是因为姜无知虐待过雍廪，怎么个虐待法，史书上语焉不详，总之雍廪对姜无知没有好感就是了。此番见姜无知出任国君，雍廪心里就急了，心说你他妈的没当国君时，就虐待我，现在你当了国君，老子还有活路吗？

没办法，有你没我，有我没你，只能拼了！

于是雍廪趁姜无知出门巡游的时候，袭杀之。然后说：姜无知杀封君而自立，这是叛逆，我替国家杀了这个祸患，不要谢我，这是我应该做的，请大家迎回真正的储君吧。

消息传出，躲在鲁国的公子纠和躲在莒国的公子小白，立即发飙向着齐国狂奔，这是一场划世纪的大赛，哪个跑赢了，哪个就是未来的霸主。哪个跑输了，连脑壳都会输掉。

说正确的话做正确的事儿

公子纠带着管仲，由鲁国派兵护送；公子小白带着鲍叔牙，由莒国派兵护送。两人各自向齐国狂奔，生恐被另一方抢先。疾奔中，管仲忽生一计，对公子纠说：请让我赶到边境，狙杀公子小白，那咱们就赢定了。

公子纠大喜，立即吩咐管仲赶紧执行。

管仲单骑赶到边境，果然就见公子小白的车子疾奔而来。管仲假意上前招呼，瞥准公子小白，一箭射去。只听公子小白惨叫一声，仰面栽倒。管仲大喜，拨马掉头，飞奔了去报功。

公子纠得知公子小白已死，长松了一口气，知道再也无人与自己争夺君位，就放慢了速度。可正当他不慌不忙行路之际，突然听到一个晴天霹雳般的噩耗：公子小白根本未被管仲射死，他是假死以麻痹管仲。这工夫，他已经飞奔直入齐国，继位当上了国君。

这下子公子纠傻眼了，没多久，鲁国就接到了齐国严正声明，声明中说：鉴于鲁国极端之敌对行为，齐国忍无可忍，只能自卫还击了——但如果，如果鲁国杀掉公子纠，将胆敢伤害齐国国君的罪犯管仲以囚车送回齐国的话，齐国或许考虑不对鲁国采取极端报复。

鲁国没办法，只好杀掉公子纠，把管仲装进囚车送回齐国。没过多久，就从齐国传来消息：管仲被齐桓公小白任命为宰相。当时鲁国就惊呆了，意识到什么地方不对头。等到鲁国醒过神来时，齐国已经在管仲的谋划之下，大踏步地走上了霸主之路。

原来是鲍叔牙，成功地说服齐桓公不追究管仲行刺他的事情，反而任命管仲为宰相。而管仲把齐桓公小白推上霸主之位，办法也很简单，不过是三条：说正确的话，做正确的事儿，以正确的理由吞并对手。

齐国率先喊出尊王攘夷的口号，口号正确，就立于不败之地。虽说周天子已经名存实亡，虽然实亡，但名尚存。齐国喊着尊王的口号，把自己想干的事情都冠以周王室的名义，这样在道理上就站住了脚。以周王室名义发布命令，举凡不顺从自己的诸侯，就可以不尊重周天子的名义吞并之。如此一番折腾，齐国迅速走上顶峰，在长达40年的时间里，主持过26次诸侯盟会，出动军队28次，出尽了风头。

但眨眼工夫，管仲就老了，奄奄一息了。齐桓公来看望他，说：管仲，你死了之后，就让鲍叔牙为宰相吧。

管仲说：不可以。

齐桓公很诧异：管仲，做人要有点良心，你当年曾经射过我一箭，我说过你什么没有？不是我不想杀你，是你的朋友鲍叔牙，用性命担保说你有才干，我才用了你，也才有了齐国今天的局面。可你怎么这么对待鲍叔牙呢？

管仲有气无力地说：我不同意让鲍叔牙当宰相是为了他好，他好你也好。宰相这个工作，要面对着人性中的肮脏与龌龊，不能够太较真，太较真就什么事也干不成。但鲍叔牙他为人耿直，看不惯小人的龌龊伎俩，这是很好的德品，但无法做到像宰相那样包容。

齐桓公说：哦，是这样啊……那竖刁、易牙和卫开方，他们几个总没问题吧？

管仲说：他们几个问题最大，竖刁为了入宫侍奉你，把自己阉割了。这种人连自己的鸡鸡都说割就割，别人又算个卵蛋？还有易牙，最善于烹饪。当年你说没吃过人肉，他就把自己的孩子煮了给你吃。易牙连自己的孩子都下得了手，你又算什么？至于卫开方，这厮是卫国人，却十五年不回家，说是太热爱你了，可他对家人都没感情，怎么可能对你有感情？

齐桓公心里嘀咕：这个老管，心理太阴暗了，在他眼里就没个好人了……

齐桓公拒绝管仲的劝告，在管仲死后，重用并信任竖刁、易牙和卫开方，果然不出管仲所料，这仨人都是对自己至亲的人能下毒手的狠人，又怎么可能热爱齐桓公？没多久这三人就发动叛乱，把绝代霸主齐桓公囚禁在宫中，活活饿死了。

齐桓公一死，齐国再次发生动乱，太子出逃，杀声连天，齐国的黄金时代就这样结束了。

拓展阅读

春秋经济战

管仲是中国第一个经济学大师，鲁国和梁国都曾经遭遇过他的经济战“毒手”。

鲁国和梁国的民众都擅长织绨，绨是一种厚实而光滑的丝织品，用它裁剪而成的衣服是当时最高档的服装。管仲要求齐桓公带头穿绨衣，鼓励贵族们都买绨衣穿，结果绨衣在齐国价格飙涨，一衣难求。

然后管仲下令，禁止齐国商民生产绨衣，所有的绨衣只能从国外进口，就是只能从鲁国梁国进口，于是鲁梁两国大搞绨衣出口创汇，种粮的收入远远比不上经营绨衣。当鲁梁两国的农田都已荒废之后，管仲突然在齐国严打绨衣，移风易俗，艰苦朴素，同时关闭与鲁梁两国的通商关口，不再进口一匹绨布，鲁国和梁国的经济顿时崩溃，难民纷纷外逃，两国的经济从此一蹶不振。就为此事，鲁国国君不得不亲自到齐国公关，希望齐国看在兄弟国家的情面上，帮助自己渡过难关。

管仲用经济手段搞垮了一个又一个邻国，逐一吞并之，使得齐国实力始终居于诸侯之首。

重耳的流亡之旅

齐国的辉煌岁月落幕，新的军事巨无霸晋国走上历史舞台。

这是一段缺乏创意的历史，晋国的霸主之路完全沿袭了齐国的固有模式，都是因为国君为了搞女人把国家弄得一片混乱，太子逃亡，并在逃亡过程中组建自己的创业团队，同时又养成坚韧的品格，等到国家乱局平定，归来称霸。

晋国的霸局，始于公元前672年，晋献公攻打骊戎，一战而胜。骊戎的首领献出了自己两个绝世美貌的女儿，骊姬和妹妹少姬，晋献公大喜而退。

晋献公宠爱姐妹二人，不久姐姐骊姬生了个儿子，起名叫奚齐。妹妹少姬也生了个儿子，起名叫卓子。

但晋献公早有八个儿子，长子申生，是晋献公和父亲的妾生的，已经立为太子。老二重耳，是大戎子狐季姬所生。老三叫夷吾，是大戎子的妹妹小戎子所生。但当骊姬为他生了儿子奚齐之后，晋献公为了讨取美人欢心，就对骊姬说：嗯，你看咱们是不是把申生的太子给撤了，改让咱们的奚齐为太子呢？

骊姬断然拒绝，说：不可以，太子多年领兵，我不想为了自己的缘故，影响到国家的安定。

晋献公感激地说：骊姬真是个善良的女人呀。说完就出门打猎玩去了。这时候太子申生，把祭祀用的胙肉，给父亲送来吃。骊姬就在胙肉中放了毒药。等晋献公回来要吃肉时，骊姬说：不可以，国君应该时刻注意人身安全，吃肉前必须要验毒。

于是牵来一条狗，喂胙肉吃，狗吃了肉后就死了。然后又叫过来个倒霉的奴隶仆役，让仆役吃肉，仆役也死了。

骊姬悲伤地哭起来，说：这都怪我不该替你生儿子，既然太子不相容，为了国家的安定，请国君允许我们母子自杀吧。

晋献公嘀咕道：太子这么个搞法，你们母子自杀也解决不了问题呀，眼下不是咱们死，就是太子死，还是让太子死好了。

晋献公宣布赐死太子，太子申生逃到太庙，说：我如果逃到别的国家，就不妥当了，还是自杀合乎情理。

太子申生自杀，他的两个弟弟重耳和夷吾知道大乱来临，就分头逃亡。重耳逃到了翟国，而夷吾则逃去了秦国。

此后晋国进入热闹阶段，晋献公死时，指定骊姬生的奚齐为太子，但奚齐坐到封君之位不过两个月，大臣们发动暴乱，杀掉了奚齐。骊姬无奈，又立妹妹生的卓子为君，两个月后，大臣们继续暴乱，把骊姬和卓子一块杀掉了。

消息传出，正在秦国的老三夷吾，请求秦国帮助火速返国登位，并承诺，继位之后给秦国五座城。秦国大喜，飞快地护送夷吾回到晋国。但当夷吾继位之后，却撕毁合同，不肯履约给秦国五座城。秦国气坏了，就发兵攻晋，夷吾大战秦军，不幸失败被俘。

幸好，秦国国君是夷吾的妹夫，不好杀掉大舅哥，于是双方重新谈判，夷吾答应按前约割五城与秦国，再留下自己的儿子做人质。

就这样，晋国的太子就留在了秦国，秦君好喜欢这个侄子，就把自己最疼爱的女儿怀嬴，嫁给了他。但五年后，夷吾病重消息传来，太子生恐丢了王位，就抛下怀嬴，自己逃回了晋国。

秦公主怀嬴的老公逃了，就向父亲哭诉，秦君那个气呀。正好这时流浪中的重耳联络秦国，请求秦国帮自己登上王位。重耳是现在晋国国君的大哥，也就是秦国公主怀嬴的大爷，可是秦君要求，如果重耳肯娶自己的侄媳妇怀嬴为妻，秦国就护送重耳回国登位。

嘿，秦国人真是太原始，竟然想把侄媳妇改嫁给大爷，这么个搞法，伦常关系会彻底紊乱的。对于秦国的荒谬提案，重耳召开了幕僚会议：这么年轻美丽的侄媳妇，是娶了呢？还是娶了呢？还是娶了呢？

会议上一致通过决议，娶就娶吧，乱就乱吧，不是大家喜欢乱伦，问题是，春秋这个时代，正常人好像没什么存活的机会。

于是在公元前636年，雄纠纠气昂昂的秦兵，护送着62岁的重耳，杀奔晋国，杀掉了坐在王位上的夷吾的儿子，重耳登位。但未等他屁股坐下，只听杀声连天，火光熊熊，愤怒的晋大夫吕甥、冀芮等人，手持利刃，放火焚宫，要宰掉重耳。

当时重耳不顾62岁的老迈残躯，发足狂奔逃到秦国，向秦君投诉。秦君大怒，再次遣兵护送，杀掉一大堆不支持重耳的臣子，重耳这才坐稳了晋文公的位置。

终于把屁股放到了王位上，重耳长长地松了口气，这时他听到宫外一声呼喊：冤枉啊。

重耳郁闷：看看外边，是哪个来上访啊？

外边的声音回答：我呀，我是周天子。

当时重耳就蒙了：不是吧，周天子怎么会来我这里上访？有没有搞错？

没搞错，外边来上访的，真的是周天子周襄王。

拓展阅读

如何让男生调戏你

史书中,记载了一个女人的诡计。这个诡计的女主角就是骊姬。说是太子申生入朝，骊姬请申生吃饭，席间相谈甚欢。等到申生走后,骊姬两眼含泪,见到晋献公就露出想说又不敢说的委屈模样。

晋献公大为诧异：亲爱的，你怎么了？莫非有人欺负你？

骊姬害怕地摇头：没，没有，真的没有。

骊姬越不肯说，晋献公越是心急追问，直到最后，骊姬才吞吞吐吐地说出来，太子申生调戏她。

骊姬这么一说，晋献公反倒不信了,因为太子申生素有贤名。而且，申生早早就被立为太子，身边不缺美女，不过这事……见晋献公不相信，骊姬就告诉他，太子申生约她明天去动物园玩，到时候请晋献公躲在暗处，自己看吧。

次日，晋献公躲藏在暗处，看到太子申生和骊姬来到了公园，过了一会儿，就见太子申生的两只手，在骊姬脸上摸来摸去。当时晋献公杀机立起,敢碰老子的女人,老子就宰了你,这事没得说!

那么，太子申生，为什么要摸骊姬的脸呢？史书上说，因为骊姬事先在头发上抹了蜂蜜，使得蜜蜂聚集在她的头发周围，不停地飞来飞去。她就恳求太子：太子可不可以帮我赶走这些蜜蜂呀，我好好害怕……太子就中招了。他挥袖驱赶蜜蜂，在暗处的晋献公看来，分明是在对骊姬动手动脚。

头上抹了蜂蜜，在现实中是否有效，还需要严格的实验才能够确认这个故事的可靠性。

晋国强有力的人才梯队

晋文公重耳继位初始，就遇到周天子来他这里上访，这是千真万确的史实。

事情是这个样子的：周王室虽然沦落，不再有权威性，但天子终究是天子，这一届的周襄王，娶的王后是翟国国君的女儿，史称翟后。翟后她本人呢，有可能并不爱周襄王，也有可能以前爱过，后来移情别恋了。

翟后的情人，就是周襄王的弟弟姬带。两人偷情之时，不幸被周襄王逮到了，周襄王火冒三丈，当场将翟后废掉囚禁，并要抓捕姬带。但是姬带逃奔如飞，一口气逃到翟国，向翟国国君投诉。

翟君得知女儿被囚禁，顿时就急了，当即调集兵马交由姬带统率，杀回周王室，攻破洛阳，救出了翟后。此后姬带做了新王，和翟后幸福地生活在一起。

姬带和翟后是幸福了，可是周襄王却惨了，他被弟弟抢走女人，抢走王位，抢走了国家，就去找霸主齐国说理，可齐桓公被自己宠爱的佞臣们囚禁深宫，活活饿死了，此时天下已无人再替天子主持公道。

忙乱之际，周襄王想起晋文公重耳，他相信，流亡了多年的重耳是诸侯中最有能力的，一定会为自己主持公道。

周襄王他来对了，重耳对翟国是有感情的，当初他逃亡时，曾长期滞留于翟国。这个和情人赶走丈夫的翟后，实际上是重耳的小姨子，重耳娶了她的姐姐。可是能够为周天子主持公道，这是千载难逢的称霸时机。于是重耳当即一拍板：去他娘的翟国，去他娘的翟后，去他娘的小姨子，先称霸再说吧！

晋军杀奔周王室，姬带和翟后正在卿卿我我，不提防晋军杀至，两人当场被杀。周天子复位，晋国取代齐国成为新一代霸主，俨然已成趋势。

但麻烦很快就来了。次年，宋国遭到以楚国为首联合卫国和曹国组成的联军之攻打，遂向新霸主求援。这一次，可就难住了重耳。

当年重耳流浪之时，曾受到过楚王的盛情款待。当时楚王还问他：我对你这么好，你有什么回报没有？

重耳当时的回答是：我若有机会返国为君，一定不忘今日之恩，倘晋楚两军相遇于中原，晋军必退避三舍——重耳这个回答，创造出了退避三舍这个成语。

没错，所以楚国现在来打宋国了，你晋国有言在先，退避三舍总是有的吧？可如果退避三舍了，不理睬宋国的求救，那晋国还当什么霸主？趁早下课吧！

这是考验领导人智慧的时刻，重耳到底能不能称霸，是不是个吓人的主儿，且看他能否解决这个问题。

忽然间重耳又想起桩旧事来，他在流浪期间，不只是到过楚国，也到过曹国，可是当时的曹国国君偷窥他洗澡——请注意，是曹国国君偷窥他洗澡，而不是曹国国君的老婆。如果是曹国封君的老婆偷窥自己洗澡，这就是段美丽的回忆，但曹国国君嘛，这就意味着双方之间有仇怨。

重耳的眉头舒展开来，有了，既然不好意思直接与楚国打仗，但是可以打曹国和卫国。这两个小国家以前是齐国的卫星国，现在跟在楚国屁股后面混，典型的欠揍！

于是晋师出动，先击卫国，再败曹国。小小曹国花样不少，居然将战死的晋国将士尸体悬挂起来，让晋国异常寒心。重耳以恶毒对恶毒，把曹国人的祖坟统统挖了，曹国顿时一片悲声，终于告饶。最终晋国成功俘获曹君，审判过后释放，令其改过自新。

随后，楚晋两国的主力部队结集于城濮，进行决战。临战前夕，重耳梦到楚王把自己压在地上，仰面朝天，而楚王正吧唧吧唧地吸食自己的脑髓。大臣闻此梦，欣然瞎掰曰：恭喜大王，贺喜大王，这是吉兆呀。梦中大王仰躺地上，这是得到上天的眷顾，楚王趴在你身上，这是向你臣服呀，脑汁软软的，表示楚王他服软了呀。

重耳被忽悠得没办法，既然如此，那就打吧。

大战开始了，晋国这边的战斗团队是当年重耳流浪时的老班子，也是当时最优秀的人才库。果然一战而摧毁楚军，把晋国送上了霸主的顶峰。

重耳在位只有短短的九年时间，但晋国的强权，却维持了很久。正是因为晋国这边有个强有力的团队，才让晋国的霸权延续，没有像齐国那样全指望着管仲一个人，倏兴倏灭。

拓展阅读

晋文公重耳流亡路线

晋文公是春秋时最具智慧的君主，他始作三军，六人为卿，军政分离，政务清晰。这与他多年流浪之时，对权力结构的深层次思考有关。

当初骊姬乱晋，晋献公丧心病狂，先杀太子申生，又派兵攻杀重耳，重耳声称，儿子不可与父亲作战，于是逾墙而走，逃往生母的国家翟国。他在翟国停留了12年，最有名的事儿是翟王俘获两名戎族美貌少女，送给重耳做礼物。重耳把其中一个美女给了谋臣赵衰，结果生了历史名人赵宣子。

12年后，重耳的弟弟夷吾做了晋国国君，为除后患，遣刺客来翟国杀重耳，重耳不敢久留，再次逃亡。

重耳逃入卫国，但卫国冷漠对待他。饥饿之下，重耳向野人求食，野人拿土块戏弄重耳。这时候谋臣们一起说：哇，好兆头呀这是，野人献曝，这表示我们将拥有土地。

此后重耳一行陷入饥饿之中，谋臣介子推从自己腿上剜下块肉，煮了给重耳吃。后来重耳登上君位，介子推不肯出来做官，躲入山中，重耳命人放火烧山，目的是想把介子推烧出来。不料想介子推抱树被烧死，于是重耳用那棵树的木料制成鞋，穿在脚上，冲着鞋叫介子推：足下！足下！所以此后人们以“足下”为对方的尊称。

重耳逃亡第三站是齐国，齐桓公非常喜欢他，还把宗室之女嫁给他。从此重耳幸福地生活在齐国，不想再流浪了。但是谋臣狐偃、赵衰密谋离开齐国，被侍女听到，告之重耳的齐妻宗女。

宗女一剑捅死侍女，然后用酒灌醉重耳，交给狐偃丢在车上，强行把重耳拉出了齐国。重耳醒来，大发雷霆，拿着戈追杀狐偃，他真的不想流浪，不想当什么霸主，他只想和美女在一起。

第四站是曹国，曹国国君听说重耳生有骈肋，于是趁重耳洗澡时偷窥，这个变态嗜好，让曹国付出极惨的代价。

第五站宋国，国君热情款待了重耳。

第六站郑国，国君冷漠地撵走了重耳。

第七站是楚国，楚王与重耳达成了退避三舍的美好契约。

最后一站是秦国，秦国愿意出兵帮助重耳继位，并把已经嫁给重耳侄子的秦公主怀嬴，改嫁给重耳。此外为免尴尬，还陪嫁给重耳五个宗室美女。重耳找不到理由拒绝这美味的礼物，于是宣布结束19年的流浪生涯，回国去当霸主。

灭杀精英

晋文公重耳刚刚死，秦国就急不可耐地向霸主高峰冲刺。秦国最优秀的军事天才百里孟明，率秦国兵团长驱奔袭晋国。

可这是场令人沮丧的军事行动，从秦国到晋国，急行军也要 30 天，沿途不可能完全保密。结果秦军行至距晋国尚有 80 里的滑国，被郑国的商人弦高发现了。弦高认为秦军此行必定是攻打自己的郑国，于是就把自己贩运的牛送到秦军营，声称：我们郑国国君听说秦军远来，特命我来劳军，各位辛苦了。

百里孟明大吃一惊，急忙解释说秦军此来，并非是要打郑国，而是要打……打……打哪个呢？打滑国吧！

倒霉的滑国，正闭门在家里幸福地生活，秦军杀入，就这样莫名其妙地亡国了。

而后秦军撤退，经过崤山，遭遇到晋国大军的埋伏，天才军事将领百里孟明，三百辆战车及三千秦军，统统沦为了晋国的俘虏。

但这次军事失败，却铸下了秦国崛起的契因。这时候改嫁给重耳的怀嬴，已经成为晋国的老祖母，她请求做了国君的儿子，释放百里孟明等优秀将领。百里孟明回国后，三年苦练兵，出关再战晋国，这一次晋国吃瘪了。于是秦国大踏步地登上霸权之峰。

正当百里孟明抖擞精神，准备再战天下之时，秦君死了。

秦国贵族召开会议，会议上大家一致认为，秦国能够登上霸主之位，是由于百里孟明及另外三位车姓知识分子车奄息、车仲行及车针虎的贡献。百里孟明及车家三良是当时最优秀的人才。所以，如此优秀的人才，如此杰出的贡献，就把他们四个杀掉给国君殉葬，让他们到阴曹地府继续强大秦国吧。

愚昧的秦国，就这样把自己最优秀的人才统统宰掉埋了。于是秦国哧溜一声，从霸主巅峰滑落下来，由是楚国急忙跳出，弥补了霸主空缺。

诸侯列国之中，楚国地势得天独厚，单从地域上来说就有着称霸资本，但北上征途被晋国所阻，城濮之役让楚国暂时受挫。但楚国就是有股子狠劲，当秦国自残退出霸主之争时，楚国不失时机地发动邲城战役。

楚国先行攻郑，郑国自以为有晋国做靠山，拒不投降，但楚兵攻破城池，正要入城，听到城中哭声震天，楚王心软了，遂退兵。而后郑兵修好缺口，继续战斗，这下子楚国火了，打破城池，迫使郑国缔结城下之盟。

晋国姗姗来迟，与风头正健的楚兵战于邲城，结果晋军惨败，数十条战船覆没河中，落水的晋军士兵哭喊连天，攀住战船乞叫救命。船上的晋军生怕把船掀翻，乱刀齐下，剁得满船手指狂舞。

然后楚国转战宋国，困城九月，城中百姓大批饿死，易子而食。宋国太宰华元眼含热泪，缒城而下，潜入楚王营帐，把刀子抵在楚统帅子反的颈上，与其缔结友好条约。条约规定，楚国先行后撤十五公里，让宋军表面上看起来不像是投降的样子，楚国觉得这个条约可以接受，于是宋围乃解。

华元夜劫楚统帅的故事，成为永恒的绝响，此后再也没有像他这样憨厚的对手了，未来时代的刺客，再也享受不到华元的待遇。与此同时，两个绝美的女人走入历史，从此楚国被置于刀口之下。新的时代来临，仍然散发着浓烈的变态欲望气息。

拓展阅读

此时的世界

公元前625年，秦晋两国交兵，而在希腊城邦科林斯，霸主柏立安得执政，他的统治延续到公元前585年，是霸主政治的黄金时代。

公元前621年，秦国国君卒，把国内最优秀的人才177人悉数杀死殉葬，秦国人才彻底剿杀净绝，因此从霸主之位跌落。而在古希腊，雅典执政官德勒可编纂法典，用刑残酷，偷一把蔬菜即处死刑，被称为“血法”。

第九章

谢幕的行程

（春秋结束）

单身妈妈夏姬

正当楚庄王野心勃勃向霸主绝顶冲刺之时，中国历史上最具品味的美女夏姬出场，夺走了楚庄王的风头。

夏姬，是比西方的海伦更美丽、更富于建设性的女子。西式美女海伦导致特洛伊亡国，可是西方人从未骂过她。而夏姬，她非但没有灭国，反而使一个国家兴盛起来，可是中国人对她的评价有失公正。现在我们必须要正本清源，为这个非凡的美女主持公道。

夏姬是郑国的公主，郑穆公的女儿，母亲为少妃桃子。少女时代，她与自己的同父异母哥哥公子蛮相爱，虽然爱得不太妥当，但爱情这种事儿，是不跟你讲道理的。可未及三年，公子蛮死掉了，夏姬就被嫁给了陈国的大夫夏叔御，从此以夏姬之名闻名于史。

夏姬给夏叔御生了个儿子，有记载称这个孩子是她出嫁未及九个月就出生的。但夏叔御也没办法求证，就给儿子起名叫夏征舒。征舒 12 岁时，夏叔御幸福地死了，于是夏姬恢复了快乐的单身妈妈生活。

陈国的两个大夫孔宁、仪行父向夏姬求爱，夏姬大概觉得男人很辛苦，拒绝他们未免太残忍，就答应了下来。孔宁和仪行父食骨知髓，就向陈国国君推荐夏姬，于是陈国国君也来求爱，夏姬无法拒绝。

此后陈国国君与大夫孔宁、仪行父交流经验，畅谈体会，恰好夏姬的儿子夏征舒路过，三人就大声提醒夏征舒，说夏征舒是他们三人共同的儿子。夏征舒发飙了，发动叛乱，杀掉了陈国国君。

孔宁和仪行父逃到楚国，向霸主楚庄王投诉，请求主持公道。

楚庄王既然身为霸主，这事不能不管，遂摧师大入，灭亡陈国，把夏征舒车裂。美丽的夏姬，作为俘虏送到了楚庄王面前。

楚庄王一见夏姬，口水当时淌下，立即要封夏姬为妃，占有夏姬。

这时候大臣巫臣越众而出，大呼曰：不可以，君王你如果占有夏姬，就失去了主持公道的意义。

楚太子也在一边说：巫臣说得对，父王，把夏姬给我当妃子吧，这样更合适。

巫臣大怒，斥责太子：不可以，这个女人是不祥之物，谁娶了她就甭想活命，难道你太子真的嫌命长了吗？

楚太子不傻，明白巫臣在打什么主意，当即说道：好，我不要夏姬，但你巫臣也不能要。

巫臣很生气地说：这说的是什么话，难道我巫臣是这样的人吗？

这时楚庄王说：别吵，都别吵了，那个谁，大夫连尹襄，他不是刚刚死了老婆吗？要不咱们把夏姬给他，让他试试祥不祥，不祥再说。

于是夏姬被迫送给了大臣连尹襄，可没多久，连尹襄就在战场上死掉了。而且这时候有流言蜚语传出，说夏姬和连尹襄的儿子深情相爱。

这时候巫臣说话了，他说：夏姬已经不可以再在这里住下去了，我已经通知现在的郑国国君，命令他做好准备，把自己的姐姐接回家。夏姬就这样被送回国了。此后不久，巫臣出使齐国，却绕道去了郑国，到了后说：楚庄王有令，命我迎娶夏姬，你们没意见吧？

就这样，巫臣和夏姬幸福地进了洞房，正所谓春宵一刻值千金，画眉深浅入时无。人生得意须尽欢，寒雨连江夜入吴。巫臣费了如此之大的周折，才圆了自己人生的爱情梦想。他知道楚国是不能回去了，就带夏姬去了晋国。

楚庄王得知巫臣暗度陈仓，偷娶夏姬，气得半死。当即命令公子婴齐率一彪人马出动，到巫臣家里把满门老小统统杀了个净光。

闻知噩耗，巫臣悲愤莫名，他给楚庄王写了封信，说：我爱夏姬，这有什么错？如果爱也是错，那咱们就错上加错好了，不搞死你楚国，算我巫臣孬种！

于是巫臣南下，绕到了楚国的后方，在那水泽山林之中，活跃着一支原始部落，其首领叫吴梦寿。吴梦寿正学习中原先进文化，打算创建一个吴国，可这么个国家怎么摆弄或者万一楚国打来又怎么应付，吴梦寿一头雾水。

此时巫臣来到，与吴梦寿达成合作协议，由他给草莽之中的吴国派一支专家队伍，来帮助吴国建立起王国班子，同时训练吴国的军队使用马匹、战车、弓箭与长矛。这让吴国大踏步地实现军事现代化，从背后搞死楚国。

就这样，夏姬以她那绝世的美貌，无可抵挡的诱惑力，主导了历史的走向，替楚国配备了一个强大的敌人。从此楚国陷入与吴国的消耗战中，再也无暇北上。

拓展阅读

同一时间的世界史

公元前612年，楚庄王时代，闪族加尔班底亚部落崛起，攻陷尼尼微城，建立于公元前745年的亚述帝国灭亡。加尔班底亚帝国兴起，定都巴比伦，史称后巴比伦，或称第二巴比伦，该帝国于公元前539年灭亡。

公元前594年，这段时间的中国正上演着赵氏孤儿的历史，而在古希腊，雅典推举梭伦为执政官，梭伦立新法，改革内政，创立公民会议及陪审团制度，世界上平民有参政权从这一天开始。世界司法陪审团的设立，也始于这一天。

公元前590年，希腊爆发神圣战争，雅典为保护神庙击灭克里沙城邦并将其夷为平地。克里沙由于频繁地抢劫和虐待朝圣者，激起了众怒，战争中克里沙历史上首次遭受到化学武器的袭击，菟葵之毒将城市水源污染。

公元前565年，释迦牟尼出生在古印度的边远山区一个释迦族的小部落。据记载，他出生后绕行一周，说：天上地下，唯我独尊，从今后，再不转世。

公元前539年，波斯王居鲁士转战后巴比伦，此时后巴比伦的名王尼布甲尼撒已死，这是居鲁士的时代，后巴比伦帝国被居鲁士攻破灭亡，立国不过74年。曾由尼布甲尼撒俘为奴隶的以色列人，被居鲁士释放，返回耶路撒冷。

伍子胥一夜白了头

霸主楚庄王的儿子是楚共王，他的一生消耗在和吴国争斗之中。共王死后，儿子楚康王也是惨淡经营，眼看着楚国一天天走下坡路。

楚康王有四个弟弟，我们就称这四个弟弟为老二老三老四老五好了。康王死后，儿子继位。但新王很快被老二杀了。接着老三老四老五，趁老二出征之际叛乱，老三继位，老四老五辅佐。但此时老二下落不明，不知死活。脑瓜飞快的老五，就打算用这个机会，搞死老三老四。

于是忽然有一天，楚都杀声大震，就见老五满脸惊慌地冲进宫来：不好了不好了，老三老四，老二老大来了……不对，老三老四，老二带兵来了，要杀你们两个。

老三老四吓坏了，害怕老二报复，当场自刎。其实老二根本没消息，外边的喊杀声是老五让自己的手下弄出来的动静。如此轻易地除掉老三老四，老五很佩服自己，于是就登上王位，是为楚平王。

此后楚平王开始治理楚国，到了公元前 526 年，楚平王给自己的儿子说亲，就派大夫费无极前往秦国，迎娶秦国国君的妹妹孟嬴，嫁给自己儿子。

不久费无极返回，告诉楚平王：大王，那孟嬴真是个绝美的女子，太美太美了，这么美的女子，我看不如大王你自己留下……嗯，如何呢？

楚平王有些犹豫：这样……妥当吗？

费无极：有什么不妥当的？等我把她骗进宫来，你就知道她有多美了。

费无极把孟嬴骗进宫，楚平王一见，惊为天人，立即宣布自己是孟嬴的丈夫了。这是继卫宣公夺占儿媳妇之后，春秋历史出现的第二桩同类事件。孟嬴心里当然不乐意，可是春秋时代，女子没有丝毫的社会地位，哪怕是封君的女儿也经常作为礼物送出去为媵妾。孟嬴人在异乡，对楚平王的要求是没有丝毫抗拒能力的。

楚平王开心了，但是佞臣费无极却在琢磨：嗯，我把太子的老婆送给了国君当玩具，这个，等太子继位之后，他会放过我吗？

要避免太子继位之后的报复，那就只有——干掉太子了。

于是费无极向楚王报告：大王，太子他要谋反呀，你听说了没有？

楚平王很生气：好端端的，太子为什么要谋反？

费无极：因为你抢了他老婆呀。

楚平王大怒：抢他老婆怎么了？抢老婆不过是道德瑕疵，是小节，谋反可是大逆不道。给我立即杀掉太子！

费无极：太子可不好杀，别忘了他的老师伍奢，那可不是普通人物。他有两个儿子，大儿子伍尚，二儿子伍子胥，都有超人的智慧。

楚平王：那有什么，给我把伍奢叫来。

楚平王先行囚禁太子老师伍奢，强迫伍奢给两个儿子写信，让他们回来，否则就杀掉伍奢。接到父亲的书信，大儿子伍尚说：我必须回去，否则父亲会被杀掉的。二儿子伍子胥说：我不能回去，回去咱们全家都会被杀掉，我要为你们报仇！

伍尚返回楚都，果然和父亲一起被斩。伍子胥和太子会合，逃到郑国。但太子卷入郑国叛乱，被郑国杀掉。伍子胥抱着太子四岁的儿子，穿越生死线，横贯楚国，过昭关一夜白头，最终抵达吴国。

途中,伍子胥遇到了他的知交好友申包胥。申包胥劝他：放弃报复吧，祖国是娘你是孩儿，虽说这娘有点毒，杀了你父亲哥哥，可子不嫌娘毒，不要因为你有本事就报复娘，要爱你的狠毒娘，好不好？

伍子胥说：好个屁，我必须要杀掉平王，以消心头之恨。

申包胥说：杀掉平王，楚国就亡了。这样吧，你如果敢灭亡楚国，我必定会让楚国复活。

这是中国历史上最有价值的义士宣言，双方达成协议，从此各奔东西。

拓展阅读

同一时间的世界史

公元前526年，中国楚平王霸占儿媳妇孟嬴。这一年波斯王冈比西斯统军攻入北非，陷埃及国都底比斯城，加冕为埃及法老。

公元前525年，建立于公元前1580年的埃及帝国灭亡，立国约1055年。

公元前522年，因波斯王冈比西斯加强权力，引发贵族对抗，波斯内乱，国王冈比西斯自埃及返国途中自杀。

公元前522年，中国发生伍子胥过昭关的著名事件。波斯王冈比西斯死后，王弟继位，但不久一位妃子发现，这个王弟是一个叫高墨达的僧侣假冒的，贵族们不得不再一次叛乱，杀掉假王弟。波斯再次陷于内乱，各地暴动，相互攻杀。

公元前521年，波斯六名贵族争逐帝位，最后约定天明后共同策马至城外，谁的马先叫，谁就是国王。机智的大流士以锥刺自己的马，于是他的马率先嘶叫起来，大流士登上波斯王位。从此波斯走向鼎盛，但因为大流士嗜好权力，也为王国埋下了覆亡的种子。

孙子玩真的

此时，吴国已经成为军事上的强国，楚国为了抗拒吴国，建筑了三座坚固的军事要塞，却全被吴国攻占。

伍子胥到达吴国后，无门投靠，无路可走，沦为姑苏街上的乞丐，吹箫乞食。未几饿晕街头。但是公子光[1]发现了他，此后伍子胥加入公子光的政治阵营，寻求把公子光推上吴王位子的方案。

没多久，伍子胥发现一位嫌命长的厨子，叫专诸，其人吵架时气势雄浑，伍子胥知其可用，就把专诸推荐给公子光。

公元前515年四月丙子日，公子光备办酒席宴请吴王僚。当时吴王僚的卫队，从王宫一直排列到公子光的家里，堪称戒备森严。席间公子光不停地劝酒，然后他声称自己的脚有毛病，退了出去，让专诸把匕首放到烤鱼的肚子里，把鱼进献上去。到吴王僚跟前，专诸碎鱼得剑，击杀吴王僚。专诸也被吴王僚的卫士当场格杀。公子光则幸福地成为了吴王光。史称吴王阖闾。

但是前任吴王僚还有个儿子庆忌，是吴国第一勇士，这让吴王阖闾的继位蒙上了阴影。不久，伍子胥向吴王阖闾推荐精于击剑的渔夫要离，可是要离说话顶撞吴王阖闾，吴王大怒，当场砍掉要离右臂，投入监狱。抓捕要离的妻子，杀掉后再把尸体焚掉。

没多久，要离越狱，投奔了公子庆忌。庆忌对要离同情又怜悯，就带着要离去攻打吴国，准备夺回君位。途中突遭风雨，勇士庆忌随着船身晃动，站立不稳，这时要离突然出手，扑哧一声，手中短矛刺入庆忌胸膛，从后背穿出。

但是庆忌神勇无比，他反手抓住要离，把要离的脑袋浸入水中，前后

[1] 公子光即后来的吴王阖闾，杀吴王僚而夺王位。

三次，大笑道：要离呀，杀你全家的是吴王阖闾，你却来杀我，你自己说你是不是太缺心眼了？——《吴越春秋》记载的原话是：天下居然有像你这样的勇士，竟然能用这种苦肉计来刺杀我啊！

庆忌自己拔出短矛，流血而死，死之前他下令手下人不得杀要离。理由是不可以在同一天内杀掉两个勇士。但要离却感觉到再活下去没什么意思了，就投水自尽。

两名舍身刺客，专诸倒还罢了，唯独这个要离，为了杀人，残身焚妻，这玩得未免太夸张。替他妻子想想，丈夫为了个八竿子打不着的人，去杀另一个九竿子打不着的人，这已经够离谱的了。而为了达成这个离谱的目的，还要砍断自己手臂，眼看着吴王杀死自己妻子并焚尸，这要跟自己家的亲人有多大血仇，才能下得了这个毒手？

当时吴国的社会游戏规则，就是这么夸张。相信伍子胥为达成他复仇的目的，会不惜一切代价，把吴国弄成没有人性的尚武国家。

没多久，又来了个更可怕的人物——人类历史兵法的始祖孙武！

孙武及他的《孙子兵法》，是中国历史上最辉煌的军事巨著，他的身世很复杂，祖上本是陈国陈氏，因为国乱而奔齐，在齐桓公时代兴家，改称田氏。公元前 512 年，孙武带着他刚刚完成的《孙子兵法》，来到吴国凑热闹。吴王听了有趣，就将自己宫里的妃子列队，让孙武操练一下。

于是孙武以两名最受宠爱的美姬为队长，要求众女生随他号令行事。女生们从未玩过这么好玩的游戏，兴奋地咯咯咯乐。没人按号令行事。于是孙武重申命令：不服号令者，斩，现在咱们重新开始。重发号令，女生们笑得前仰后合，只顾笑而顾不上听从命令。于是孙武下令，把两名队长推出斩之。

当时吴王就急了：别别别，只是玩玩，你怎么当真了……

孙武当然知道不过是玩玩，但他非要当真，以展示自己风格麻辣的军事天才。两名美姬当场被斩，让吴王好不悻悻。

这个故事警示女人，别跟孙武打交道，那孙武是玩真的。

可想而知，吴国聚集了这么一伙狠人，楚国还有活命的希望吗？

从此这伙狠人开始截长补短，消耗楚国国力。到了公元前506年，伍子胥率师攻入楚国，这时候楚平王已经死了，伍子胥不客气地把平王尸体掘出，亲自打了三百鞭，硬是把尸体打碎。这就是历史上有名的伍子胥鞭尸的故事。

此时，伍子胥的昔年好友申包胥，立即赴秦国，请求秦国发兵，复活楚国。秦国觉得没这个必要，就不理睬。没想到申包胥在秦庭恸哭七日七夜，哭得秦国心惊胆战，感及义行，终于发兵。

就这样，楚国被伍子胥弄死，又被申包胥弄活。如此死去活来，精彩倒是精彩，但已经失去称霸天下的能力了。

拓展阅读

罗马共和国的建立

公元前509年，罗马王国有一位女性叫鲁克丽丝，她被国王塔克文的儿子以剑挟持并强奸。鲁克丽丝不甘受辱，自杀抗议。鲁克丽丝的丈夫是位贵族，他愤怒地号召平民暴动，驱逐国王塔克文一家。就这样，罗马王政时代宣告结束，贵族与平民联手建立起罗马共和国，国家由贵族组成的元老院、两名执政官及公民会议三权分立。执政官由百人队会议从贵族中选举产生，行使最高行政权力。公民会议由平民和贵族构成，议会领袖称首席元老，七年为一期，一人至终身为止最多做三期，由平民大会选出。

来历不明的越国

当吴国处心积虑要灭亡楚国时，一个不明来历的国家出现了——越国。

没有人能说清越国的来历，它距离中国文化极远，血统毫不相干，甚至连语言也自成体系。此外越国人还非常原始，但丝毫也不谦虚地自称他们是夏王朝大禹的后人。同时酋长勾践宣称，他不再是什么狗屁酋长，而是越国的国王，并建议吴国尊重越国。

吴王光刚刚灭了楚国，如何会把个原始人扎堆的越国放在眼里？就于公元前 497 年，去教训越国。但不料越人一箭射来，正中吴王光的脚趾，部位倒是不重要，但那支箭有毒，于是吴王光就这样死去了。

吴王光的儿子夫差继位，每天吃饭时他都命令卫士大声呵斥他：夫差，你忘记你爹是咋死的吗？于是夫差泪流满面站起来，说：不敢忘不敢忘，我必灭亡越国，为父亲复仇。

两年后，吴国再次攻击越国，轻易地击溃越国，俘虏了越王勾践。

伍子胥建议，杀掉勾践，把越国并入吴国版图。但勾践既然敢当你的俘虏，那是有备而来的，他为夫差奉上中国排名第一的美女西施，还和自己的妻子一道给夫差当奴隶，甚至为了表示关切夫差的健康，舔舐夫差的粪便。

坦白说勾践的表演非常过火，但夫差就喜欢这个。最后，夫差拒绝伍子胥的建议，把勾践释放了。

伍子胥提醒夫差，勾践可不是省油的灯，纵虎归山，必有后患呀。夫差无奈摇头：伍子胥呀伍子胥，你这人心理怎么这么阴暗？在你眼里难道就没好人了吗？夫差无法容忍总是传播负能量的伍子胥，就宣称伍子胥叛国，勒令伍子胥自杀。

伍子胥被逼自杀，临死前他说：请把我的眼球摘下来，挂在城门上，我要看到越兵攻进来，灭亡你们吴国。

勾践回国，在谋士范蠡、文种的帮助下，开始谋求灭吴。这些措施包括了把煮熟的种子送到吴国，给吴国制造饥荒，同时鼓励越国青年男女生育，并惩罚找不到媳妇的光棍和未嫁人的剩女等等。这些损招听起来很过瘾，但实际上都是小儿科，终究无改于吴强越弱的现实。

这时候，最需要的就是一个能够扭转时局的人物，可这样的人存在吗？如果存在的话，他又在哪里呢？

正当勾践苦无出路的时候，忽然得报：报，有个做买卖的名叫子贡，听说正要来咱们越国贸易。

子贡？勾践腾地一声站起来。

他终于来了！

这大春秋是强者的时代，更是智慧的时代，智慧先师孔子，与他门下最优秀的弟子子贡，正在玩转这个时代。

拓展阅读

越人的歌声：两个男人的爱情

有个故事说：楚国襄成君册封受爵之日，身穿华服立于河边，楚大夫庄辛看到他，顿时陷入无法控制的爱情之中。于是庄辛就走上前要拉起襄成君的手。襄成君不同意，庄辛就给他讲了个故事。

庄辛说：从前，楚王的弟弟子皙，容貌美丽，他坐船出游，划船的越国船夫一下子爱上了他，于是抱着船桨，对美丽的子皙，唱了首情歌求爱，情歌唱的是：滥兮抃草滥予昌枑泽予昌州州𩜱州焉乎秦胥胥缦予乎昭澶秦逾渗惿随……子皙听不懂越歌，就问：你唱的是什么呀，这么怪怪的？

船夫就把越歌翻译过来：今夕何夕兮，搴中洲流。今日何日兮，得与王子同舟。蒙羞被好兮，不訾诟耻，心几顽而不绝兮，知得王子。山有木兮木有枝，心说君兮君不知。

大夫庄辛解释说：美丽的子皙听到如此动情的情歌，被船夫的真爱打动了，于是子皙拥抱船夫，给船夫穿上漂亮的衣服，两个男人盖上绣花被，幸福地睡在了一起。

襄成君听到这个故事，目瞪口呆，说：这个……因为爱，美丽的子皙能够舍身船夫，我为何要拒绝你的手呢？于是襄成君把自己的手递给庄辛，两个男人真情相爱了。

这个故事说，越歌最动情，男人也相爱。爱情跨越阶层隔膜，当然也跨越性别。华丽非凡的大春秋，不可能少了这一页。

美少女激战孔圣人

早在公元前710年，宋国太宰华父督，攻杀大司马孔父嘉，夺占其美丽的妻子之时，孔父嘉的子孙逃宋入鲁，此后多年，孔子及儒学这支隐秘的智慧之花，在鲁国那浓厚的文化氛围之中，渐然开花结果。

孔子的父亲叔梁纥，是鲁国有名的大力士，战场上立功无数，曾有过力托千斤闸，救下许多鲁国士兵的风云往事。但到了叔梁纥晚年却有一桩心事，那就是他只生了个跛足的儿子孟皮，按礼法，跛足儿子是不能继承家业的。于是叔梁纥不理会自己年纪老大，就去曲阜城最有名的颜家求婚。颜家最小的女儿颜征在嫁给了他，于是叔梁纥按当时的风俗，带着年轻的妻子，登上尼山，于荒山野岭地带欢爱。

尼山野合，少女颜征在怀孕了，不久她梦到有仙子牵着头异兽麒麟，送给她一个儿子。然后她就生下个模样怪怪的男孩。

叔梁纥被这怪孩子吓坏了，担心这孩子是什么怪物，就把孩子扔掉了。

颜征在发现丈夫丢掉了孩子，非常气愤，她不顾一切回去寻找，终于找回了孩子。从此，颜征在就独自抚养着这个孩子。因为孩子于尼山生产，此外孩子的脑壳长得像小山丘，故给孩子起名叫丘。

小孔丘长大了，表现出与同龄孩子不一样的兴趣，普通孩子喜欢野地里撒欢玩，他却喜欢莫名其妙的礼仪规则。再大一些，母亲教导他识字，从此他沉迷于古老的礼法典籍之中。

但孔丘家生活困顿，小孔丘为了生计瞒着母亲做了吹鼓手，结果遭到母亲斥责。母亲告诉他，他应该有更伟大的事业目标。

可这目标应该是什么呢？最初，孔子显然是想像父亲那样成为一个“士”，但鲁国权臣季孙氏大宴群士，孔子却被拒之门外。这时候孔子明白了，他要做的，是完成这个时代“士”从武士打手到知识分子的转换，要为君子儒而不为小人儒。

于是，他成为中国第一个开办民间教育的人，无知无识的底层民众从此有了导师。而孔子也因此被誉为万代师表——当然他也饱受非议和诋毁，非议及诋毁者恰恰是那些远离智慧与思想的暴力迷信者。

传说孔子有三千弟子，七十二贤人。但实际上，孔子门下，在当时及历史上具有影响力的，远不止七十二人。

孔子这个人，声称他办学收徒，有教无类。意思是说无论什么人，只要缴了学费，就可以在他的课堂上混日子，至于日后有多大出息，这事要看个人的资质与悟性。他的学生五花八门，喜欢文的有，喜欢武的有，喜欢兵法打仗的有，喜欢钻营做官的有，无论问他什么问题，他都不厌其烦地教导。

单说能够对当时的政局产生影响的，孔子有两个弟子，孟懿子和南宫适，这两人都是鲁国二号实权人物孟孙氏的传人，其中南宫适娶了孔子的侄女儿，而孟懿子则为孔子打通了出仕做官之路。

就这样，孔子的简历上多出段从政经历，他成为鲁国的大司寇，兴致勃勃地要玩个大的。当时鲁国国君被架空，季孙、孟孙及叔孙三家史称三桓，瓜分了鲁国的权力。孔子想将三桓打落凡尘，归还国君的权力。这个美妙的想法，理所当然地受到了国君的欢迎，却引发了三桓的强烈对抗。

但对孔子掌握鲁政最恐惧的，莫过于齐国。齐国敏锐地意识到，如果鲁国照孔子这么个搞法，以后就没齐国混的了。于是齐国想出来个绝妙办法，给鲁国的国君和权臣们送来了一群能歌善舞的美少女。

孔夫子与美少女们展开了激烈对抗，他很费劲地说服鲁国国君及权臣不接受齐国的美少女。齐国不泄气，就在曲阜大街上搭起帐篷，每天举办超级女生大赛。最终，鲁国国君和权臣抵抗不了诱惑，瞒着孔子投奔了美少女阵营。

孔子悲愤地说：吾未见好德如好色者也。于是他就离家出走了。

周游列国的大戏，就这样上演了。

拓展阅读

孔子为什么没有成为帝王

中国历史是部帝王史，孔子虽然影响力超过任何帝王，但因为他没有做过帝王，所以不被许多研究者看好。但实际上，孔子至少有三次机会成为帝王，只不过他都拒绝了。

曾经有一次，孔子到了卫国，弟子们来见亲信弟子子贡，问：老师有什么想法没有？意思是说，我们人多势众，人才济济，要不要夺取权力。

子贡说：让我先问问老师。

于是子贡就问孔子：老师，宁死不食周粟的伯夷、叔齐，是什么人呢？

孔子说：他们是贤人，为了道义而舍弃生命。

子贡听明白了，孔子的意思是维护道义，不染指权力。于是子贡出来告诉同学们，都散了吧，洗洗睡吧，老师他没这个意思。

还有一次，孔子病了，他的弟子子路就把学生们组织起来，相互之间不再称呼同学，而以君臣相称。等孔子病好发现这件事后，破口大骂子路：子路，你个王八蛋，你想害我吗？想让我像条狗一样，死在路边没人埋吗？

孔子是人类罕有的智者，他是最早看破极端权力真相的人。掌握极权的统治者看起来为所欲为，但实际上却是在透支后人的福祉。每一个当权者的荒淫无度，迟早要由后人来埋单的。这也是中国历史几千年，不绝于书的“愿世世代代无生于帝王家”的绝望哀鸣之因由。

孔门丧家犬周游列国

孔子时代，各诸侯国的权力格局已经发生了根本性的变化。如齐国，曾经从陈国逃难到齐的陈氏，改姓田之后人才辈出——《孙子兵法》的作者孙武，就是这个家族中的成员。此时田氏田恒架空了齐国国君，就打算对鲁国用兵，炫耀武力，以此立威。

正在周游列国的孔子，听说了这个消息，就说：鲁国是我的祖国，虽说这个祖国待我不公道，但齐国想要欺负它，我不能不管。

孔子门下最善言辞的子张说：老师，我去一趟吧。

孔子说：你怕不行。

孔子门下最小的弟子公孙龙说：我最擅长扯皮，白马非马，谁听到谁晕，让我去如何？

孔子说：你那白马非马，也解决不了问题。

这时孔子门下的子贡站出来说：老师，我走一趟如何？

孔子说：好，子贡，这事就交给你了。

于是子贡赴齐国见田恒，说：听说你要打鲁国，我认为这是极缺心眼的表现。鲁国有三大优势，攻之必败，为什么呢？因为鲁国城墙低，墙壁薄，国土狭小，君王懦弱，大臣愚昧，百姓厌战。所以攻鲁必败。莫不如攻吴，吴国城墙高，墙壁厚，国土辽阔，兵精甲利，战将如云，容易征讨。

当时田恒就晕了：喂，子贡，你没神经吧？怎么你说话跟正常人的思维，扭着劲来呢？

子贡笑道：没错，是扭着劲来，可为什么要扭着劲呢？是因为你们齐国特殊啊，齐国有齐国的特殊国情，不能硬搬别人家的道理。先说你为什么攻鲁？炫耀武力？以此立威？可如果赢了的话，是人家国君赢，跟你有个毛线关系？只有齐国输了，削弱了齐君势力，才凸显出你的价值，你想想是不是这个理儿?

田恒说:有道理,不过呢,现在齐军已经攻入鲁境,怎么办呢?

子贡笑道:这太简单了。我马上去吴国一趟,让他们来攻打你,岂不妙哉?

田恒道:好,有劳先生了。

于是子贡赴吴国,见到吴王夫差,说:吴国,乃当今天下霸主是也。霸主就要有霸主的霸气。现在齐国攻打鲁国,霸主却蹲在一边不吭气,这样的霸主,会让大家失望的呀。

夫差说:霸你个头呀霸,你哪里知道我的难处?越国那个勾践,现在对我吴国虎视眈眈,只怕我前脚出兵,勾践后脚就会杀入门来。

子贡说:这样啊,那我去越国一趟,让勾践倾国之兵力,与你一道出征,如何?

夫差大喜,说:这样好,如果我以霸主的身份统吴越联军出战,铁定出尽风头,那就辛苦先生了。

于是子贡离开吴国,向越国行进。而越国的勾践,此时正卧薪尝胆,矢志灭吴。可是却奈不得吴国实力雄厚,无法可想。闻知孔子门下高徒来访,勾践大喜,立即命人洒扫道路,亲自出城三十里迎接。

勾践知道,强越灭吴的希望就寄托在孔门弟子身上,他低声下气地侍奉子贡,说:越国地小偏远,怎敢烦劳先生亲自前来。

子贡说:那咱们就掀开盖子说亮话吧,我劝吴王伐齐,吴王却担心你越国在背后攻击他,坚持要灭越才肯行动。与其如此,越国莫不如派兵随吴王出发,以卑词尊奉吴王,而吴伐齐必胜,此后必然攻晋,必定因失败而元气大伤,这时大王就可以乘机攻吴,此天赐良机,不可放过。

勾践躬身道:谨遵先生之命。

然后子贡再赴晋国,游说道:大王,此时吴王正率军伐齐,取得胜利之后，必定转而攻击晋国，请晋国做好准备。

晋国道：谢谢先生指导，晋国一定不会让吴国得逞。

然后子贡回到孔子处，销了事假继续上课。而这边，吴王夫差率吴越联军，大战齐军，生擒齐将七名。大胜之后，耀武扬威，转而乘胜攻晋。却不料晋国早有准备，被晋军大破吴军于黄池。而勾践得知吴军败绩，立即倾越国兵力，向吴国发起总攻。

公元前 482 年，越军包围姑苏，火焚姑苏台，烈焰熊熊，明照天南，大火一月不熄。吴王夫差狼狈而回，又遭到越军的凶猛攻击，彻底战败。

当夫差于绝望中仰望星空之时，这个时刻或许会永远在他那无意义的生命中定格——这一年是公元前 482 年，次年春秋时代终结。更索然无味的战国时代行将拉开帷幕，而夫差将在战国开局之时，被他的对手勾践步步紧逼。夫差请求仿效当年吴国对越国的处置方式，但勾践断然拒绝。

勾践说：从前，上天把越王国赐给你，可是你没有珍惜。所以上天转而把这个机会给了我，现在我要说，去死吧！

夫差自杀，死前以布蒙脸，因为他没脸见伍子胥于地下。立国 114 年的吴王国，就此宣告灭亡。

拓展阅读

善行的利益驱动机制

春秋时，由于频繁的战争，许多鲁国人流落于外，沦为奴隶。但如果有人付钱的话，就可以替这些奴隶赎回自由。所以，鲁国的法令规定，凡是鲁国人做了诸侯的奴隶，能够将他们赎回的人，可以从官方的库府拿回赎金。这条法令，是鼓励大家踊跃赎回那些沦为奴隶的鲁国人。

孔子的弟子子贡，是当时天下巨富，他在诸侯国遇到沦为奴隶的鲁国人，就将这些人赎回，却不肯接受鲁国支付的赎金。

孔子知道这事后，批评了子贡。

孔子说：子贡呀，你这样是错误的。真正的善行，是能够带动一种好的社会规范，让每个人都效法，而不是只让自己表现出高风亮节。你以为你不拿回赎金是高尚之举吗？错！你是有钱人，但更多的人没有多少钱，你开创了赎回奴隶却不拿回赎金的规则，那些没多少钱的人就无法效法。如果只赎奴隶却不拿回赎金的风气流行开来，就没多少人肯赎回那些奴隶了。行善之人必须要得到回报，否则就没人肯做善事了。

没过多久，孔子的学生子路救了一个落水的人，那个人感谢子路，就把自己的牛送给了子路，子路毫不客气地收下了。

孔子听到这件事，大加赞赏，说：子路这件事做得好，做了善事而获得回报，以后必定会有很多人勇于拯救那些落水的人。

孔子是个顽皮的怪老头

说到历史，说到春秋，甚至于说到中国，孔子都是一个绕不开的话题。无论是褒是贬，无论是支持还是反对，孔子及其儒教浸淫了中国文化的成长与形成。生为中国人，身上就打着孔子的烙印，无论你接受与否，情况就是这样。

但对于孔子，最无语的还是传统知识分子。因为孔子述而不著，没有留下一个成形的思想体系给后人。当然他的思想主旨是仁，而且他也曾对仁做过多种多样的解释，诸如仁者爱人，我欲仁，斯仁至矣等清晰的观点。但正因为如此，反倒让后来者无从措手。

单纯从思想体系这个角度出发，历史上大凡一个有头有脸的人物，总归是要有一个完整的架构提供给后人，以供后人居高临下地批而判之。但老奸巨猾的孔子显然早料到这一点，所以他老人家坚定不移地述而不著，导致了后人无法在他那庞大精深的思想迷宫之前卖弄聪明，这一点让许多批评者备感愤怒。

如果我们一定要对孔子说句什么，那就是：这是一位最大程度接近于智慧终极的智者，这种对智慧的接近不是空洞的理论，也不是毫无凭据的自以为是，而是他能够征服他那个特定时代的优秀年轻人，让他们心悦诚服地汇聚于他的门下，最终构成了一股不可小视的庞大政治势力。

细数孔门弟子，好勇斗狠的子路，家财豪富的子贡，温润如玉的南宫适，闻一知十的颜回，既能够纵横疆场又深悟财政法则的冉求，相貌丑陋却最终光大孔子门楣的澹台灭明——甚至连被孔子骂为朽木不可雕也的宰予，也拥有着无可争议的辩才，因为问及孔子农耕而被孔子骂为小人的樊迟，他既是战场上的猛将，又是农业方面的专家。简单说，孔子门下随便拿出一个人来，无论是在当时，还是在历史上，都有着非同小可的影响力。

比如说我们已经提到过的，公元前484年，孔子只为了保护鲁国不受侵犯，派遣得意弟子子贡出马，结果掀起满天风云，最终是保存了鲁国，削弱了齐国，灭亡了吴国，强大了越国。这种在国际战场上呼风唤雨的本事，足证孔子及弟子所形成的力量，在当时是多么骇人。

孔子的力量，源自他的思想。

天不生仲尼，万古如长夜——这话或许稍嫌夸张，但平心而论，数千年历史长河之中，很难找到在思想智慧方面能与孔子匹敌的人。后世的学者之所以抱怨孔子没有提供一个成型的模子给大家批判，只是因为孔子已经超越了这个无聊的境界。

事实上，孔子是用他一生的坎坷经历，向后世人印证了思想与智慧的价值。要知道，孔子所生活的春秋时代，是一个全无规则可言、强者为王弱肉强食的时代——孔子在宋国的先祖孔父嘉，就是因为被华父督觊觎妻子的美色，从而遭到灭门之祸，甚至连宋国国君都因此而丧命——孔子就是在这样一个残酷的时代，手拿竹简书向诸侯们的暴力发起挑战。而最终，那些显赫一时的诸侯君王俱已随风而去，千秋万载，留下来的唯有孔子的不灭之名。

思想与智慧，比暴力更持久，更深入人心。实际上，孔子终其一生都在实践着这个道理，曾有段时间，孔子周游列国被讥为丧家犬，大家认为孔子的主张是行不通的。但历史的真相是，孔子之所以不肯回归故国，那是因为他要求鲁国的权贵们，必须要在思想与智慧面前低头——就是在他面前低头。最终，鲁国意识到他的价值，“持厚币以迎”，当时的鲁国国君鲁哀公就尊孔子为父。

让权力管你叫爹——孔子是个顽皮的怪老头，他兴致勃勃地拿自己的人生来搞笑，如果你把他的人生看得太过于沉重，这就辜负了孔子的教导。

紫气东来，老子就是这么拽

公元前484年，也就是伍子胥被吴王夫差以谋反之名逼迫自杀的那一年，一个老人骑着青牛西行到了秦国的大散关。守关的关令叫尹喜，他认出了这个老人，就叫道：老聃先生，早晨我见到有紫气东来，就知道有智者要路过这里。早听说你老人家要避世隐居，可否在离开之前，留下几句话给我们？

于是，那位叫老聃的老人，就在大散关执笔写了篇五千字的短文，名字叫《道德经》，然后老人掷笔出关，不知所踪。

这就是老子及其《道德经》的由来。

《道德经》这部书，说的到底是什么？

书名就已经全都告诉了我们。

道德经的“道”字，大致可以说是规律的意思，“德”字大致可以说是运行或表现的意思，“经”字可以解释为原理或法则。那么《道德经》的意思就是：规律运行的法则，或是规律表现的法则，或是规律运行的原理——无论什么规律，都是遵循这些法则或原理运行的。

有学者指控，说老子的道学思想找不到个体系，还有人以《道德经》来推断老子的思想，认为老子的思想是对强梁世界的一种消极反应，这种推断都不挨边。老子只是说出宇宙自然与社会共有的规律而已，规律就在这里，是客观存在的，不管你是什么思想，不管你愿不愿意承认，都无改规律本身之分毫。

那么，这种永恒不变的规律，是什么呢？

当老子在周王室担任藏室史——这个职位类同于周王室的机要资料管理员，说是图书室管理员也不为错——时孔子曾经到洛阳，去向他询问有关周礼的细节问题。当时老子对孔子说道：

你说的那些人，骨头都已经烂掉了，只留下竹简上那些难以辨认的字符。求道之士若是遇到舒展胸臆的大好时机，那就求仁得仁。反之，如果时局不理想，没有这种机会，也没必要刻意勉强。我认为，价值昂贵的珠宝，一定要藏于无人知晓的地方，真正有才能的人，不可以表现得太过于精明。戒除你的骄傲，化解你的欲望，此二者于你而言，全然无益。

这番话，老子不止是对孔子说，但唯有孔子，能够听懂。

有记载称，老子的学问，是他的老师常枞教导给他的。曾经有一次，常枞突然张开嘴巴问老子：我的舌头还在吗？老子说：在。常枞再问：那我的牙齿还在吗？老子回答：不在了。于是常枞说道：舌以柔则存，齿以刚而折，天下之事的道理，尽在这其中，我已经没有什么可以告诉你的了。

于是老子体悟出柔弱者善存、刚强者易折这个道理。这个道理的推演就是清静无为——恰恰在这一点上，老子经常遭到误解。

有种观点认为，老子的“无为”就是不要作为的意思。这是生吞活剥了老子原话而产生的错误。无为的原意，是无违，并非是不要作为，而是不要违背规律而强行抬杠，是说要顺应规律的发展来做事，那样才会事半而功倍。

一个典型事例是，自从老子的《道德经》问世以来，两千年来不知有多少自诩高明之士对老子批判指导，但时间的大潮将这些“有为者”统统淘汰，留下来的，是固如磐石的无为经典。

拓展阅读

诸子百家简介

春秋战国时代，诸子百家争鸣，是中国历史上唯一一次的智慧大爆炸。经过两千年专制极权的剿杀，目前只有十一家尚有记录残存：

诸子第一家：儒家，创始人孔子

诸子第二家：道家，创始人老子

诸子第三家：墨家，创始人墨翟

诸子第四家：法家，主要人物李悝

诸子第五家：名家，创始人惠施

诸子第六家：兵家，创始人孙子

诸子第七家：阴阳家，创始人邹衍

诸子第八家：纵横家，主要人物苏秦

诸子第九家：杂家，主要人物吕不韦

诸子第十家：农家，创始人许行

诸子第十一家：小说家，主要人物屈原

墨门巨子大战公输般

春秋年间，智慧爆炸，百家争鸣。诸多学术流派，无不是各立体系，自成一家，奔走于庙堂之上争论不休。但有一家，不和诸流派争论，而是玩真的。

墨家！

墨家流派也和孔子一样，有着庞大的门徒，但比孔子更胜一筹的是，墨家的门徒有严密的组织，并分成森严的等级体系。加入这一学派的人，必须要以博爱、和平为宗旨，过着简朴甚至是苦修的生活，学习各种战争技巧，并参加到实际的战斗中去。只不过，墨子讲非攻，墨门信徒只守不攻，不参加任何侵略性战争。

创建了这一奇异门派的墨子，他和孔子关系匪浅。实际上两个人很可能有着共同的血缘，至少他们的先祖，都是由周公旦分封到宋国的微子启。在微子启这株老树上，结出孔子和墨子这两枚味道全然不同的果实，也足以让人惊讶。这只能证明一件事——在殷商王朝覆灭之后，这支饱食终日无所用心的族裔，才突然想起他们还秘藏着人类文明的智慧之本。从此他们改弦易辙潜心教育，这才培育出孔子和墨子这一根藤上的两枚瓜。

比之于孔子，墨子的教义更富传奇性。曾经有一次，楚国得到了科学家公输般的协助，制造了云梯，准备攻取宋国。当时墨子正在鲁国访问，听说了这个消息，他立即从曲阜出发，向现在湖北钟祥西北的楚都进发。

从曲阜到楚都，直线距离是 610 公里，途中千山万水，百折千回，以最低距离两倍直线来计算，就是 1220 公里。墨子驾车而行，只用了十天就到了楚都。如此一来他需要每天狂奔 120 公里，这在逻辑上是不可能的。

但是为了制止楚王的野心，墨子顾不得逻辑了，反正他狂奔十天，硬是到了楚都，然后点名挑战公输般。

公输般就是传说中的鲁班，他姓公输，名般。中国历史上最伟大的发明家。他也是墨子的老对手了，因为墨子也精通木工机械，在此之前，两人已经有过两次交手的记录。

第一次，公输般发明了钩钜，水战时如果敌方弱小，可以把敌人钩过来打；如果敌人强大，又可以把敌人推开，避免挨打。事后公输般向墨子炫耀。不料墨子却说：我也有钩钜，我是用爱来钩住人，用恭敬拒绝人。我的钩钜，未必差于你。这个回答，让公输般感觉很没趣。

又有一次，公输般发明了一只木头鸟儿，可以在天上飞行三天三夜。公输般兴奋地拿给墨子看，不想墨子却冷冰冰地说：弄这没用的东西，还不如制作一支车辖，安装在车轴上，可以载重五十石。你这东西不能吃不能喝，有个屁用。这又让公输般好不恼火。

这一次墨子又来了，他见到公输般，就说：喂，我正在找你，帮个小忙呗。

公输般问：要我帮什么忙呀？

墨子说：北方有个人，竟然敢瞧不起我，你替我杀了他如何？

公输般很生气，说：我不杀人。

墨子说：那这奇怪了，你不杀人，造云梯干什么？云梯难道不是用来杀人的吗？你不是不杀人，是不少杀人吧？

公输般说：那这事……可是云梯已经造出来了，要不你跟楚王说去吧。

于是墨子面见楚王，说：有这么个人，他穿着华丽的衣服，吃着精美的食物，却想偷邻居家的糟糠和破衣，请问这人是怎么回事呢？

楚王说：这个人，莫非是有偷窃癖吧？

于是墨子说：楚国与宋国相比，国家富裕，山川美丽，却要去攻打民穷地贫的宋国，大王的表现，跟那个偷窃癖有区别吗？

楚王说：你说得太好了，不过很抱歉，云梯已经造出来了，所以这个宋国，是必须要攻打的。

墨子说：有云梯也未必能赢，不信让我和公输般较量一下。

于是墨子和公输般就在楚王面前展开较量。公输般进攻，墨子防守，公输般用了九种方法进攻，都被墨子轻易化解。最后公输般笑了，说：哈哈，我知道怎么战胜你了，但是我不说。

墨子也道：哈哈，我知道你的办法是什么，我也不说。

楚王听不明白，就问：你们俩在打什么哑谜呀？

墨子解释说：公输般的办法，不过是杀掉我而已。但杀掉我也没用的，因为我的弟子禽滑厘，已经带了三百门人入宋国助防，恐怕你们最终也是攻不下来呀。

于是楚王宣布取消这次军事行动。而墨子成功完成任务，长松了一口气，就返回宋国。眼看就到了国都大门了，突然间下起了暴雨，墨子急忙奔到城楼门洞下，想避避雨。不料想守门的士兵看到他，大声呵斥道：门楼里那个人，滚出去！不许躲在下面。

墨子恳求道：雨下得这么大，就让我避一会儿吧。

士兵毫不通融：滚，浇死你活该！再不滚就不客气了。

墨子一声不吭，走到雨地里，任凭暴雨浇过脸颊。墨者的追求就是这样，不问付出，不求回报，纵然千般委屈，也无怨无悔。

拓展阅读

墨门巨子

公元前 381 年，正在楚国的墨门巨子孟胜，与阳城君关系友善。阳城君外出，要求孟胜替之守城，并将一块玉璜掰为两片，以璜片为符还城。

阳城君离开，是为了参加楚悼王的追悼会，但因为楚悼王重用著名军事家吴起，引发了楚国贵族们的憎恨。楚悼王一死，贵族们就群起攻击吴起。阳城君就是参加攻击吴起的人之一。

但吴起脑子极快，在追杀中他疾奔到楚悼王尸体旁，抱住尸体，贵族杀手们追上来乱砍一气，吴起被杀，但楚悼王的尸体估计也不完整了。

事后楚悼王的儿子楚肃王追究此事，所有参加砍剁楚悼王尸体的人，统统灭三族。阳城君还算机灵，飞快地逃跑了。

于是楚军开动，来收缴阳城君的封地。守城的孟胜陷入困境，他的弟子徐弱认为：事已至此，守护这座城已经失去意义，而且会导致墨门徒众全部死在这里，绝墨者于世。但是孟胜认为，如果不死，恐怕日后也没人再相信墨者，更何况他可以把巨子之位传承给正在宋国的田襄子，不怕墨者绝世。

听了孟胜的话，弟子徐弱就先登城战斗，并很快死掉。而孟胜派了三个人去传巨子之位于田襄子。这三人转告田襄子继任巨子位后，又返回去与孟胜共死，田襄子以刚刚到手的巨子令，命令三人留下。但三人拒绝服从。

最后的墨者激战于阳城，跟随孟胜战死的墨者，约有 180 人。

春秋结语：五霸碎成七龙珠

当勾践率甲士向吴国发起攻击之时，北方大地回荡起三家分晋的密谋低语，历史就在公元前 481 年奏响了宏大的休止符。伟大的春秋时代至此终结，战国争雄的大幕徐徐拉开。

为什么历史要在这一年划界？春秋时代与战国时代有何区别？

区别有很多，经济模式上的区别、权力结构上的区别、文化观念上的区别、价值取向的区别、战争模式与规则的区别……但如果说到最明显最直观的区别，那就是大规模的权力兼并已经在春秋时代完成，战国则是向权力极端化冲刺的阶段。

打一个比喻，权力是公器，但没理由是一个完整的整体。它犹如一盏美丽的龙珠，在春秋时代呈散落状分布于大地之上，充满了嘈杂声的春秋无义战，看似杂乱无章，实则是以争夺或搜集龙珠为隐线。

战国时代的七雄，各自持有一枚龙珠，而此后则是秦国收集七龙珠的过程。当七龙珠在秦始皇手中合而为一，立刻释放出巨大的黑色能量，彻底将一个民族吞噬殆尽。

事实上，这也是历史学家无限缅怀春秋风景的主要原因，单是在这短暂的 242 年里，不少于两千名的封君雨打浮萍，纷纷落尽。这个时代最大的特点就是多样化，甚至连那些封君的死法，也别出心裁独具创意。

242 年里，不少于 170 个封国倏忽明灭，封君的数量太多了，他们中的大多数完全没有记载，狭小的历史舞台实在挤不下他们的位置。如果他们想在这个时代露个小脸，必须要非常努力才行。

应该说，有些君主已经尽力了，他们尽其可能地比拼别具一格的死亡方式，比如说公元前 682 年，鲁滑公与大力士南宫万下棋，不能取胜，就取笑南宫万曾经被俘的糗事，结果激怒南宫万，他一棋盘拍死了鲁滑公。

比如说公元前 548 年，齐庄公与大夫崔杼的妻子偷情，崔杼大怒，捕杀齐庄公。再比如公元前 543 年，蔡景侯与儿媳妇偷情，被儿子逮到杀之。此外还有跌入粪坑中浸死的晋景公、因为暴脾气自己一头撞死在火炉里的邾庄公。这些形形色色的封君之行，宛如一只人性万花筒，让我们于中窥到欲望失控时的人性之悲凉。

人死留名，豹死留皮，这些封君已经尽力了，但我们仍然未能给他们留下足够的空间。这只是因为，春秋时代的多样化带给后人更多的选择，但当春秋落下帷幕，我们知道，我们的选择空间在一步步缩小。

同一化的历史就是这样，民众的选择趋于减少，是与权力的自由度扩大成正比的。如果说中国的古史就是一部权力扩张史，这也丝毫不夸张。而我们记述历史，不是为了猎奇，而是为了寻求在这奇异的历史表象之下所潜伏的人性规律。

历史是人类行经的足迹，历史的规律，就是人性的规律。当我们的先祖走过这辽阔的大地，留下满地苍凉之时，我们只想问：为什么我们的历史是一部权力扩张史？为什么我们先祖面对权力的蚕食而束手无策？为什么？

当问题提出，答案已经在历史的深渊之中上下沉浮。

拓展阅读

同一时间的世界史

公元前 500 年，伯罗奔尼撒联盟建立。在希腊的南部，位于伯罗奔尼撒境内的诸城邦，先后与斯巴达结盟，公推斯巴达为盟主，建立联盟。

公元前 499 年，鲁国奉孔子为大司寇，这是孔子人生的黄金时期。而在波斯，其属地爱奥尼亚诸城起兵叛波斯，攻陷撒狄，烈火焚城，雅典也派军舰助攻，波斯军队展开反击。

公元前 494 年，越王勾践攻吴失败，沦为吴王夫差奴隶。而波斯大军已经击败叛军，夺回爱奥尼亚诸城，并进行了血腥的屠城。

公元前 490 年，第一次波希战争爆发，为报复雅典卷入爱奥尼亚诸城叛乱，波斯王大流士统军渡过爱琴海，进攻雅典。雅典危急，派青年腓力比底斯跑步向斯巴达求援。腓力比底斯 48 小时疾奔了 240 公里，抵达斯巴达。但斯巴达拒绝援助，声称必待月圆方可进军。而此时，波斯大军已经在马拉松登陆，雅典将军米泰亚底孤军奋斗，不幸战败。次年，将军米泰亚底被指控为“欺骗人民”，米泰亚底气死。

公元前 487 年，雅典人创立“贝壳驱逐法”，以防野心家独裁。

公元前 485 年，与波斯王大流士死亡的同年，也是中国越国向吴国献出绝世美女西施的这一年，释迦牟尼卒，年 81 岁。僧徒 500 人在王舍城聚会诵经，史称佛教徒第一次大集结。

公元前 484 年，希腊最伟大的史学家希罗多德诞生，他将记述那些行将失落的历史。

附录：参考资料

1. 霍彦儒、郭天祥著《炎帝传》，陕西旅游出版社，1995年6月第1版。
2. 李肇祥、柴剑虹译《吕氏春秋》，安徽文艺出版社，1998年3月第1版。
3. 司马迁《白话史记》，哈尔滨出版社，2003年1月第1版。
4. （德）古斯塔夫·施瓦布著《译林世界文学名著：希腊古典神话》，译林出版社，2002年10月第7版。
5. 柏杨著《中国历史年表》，海南出版社，2006年11月第1版。
6. 柏杨著《中国人史纲》，山西人民出版社，2009年2月第3版。
7. 冯作民译《白话左传》，岳麓书社，1989年1月第1版。
8. 雾满拦江著《孔丘说明书：一个理想青年的奋斗》，江苏文艺出版社，2013年9月第1版。
9. 张荫麟著《中国史纲》，九州出版社，2005年9月第1版。
10. （英）J. F. C. 富勒著《西洋世界军事史》（第一卷），中国人民解放军战士出版社，1981年1月第1版。
11. 谭家健著《墨子研究》，贵州教育出版社，1996年1月第1版。
12. 侯家驹著《中国经济史》，新星出版社，2010年9月第1版。
13. 杜建民编著《中国历代帝王世系年表》，齐鲁书社，2010年4月第6版。
14. 柏杨著《中国帝王皇后亲王公主世系表》，人民文学出版社，2010年3月第1版。
15. （美）T. N. 杜派著《哈珀·克林斯世界军事历史全书》，中国友谊出版公司，1998年8月第1版。

FONGHONG
凤凰联动出品